改訂新版

まるごと授業 算数 1年(上)

喜楽研の
QRコードつき授業シリーズ

板書と授業展開がよくわかる

企画・編集：原田 善造・新川 雄也

わかる喜び学ぶ楽しさを創造する教育研究所　略称 喜楽研

はじめに

「子どもたちが楽しく学習ができた」「子どもたちのわかったという表情が嬉しかった」という声をこれまでにたくさんいただいております。喜楽研の「まるごと授業算数」を日々の授業に役立てていただき誠にありがとうございます。今回は，それを一層使いやすくなるように考え，2024 年度新教科書にあわせて「喜楽研の QR コードつき授業シリーズ 改訂新版　板書と授業展開がよくわかる まるごと授業算数 1 年～ 6 年」(上下巻計 12 冊) を発行することにいたしました。

今回の本書の特徴は，まず，ICT の活用で学習内容を豊かにできるということです。ＱＲコードから各授業で利用できる豊富な資料を簡単にアクセスすることができます。学習意欲を高めたり，理解を深めたりすることに役立つ動画や画像，子どもたちの学習を支援するワークシートや，学習の定着に役立つふりかえりシートも整えております。また，授業準備に役立つ板書用のイラストや図も含まれています。

次に，本書では，どの子もわかる楽しい授業になることを考えて各単元を構成しています。まず，全学年を通して実体験や手を使った操作活動を取り入れた学習過程を重視しています。子ども一人ひとりが理解できるまで操作活動に取り組み，相互に関わり合うことで，協働的な学びも成り立つと考えます。具体物を使った操作活動は，それを抽象化した図や表に発展します。図や表に表すことで学習内容が目で見えるようになりイメージしやすくなります。また，ゲームやクイズを取り入れた学習活動も満載です。紙芝居を使った授業プランもあります。それらは，子どもたちが楽しく学習に入っていけるように，そして，協働的な学びの中で学習内容が習熟できるような内容になっています。全国の地道に算数の授業づくりをしておられる先生方の情報を参考にしながらまとめ上げた内容になっています。

学校現場は，長時間勤務と多忙化に加えて，画一的な管理も一層厳しくなっていると聞きます。新型コロナ感染症の流行もありました。デジタル端末を使用することで学び方も大きく影響されてきています。そんな状況にあっても，未来を担う子どもたちのために，楽しくてわかる授業がしたいと，日々奮闘されている先生方がおられます。また，新たに教員になり，子どもたちと楽しい算数の授業をしてともに成長していきたいと願っている先生方もおられます。本書を刊行するにあたり，そのような先生方に敬意の念とエールを送るとともに，楽しくわかる授業を作り出していく参考としてお役に立ち，「楽しくわかる授業」を作り出していく輪が広がっていくことを心から願っています。

2024 年 3 月

本書の特色

すべての単元・すべての授業の指導の流れがわかる

学習する全単元・全授業の進め方を掲載しています。学級での日々の授業や参観日の授業，研究授業や指導計画作成等の参考にしていただけます。

各単元の練習問題やテストの時間も必要なため，本書の各単元の授業時数は，教科書より少ない配当時数にしています。

1時間の展開例や板書例を見開き2ページでわかりやすく説明

実際の板書をイメージできるように，板書例を2色刷りで大きく掲載しています。また，細かい指導の流れについては，3～4の展開に分けて詳しく説明しています。どのように発問や指示をすればよいかが具体的にわかります。先生方の発問や指示の参考にしてください。

QRコンテンツの利用で，わかりやすく楽しい授業，きれいな板書づくりができる

各授業展開ページのQRコードに，それぞれの授業で活用できる画像やイラスト，ワークシートなどのQRコンテンツを収録しています。印刷して配布するか，タブレットなどのデジタル端末に配信することで，より楽しくわかりやすい授業づくりをサポートします。画像やイラストは大きく掲示すれば，きれいな板書づくりにも役立ちます。

ベテラン教師によるポイント解説や教具の紹介，紙芝居を使った授業なども収録していますので参考にしてください。

ICT活用のアイデアも掲載

それぞれの授業展開に応じて，電子黒板やデジタル端末などのITC機器の活用例を掲載しています。子ども自身や学校やクラスの実態にあわせてICT活用実践の参考にしてください。

1年（上）目　次

はじめに …… 2
本書の特色 …… 3
本書の使い方 …… 6
QR コンテンツについて …… 8

なかまづくりとかず

学習にあたって・指導計画 …… 10
第１時　集合づくり …… 12
第２・３時　集合の大小比較 …… 14
第４時　３の意味と理解 …… 16
第５時　２と４の意味と理解 …… 18
第６時　１と５の意味と理解 …… 20
第７時　５までの数 …… 22
第８時　６と７の意味と理解 …… 24
第９・10 時　8，9，10 の意味と理解 …… 26
第 11 時　０の意味と理解 …… 28
第 12 時　６～10 の数 ① …… 30
第 13 時　６～10 の数 ② …… 32
第 14 時　10 までの数 …… 34

なんばんめ

学習にあたって・指導計画 …… 40
第１時　順序（前後）を表す数 …… 42
第２時　順序（上下，左右）を表す数 …… 44

いくつといくつ

学習にあたって・指導計画 …… 46
第１時　５までの数の構成 …… 48

QR コンテンツについて

授業内容を充実させるコンテンツを多数ご用意しました。右の QR コードを読み取るか下記 URL よりご利用ください。

URL: https://d-kiraku.com/4538/4538index.html
ユーザー名：kirakuken
パスワード：qH9GsZ

※ 各授業ページの QR コードからも，それぞれの時間で活用できる QR コンテンツを読み取ることができます。
※ 上記 URL は，学習指導要領の次回改訂が実施されるまで有効です。

第２時　６の数の構成 …… 50
第３時　７の数の構成 …… 52
第４時　８の数の構成 …… 54
第５時　９の数の構成 …… 56
第６時　10 の数の構成 ① …… 58
第７時　10 の数の構成 ② …… 60
やってみよう　いくつといくつ　～９まいのパズル～ …… 62

あわせていくつ　ふえるといくつ

学習にあたって・指導計画 …… 66
第１時　たし算の場面（合併）～５までの数～ …… 68
第２時　たし算の理解と習熟　～５までの数～ …… 70
第３時　たし算の場面（添加）～10 までの数～ …… 72
第４時　たし算の場面（合併・添加）～10 までの数～ …… 74
第５時　たし算の計算練習 …… 76
第６時　たし算のお話作り …… 78
第７時　０のたし算 …… 80

のこりはいくつ　ちがいはいくつ

学習にあたって・指導計画 …… 84

第１時　ひき算の場面（求残）〜５までの数〜 …… 86

第２時　ひき算の場面（求残）〜９までの数〜 …… 88

第３時　ひき算（求残）の立式と計算練習 …… 90

第２・３時（Ｂ案）　ひき算の場面（求残）〜９までの数〜 …… 92

第４時　ひき算の場面（求補）〜10からのひき算〜 …… 94

第５時　０のひき算 …… 96

第６時　ひき算の計算練習 …… 98

第７時　ひき算の場面（求差） …… 100

第８時　ひき算の場面（求差）の理解と立式 …… 102

第９時　ひき算のお話作り …… 104

第10時　ひき算絵本作り …… 106

かずしらべ

学習にあたって・指導計画 …… 112

第１時　データの整理 …… 114

第２時　データの読み取り …… 116

10よりおおきいかず

学習にあたって・指導計画 …… 118

第１時　10を超える数 …… 120

第２時　20までの数の読み書き ① …… 122

第３時　20までの数の読み書き ② …… 124

第４時　20までの数の構成 …… 126

第５・６時　数直線 …… 128

第７時　十＋１位数／十何－１位数＝10 …… 130

第８時　（十何）±（1位数） …… 132

やってみよう　じゃんけんすごろくをしよう …… 134

なんじ なんじはん

学習にあたって・指導計画 …… 138

第１時　何時 何時半 …… 140

どちらがながい

学習にあたって・指導計画 …… 142

第１時　長さの直接比較 …… 144

第２時　長さの間接比較 ① …… 146

第３時　長さの間接比較 ② …… 148

第４時　長さの任意単位 ① …… 150

第５時　長さの任意単位 ② …… 152

かたちあそび

学習にあたって・指導計画 …… 154

第１時　立体の作品作り …… 156

第２時　同じ形のなかまづくり …… 158

第３時　形あてゲーム …… 160

第４時　立体の面 …… 162

第５時　写し取った形で作品作り …… 164

本書の使い方

◆ **板書例**

時間ごとに表題（見出し）を記載し，1～4の展開に合わせて，およそ黒板を4つに分けて記載しています。（展開に合わせて1～4の番号を振っています）大切な箇所や「まとめ」は赤字や赤の枠を使用しています。ブロック操作など，実際は操作や作業などの活動もわかりやすいように記載しています。

◆ **目標**

1時間の学習を通して，児童に身につけてほしい具体的目標を記載しています。

◆ **POINT**

時間ごとの授業のポイントやコツ，教師が身につけておきたいスキル等を記載しています。

◆ **授業の展開**

① 1時間の授業の中身を3～4コマの場面に切り分け，およその授業内容を記載しています。

② Tは教師の発問等，Cは児童の発言や反応を記載しています。

③ 枠の中に，教師や児童の顔イラスト，吹き出し，説明図等を使って，授業の進め方をイメージしやすいように記載しています。

第3時
たし算の場面（添加）
～10までの数～

本時の目標：数量の添加（増加）の場面で，加法の意味や式の表し方を理解し，10までのたし算ができる。

板書例

きんぎょは なんびきに なるかな

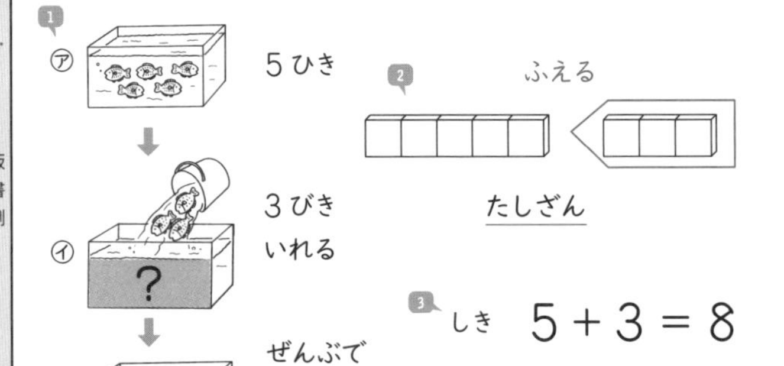

POINT 前時までの「合併」の場面との違いを，絵や実物を使って見せましょう。QR 紙芝居「ふしぎなこどもまおちゃん⑤～⑪」

1 3匹増えると全部で何匹ですか

黒板に㋐のイラストを貼る。

T　水そうに金魚は何匹いますか。
C　5匹います。
T　この水そうに金魚を入れます。（㋑を貼る。はじめの5匹は隠しておく）何匹入れましたか。
C　3匹です。

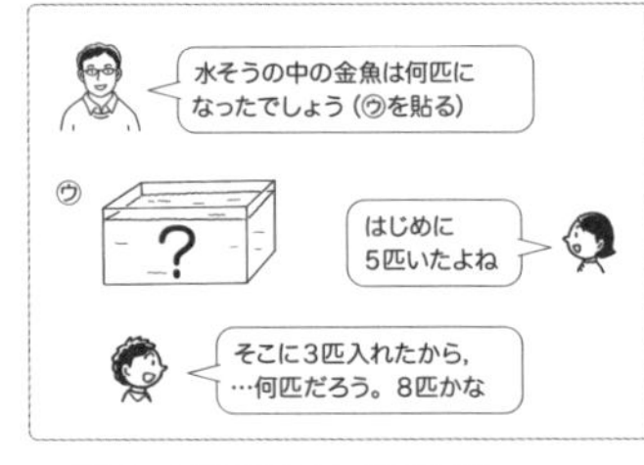

絵から，金魚が増えるイメージを持たせる。

2 算数ブロックで金魚の数を確かめよう

T　ブロックを使って答えを確かめましょう。

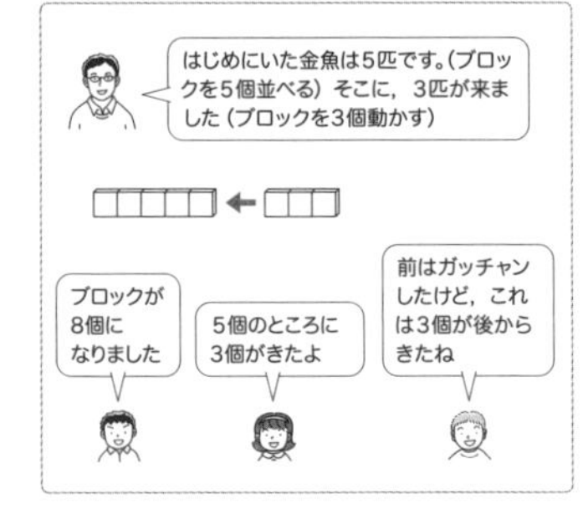

T　はじめに5匹いて，3匹増えると8匹になります。

イラスト㋓を貼り，金魚が8匹であることを示す。

72

◆ 準備物

1時間の授業で使用する準備物を記載しています。準備物の数量は，児童の人数やグループ数などでも異なってきますので，確認して準備してください。

QR は，QR コードから使用できます。

◆ ICT

各授業案の ICT 活用例を記載しています。

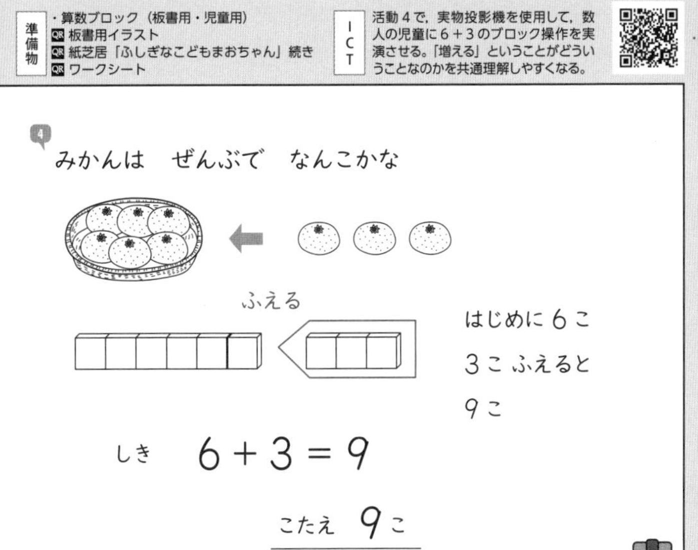

◆ QR コード

1時間の授業で使用する QR コンテンツを読み取ることができます。
印刷して配布するか，児童のタブレットなどに配信してご利用ください。
（QR コンテンツの内容については，本書 p8, 9 で詳しく紹介しています）

※ＱＲコンテンツがない時間には，QR コードは記載されていません。
※ QR コンテンツを読み取る際には，パスワードが必要です。パスワードは本書 p4 に記載されています。

も利用できます。

3　たし算の式に表してみよう

ブロック５個に３個を添加する動作を示す。３個のみを矢印で表し，合併との違いを示す。

合併

添加

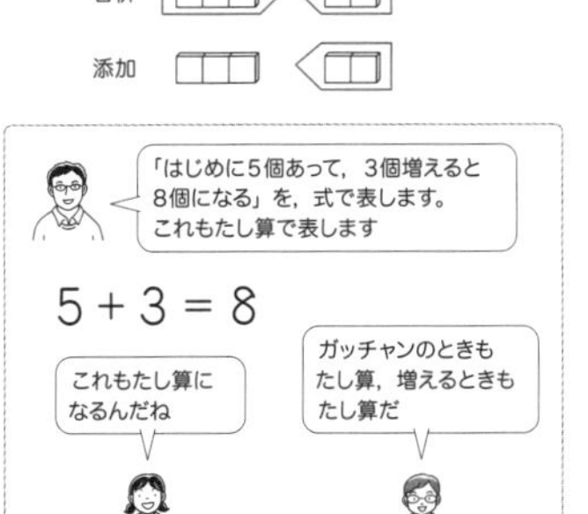

4　みかんは全部で何個になりましたか

T　ブロックを使って答えを求めましょう。

6個並べて，そこに3個動かすと9個になります

3個だけを動かしたらいいね

ブロックの動かし方を確認する。

T　はじめに６個あって，３個増えると９個になります。たし算の式に表しましょう。

ブロックを使って先に答えを出してから，式に表す練習をする。ブロック操作を繰り返して，「増える＝たし算」のイメージをしっかり持たせる。

あわせていくつ　ふえるといくつ　73

QR コンテンツの利用で楽しい授業・わかる授業ができる

授業動画や授業のポイント解説，簡単で便利な教具などを紹介

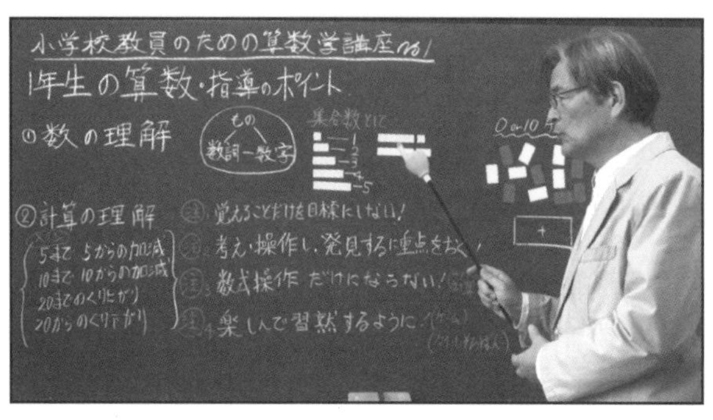

子どもが喜ぶ楽しい「紙芝居」を使った授業や，簡単に作れる教具を使った授業，各学年でポイントとなる単元の解説やカードを使った計算ゲームなど，算数のベテラン教師による動画が視聴できます。楽しいだけでなく，どの子も「わかる」授業ができるような工夫が詰め込まれています。

授業などで使える「ワークシート」

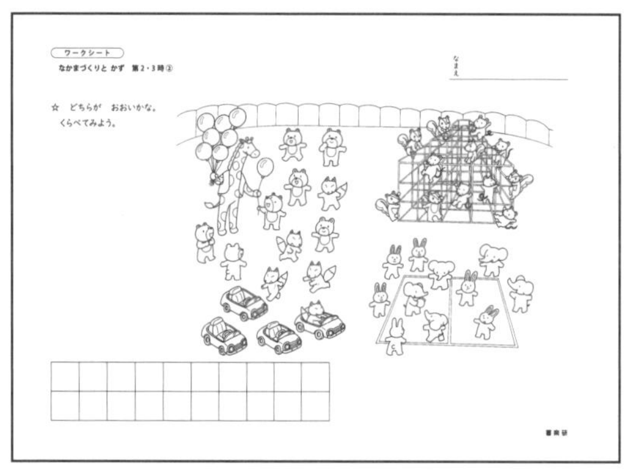

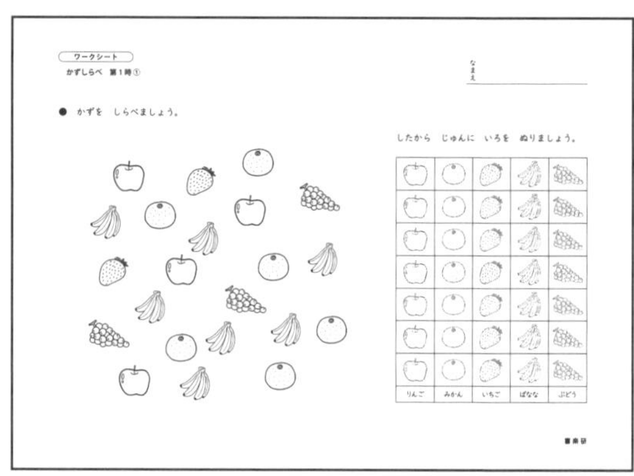

授業の展開や，授業のまとめ・宿題として使える「ワークシート」を収録しています。クラスの実態や授業内容に応じて，印刷して配布するか，児童のタブレットなどに配信してご利用ください。

指導のポイント・教具紹介　板書用絵カード

見てわかる・理解が深まる動画

文章や口頭では説明の難しい内容は，映像を見せることでわかりやすく説明できます。視覚に訴えかけることで，児童の理解を深めると同時に，児童が興味を持って授業に取り組めます。

※ 動画には音声が含まれていないものもあります。

板書作りにも役立つ「おはなしの絵」や「イラスト・カード」

カードやイラストは，黒板上での操作がしやすく，楽しい授業，きれいな板書に役立ちます。また，イラストや図は，児童に配信することで，タブレット上で大きくはっきりと見ることもできます。

※ QR コンテンツを読み取る際には，パスワードが必要です。パスワードは本書 p4 に記載されています。

なかまづくりとかず

全授業時数 14 時間

◎ 学習にあたって ◎

<この単元で大切にしたいこと>

入学してきたときから数も数えられ，数字も書ける児童が少なくありません。数が理解できていると思いがちですが，それは錯覚です。ものの集まりと数字をつなぐ過程を丁寧に指導することが大切です。まず，数の概念の基になっている同じものの集まりを作ります。そして，1 対 1 対応で集合同士の大きさを比較します。1 対 1 対応によって，形や色や大きさなどの性質を捨象して，集合の多さに着目する過程を通して数詞や数字につなげていきます。このような具体的なものから数字にたどり着くまでの過程を大切にして，数を実在する具体的なものと相互に対応させて理解できるようにします。

<数学的見方考え方と操作活動>

実在する具体的なものと数を結びつける仲立ちが必要です。その仲立ちとなり，上の学年になっても使用できるものとして算数ブロックが有効です。算数ブロックは，ものの多さだけを表しますから，様々に実在するものを 1 対 1 対応で算数ブロックに置き直すことで数字とつなぐことができます。算数ブロックを操作する数学的活動を通して数のイメージをもつことができるようにし，具体物や半具体物（算数ブロック）と数字・数詞の三者がしっかり結びつくようにします。

<個別最適な学び・協働的な学びのために>

児童は学習の中でのコミュニケーションの経験がありません。そのため，全体での発表やペアでの学習活動の機会を多く作るようにします。自分が表現したことが集団の中で響いて自分に返ってくることや，ペアで学習することでの学習の深まりや心地よさが味わえるようにしていきます。

◎ 評　価 ◎

知識および技能	同じ種類の集まりを作ることができ，1 対 1 対応による比較の仕方を理解する。 数が個数や順番を表すことを理解し，10 までの数を順番に並べたり，数えたり，読んだり書いたりできる。
思考力，判断力，表現力等	個数の数え方，数の系列の作り方について考え，数を算数ブロックなどで表現できる。
主体的に学習に取り組む態度	意欲的に同じ種類の集まりを作ったり，数をとらえようとするとともに，学んだ数の概念を日常生活や学校生活に進んで生かそうとしている。

板書用絵カード，
数字カード，お金カード
〔全単元共通〕

◎ 指導計画　14 時間 ◎

時	題	目　標
1	集合づくり	大きさや色などの差異があっても，同じものと認めて集まりをつくることができる。
2・3	集合の大小比較	集合の個数の多さを1対1対応の方法で比べることができる。
4	3 の意味と理解	集合としてのものが「さん」の数詞と，「3」の数字に対応していることを理解し，書くことができる。
5	2 と 4 の意味と理解	集合としてのものが「に」「し」の数詞と，「2」「4」の数字に対応していることを理解し，書くことができる。
6	1 と 5 の意味と理解	集合としてのものが「いち」「ご」の数詞と，「1」「5」の数字に対応していることを理解し，書くことができる。
7	5 までの数	「数詞」「数字」「算数ブロック」の3者が相互に対応していることが理解できる。
8	6 と7 の意味と理解	集合としてのものが「ろく」「しち」の数詞と，「6」「7」の数字に対応していることを理解し，数えることができる。
9・10	8，9，10 の意味と理解	集合としてのものが「はち」「く」「じゅう」の数詞と，「8」「9」「10」の数字に対応していることを理解し，数えることができる。
11	0 の意味と理解	1つもないことが，「れい」の数詞と「0」の数字に対応していることを理解し，書くことができる。
12	6 ～ 10 の数 ①	6 から 10 までの数に習熟する。
13	6 ～ 10 の数 ②	「数詞」「数字」「算数ブロック」の3者が相互に対応していることが理解できる。
14	10 までの数	1 から 10 までの数系列を理解し，数の大小を比べることができる。

第1時

集合づくり

本時の目標 大きさや色などの差異があっても，同じものと認めて集まりをつくることができる。

板書例

おなじ なかまを あつめよう

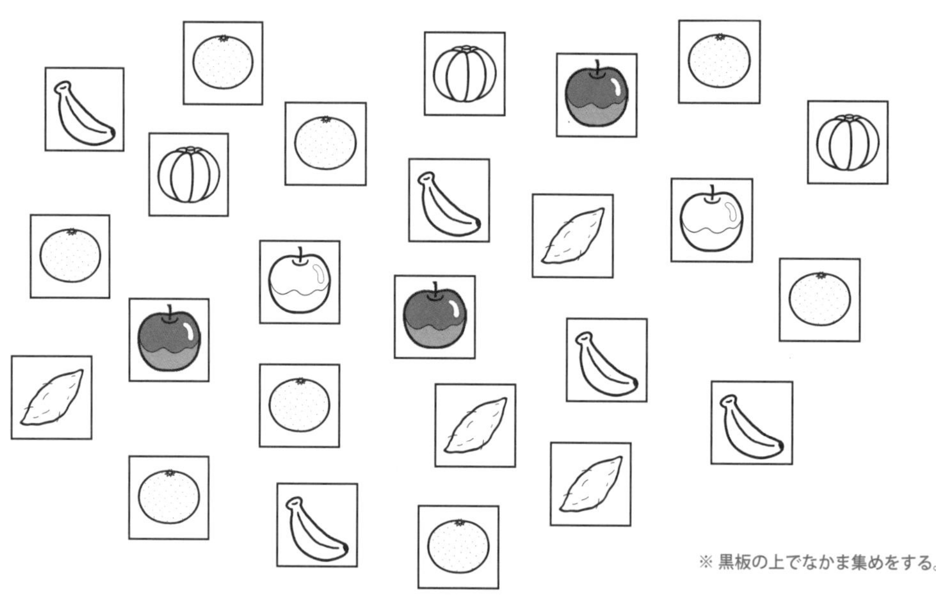

POINT 果物や野菜に関わる児童の生活の中での話も聞き，関心を高めて全員が黒板に集中して学習できるようにします。

1 野菜や果物の名前と知っていることをお話しよう

黒板に野菜や果物などの絵カードをバラバラに貼る。

T いろいろな野菜や果物がありますね。名前や知っていることをお話しましょう。

同じ種類のものでも，大きさや色が少し違うものを準備しておき，大きさや色が違っても同じなかまと認めることができるのかを確かめる。

2 黒板の上で同じ野菜や果物を集めよう

児童は，絵カードを動かす活動を喜ぶので，できるだけたくさんの児童が操作できるように，「○枚カードを動かしたら交代」などの工夫をする。また，児童によってカードをバラバラに置いたり，並べようとしたりと様々だが，ここでは，集め方は統一しなくてもよい。

準備物

QR 板書用イラスト
QR ワークシート

ICT

児童一人ひとりを見て指導をしていると，活動中の評価が難しい。活動の様子をタブレットで写真に撮影しておくと，後で評価や授業改善に役立つ。

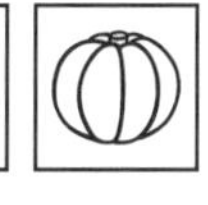

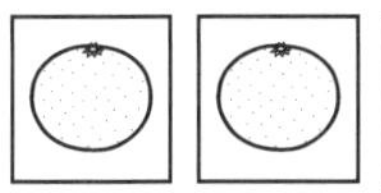
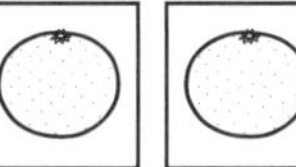

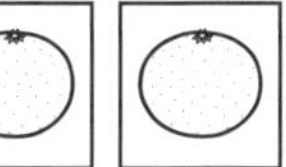
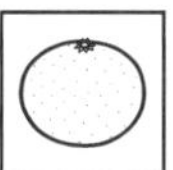
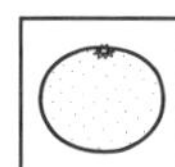

ならべると
おおい すくないが
よく わかる

3 どんな置き方をしたら多い少ないがわかりやすいか考えよう

T　この中でどれがいちばん多いかな。どれがいちばん少ないかな。

C　バラバラに置いてあるからよくわからないよ。並べたらどうかな。

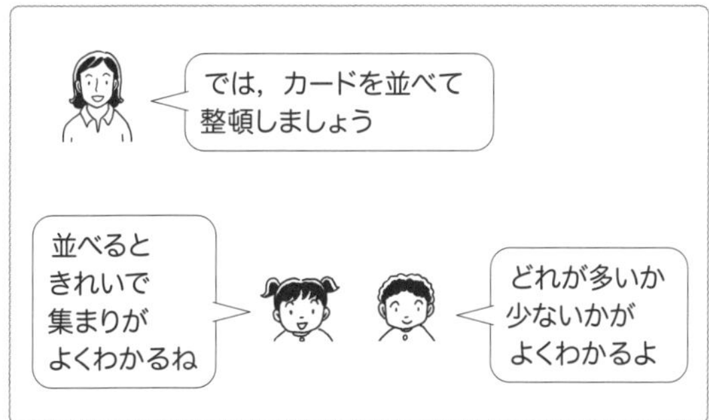

集めて整頓するというのが，数を半具体物に表して，数認識するにはとても大切な要素である。

「集めて整頓すると，はじめと比べてどう違いますか」と問いかけ，わかりやすさが実感できるようにする。

4 絵を見て，なかまを集めよう

ワークシート等を使ってなかま集めをする。

T　絵にかいてあるものは動かせないね。だから，同じなかまのものを線で囲んでいきますよ。

T　カエルは何をしていますか。

C　みんなで歌を歌っているね。

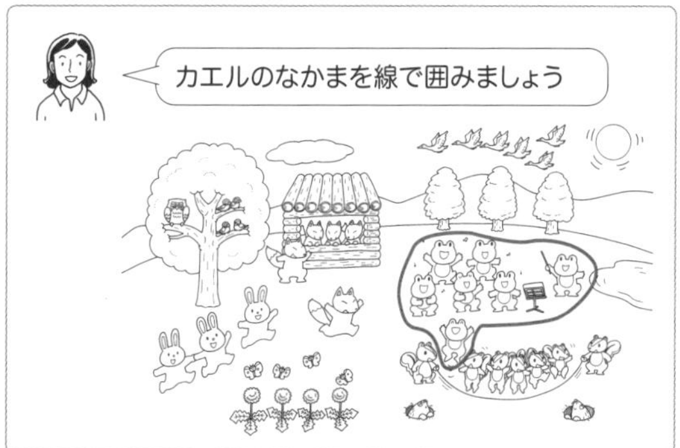

ほかの動物も同じように線で囲んでなかまづくりをする。

ここでも，同じ種類のものでも大きさや色を変えておくとよい。

第 2·3 時

集合の大小比較

本時の目標

集合の個数の多さを１対１対応の方法で比べることができる。

板書例

どちらが おおいか くらべよう

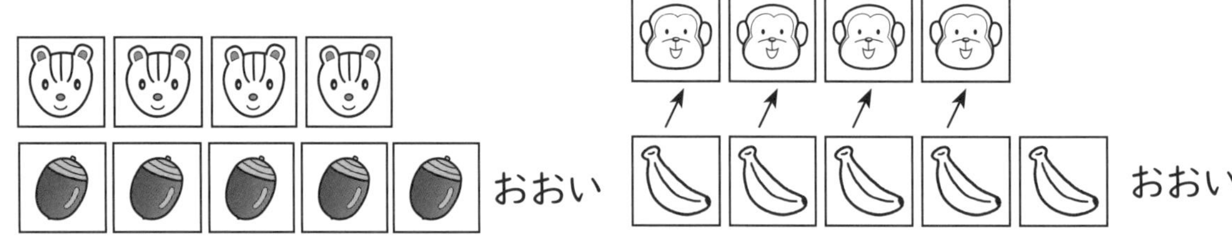

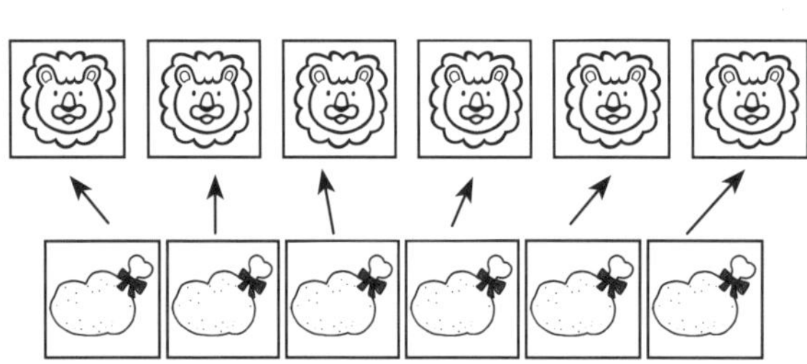

※ バラバラに貼った絵カードをなかま分けする。

POINT 大小比較を,「並べて比べる」「動かして比べる」「線を引いて比べる」「代替物にして比べる」と段階を踏んで比べていきます。

1 同じなかまに分けて整頓しよう

黒板に動物や食べ物の絵カードをバラバラに貼る。

T　いろいろな動物と食べ物がありますね。これらをなかまに分けて整頓しましょう。

前の時間に学習した内容となる。リスとどんぐり，サルとバナナ，ライオンと肉の組み合わせになるようにカードを配置する。比べる２者 (サルとバナナ，ライオンと肉) をずらして並べておき，長さでは比べられないことや比べ方の方法をこの時間で考えていく。

2 どちらが多いか，動かして比べてみよう

T　リスとどんぐりではどちらが多いですか。

C　カードを見ると，どんぐりの方が多いね。

T　サルとバナナではどちらが多いですか。

C　同じに見えるよ。

C　カードの位置が違うから同じではないよ。

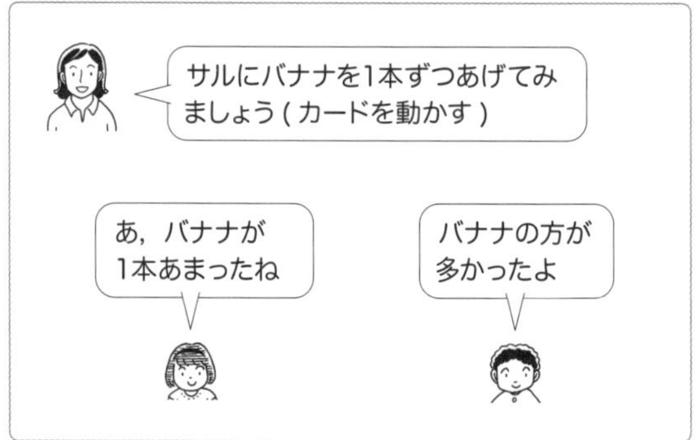

サルとバナナは，バナナを動かして「１対１」対応をして比べる。ライオンと肉も同じようにして比べる。

準備物
・算数ブロック（板書用・児童用）
QR ワークシート

ICT
1対1対応とはどのようなものか，どのように線を引いたらよいのか，画像や動画でタブレットに保存しておく。必要に応じて，児童一人ひとりに見せるとよい。

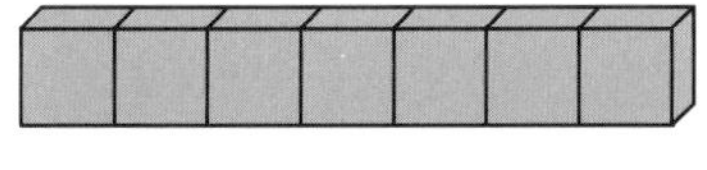

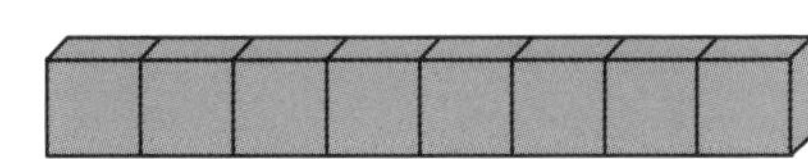

おおい

3 チョウとたんぽぽ，どちらが多いか比べてみよう

ワークシートを活用する。

T　チョウとたんぽぽを比べてみましょう。

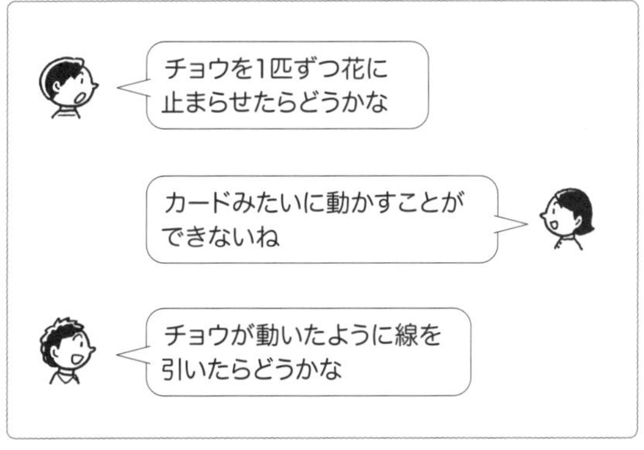

C　線をつなぐと，チョウが１匹あまったよ。
C　動かさないで，線でつなぐやり方はわかりやすいね。

線を引いて比べるアイデアが児童から出るように，ペアで考える時間も取るようにする。キツネと乗り物，クマと魚，カエルと葉，リスとボールも同じように比べてみる。

4 線を引いて比べられないときの方法を考えよう

T　風船とクマではどちらが多いでしょう。
C　風船を１個ずつクマにあげてみたらいいね。線を引く方法でやってみよう。
C　あれ？ ごちゃごちゃしてわからなくなってきたよ。

ここでも児童が考える時間を取る。「代わりのものを使う」考え方が出るように，風船の上に算数ブロックを置いてみるとよい。

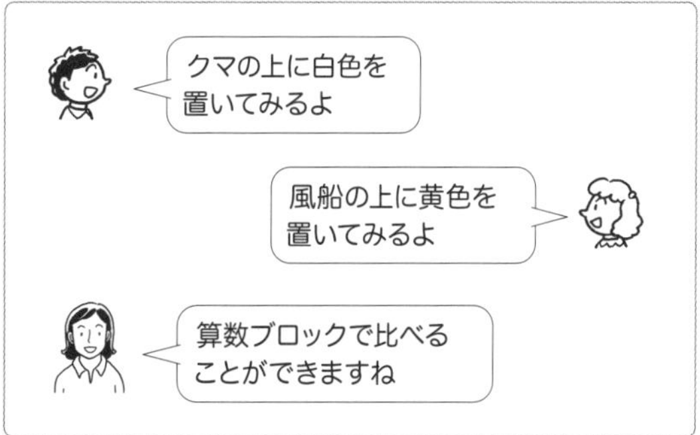

第 4 時

3 の意味と理解

本時の目標

集合としてのものが「さん」の数詞と,「3」の数字に対応していることを理解し，書くことができる。

板書例

3 の なかまを みつけよう

※ □の中の「3」はあとで書き入れる。

※ 実際の板書では，絵カードを貼る。

POINT どんなものでも，算数ブロックの「3」と 1 対 1 対応でぴったりなら，同じなかまの「3」になります。

1 どんな「なかまづくり」ができるかな

黒板に絵カードをワークシートと同じように貼る。

T　黒板に動物や食べ物のカードがあります。これらのカードをなかま分けします。どんな「なかまづくり」ができるでしょう。

C 「動物」と「食べ物」でなかま分けできるね。

T　ほかにもどんな「なかまづくり」ができるか考えてみましょう。

2 「3」のなかまを見つけよう

T　と同じ数のものを見つけます。算数ブロックをカードの上に動かして，ぴったりのものを見つけましょう。

各自，ワークシート上で算数ブロックを使って操作する。

C　ジュースはどうだろう。 よりも多い。

C　アイスクリームはぴったりで同じだね。

T　犬とアイスクリームと は，ぴったりになる同じなかまです。

準備物	・算数ブロック（板書用・児童用） QR ワークシート

ICT	「3」を表現している画像をできるだけ用意しておく。それらを全体提示や児童のタブレットに送信しながら，「3」の概念を教えていくとよい。

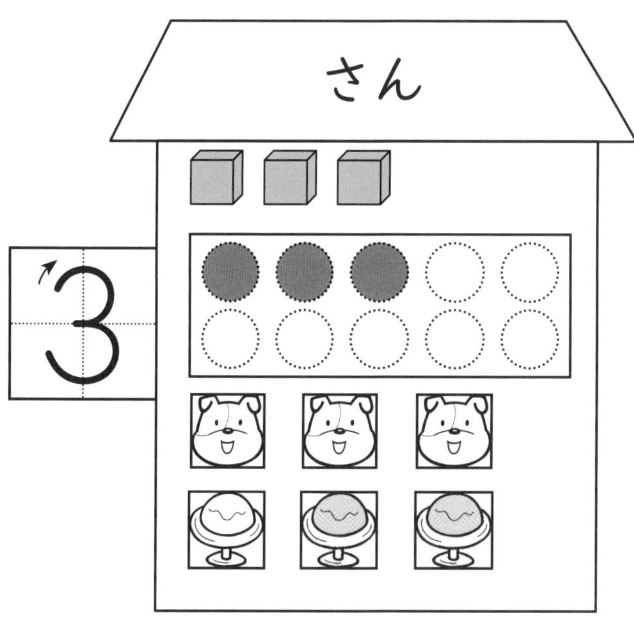

3 「3」のなかまを家に入れてみよう

T 　 と同じ数が 3（さん）です。3 のお家に入れるのは 3 のなかまだけです。

黒板に 3 の家をかく。

T 　3 のお家に 3 のなかまを入れましょう。

黒板の 3 のお家に「犬」「アイスクリーム」「3 の算数ブロック」を入れる。操作は児童に交代でさせる。
板書のタイトルの□に 3 と書く。

4 3 の数字を書く練習をしよう

T 　みんなで「3」の数字を書いてみましょう。
はい，たぬきのお腹がくるん，くるん。

皆で一斉に空に指で「3」を書く。

C 　くるん，くるんが上手く書けないな。

T 　ノートにも数字の 3 を書きましょう。算数ブロックの 3 もかいておきましょう。

ワークシートやノートに数字と算数ブロックをかく。

3 が書けたら，○に 3 の数だけ色をぬりましょう

第5時
2と4の意味と理解

本時の目標 集合としてのものが「に」「し」の数詞と，「2」「4」の数字に対応していることを理解し，書くことができる。

板書例

2 と 4 の なかまを みつけよう

※□の中の「2」と「4」はあとで書き入れる。

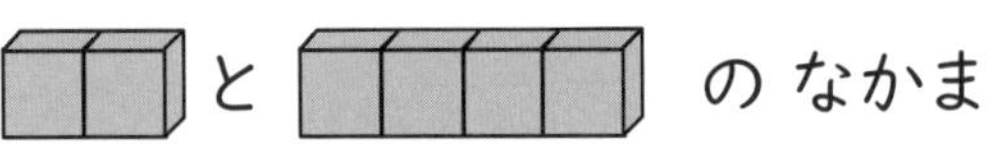

※実際の板書では，絵カードを貼る。

POINT 前時の「3」の学習と同じように，1対1対応で「2」と「4」を見つけます。ワークシートを使って，どの子も机上で操作

1 「2」のなかまを見つけよう

T □□と同じ数のものを見つけます。同じ数だけ算数ブロックを出して，ぴったりのものを見つけましょう。（児童は各自ワークシートで操作する。その後，黒板でも1対1対応をさせる。）

C ライオンとお肉がぴったりだから□□と同じなかまだ。

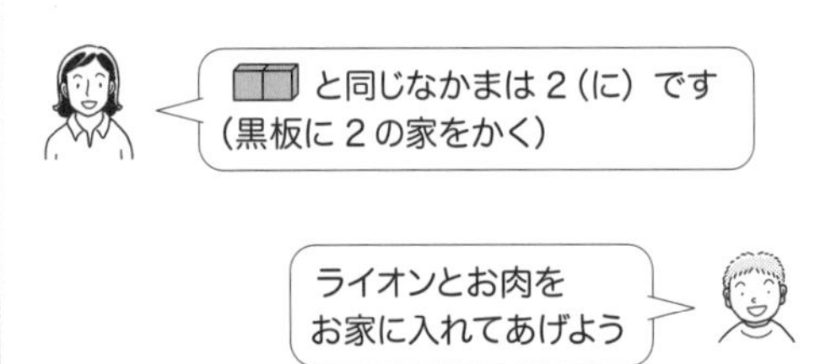

黒板の２の家に「ライオン」「肉」「２の算数ブロック」を移動する。操作は児童に交代でさせる。板書のタイトルの□に２と書く。

2 「4」のなかまを見つけよう

1の展開と同じように「4」も進める。

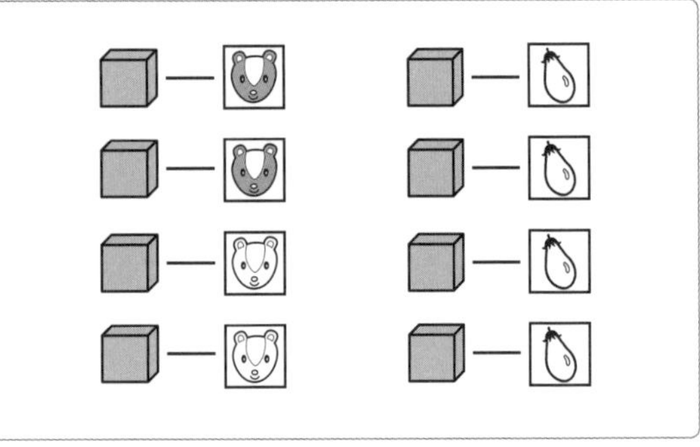

C リスとナスがぴったりです。

C □□□□と同じなかまはリスとナスだ。

T □□□□と同じなかまは４（し）です。「よん」とも読みます。

黒板に４の家をかき，「リス」「ナス」「４の算数ブロック」を操作させる。板書のタイトルの□に４と書く。

準備物
・算数ブロック（板書用・児童用）
QR ワークシート

ICT
「2」「4」を表現している画像をできるだけ用意しておく。それらを全体提示や児童のタブレットに送信しながら，「2」「4」の概念を教えていくとよい。

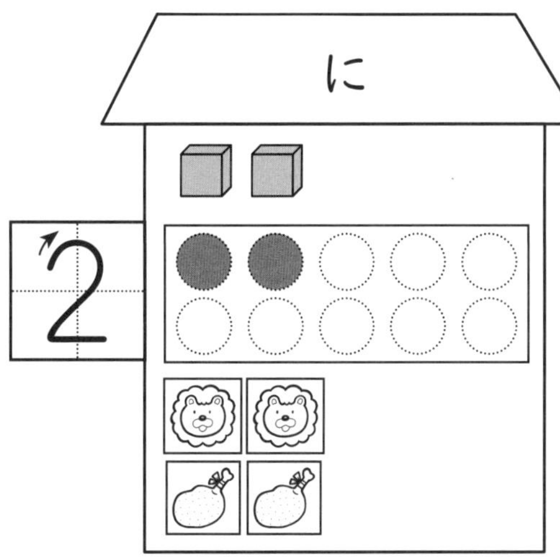

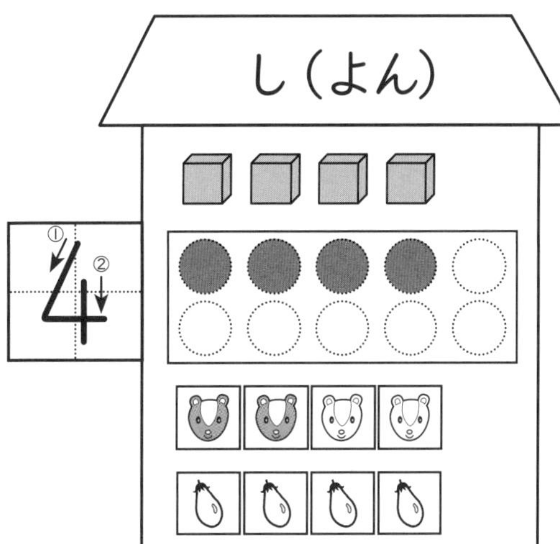

できるようにします。

3 2と4の数字を書く練習をしよう

T　みんなで「2」の数字を書いてみましょう。

皆で一斉に空に指で「2」を書く。

T　ノートにも数字の2を書きましょう。算数ブロックの2もかいておきます。

ワークシートやノートに数字と算数ブロックをかく。

T　○に2と同じ数だけ色をぬりましょう。

「4」も同じように練習する。

4 算数ブロックは何個あるか見破ろう

黒板に何個か貼った算数ブロックを大きな手で隠し，一瞬だけ児童に見せ，何個あるかを見破るゲームをする。

T　ちょっとしか見せないけど，わかるかな？

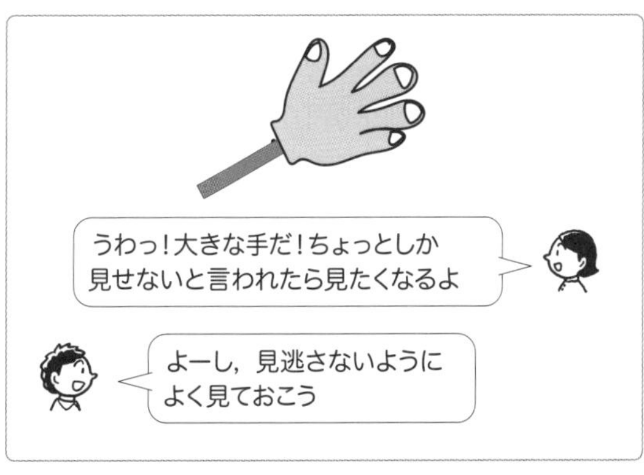

大きい手が登場するだけでも児童は大喜びであろう。さらに，「ちょっとしか見せない」ことで，集中力もアップする。

数えなくても，パッと見て数を認識できる力は，後の学習でも生きてくるため大切にしたい。

第6時
1と5の意味と理解

本時の目標　集合としてのものが「いち」「ご」の数詞と,「1」「5」の数字に対応していることを理解し，書くことができる。

板書例

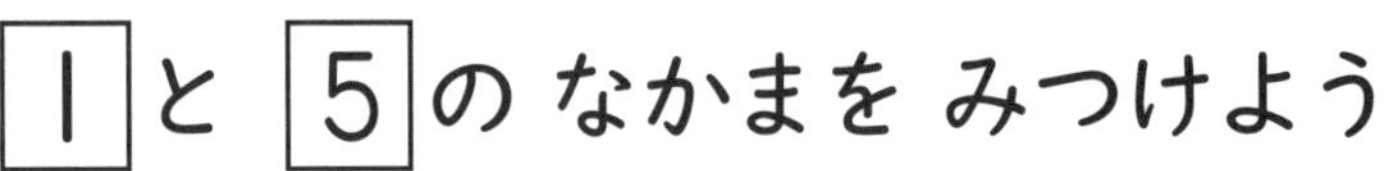

※ □の中の「1」と「5」はあとで書き入れる。

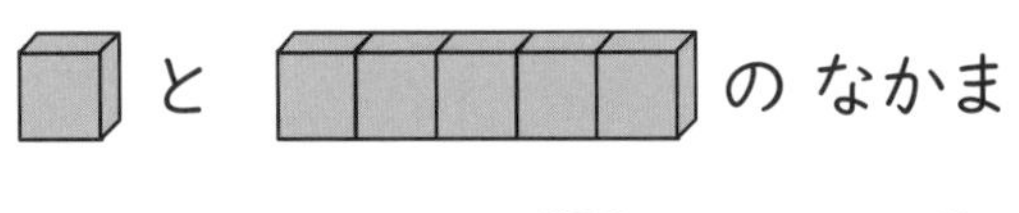

※ 実際の板書では，絵カードを貼る。

POINT 本時も，1対1対応で「1」と「5」を見つけます。ワークシートを使って，どの子も机上で操作できるようにします。

1 「1」と「5」のなかまを見つけよう

T ▢（▢▢▢▢▢）と同じ数のものを見つけます。同じ数だけ算数ブロックを出して，ぴったりのものを見つけましょう。（前時と同じように，児童は各自ワークシートで操作する。）

C ▢と同じなかまはパイナップルだね。

C ▢▢▢▢▢と同じ数は，ウサギとみかんだ。

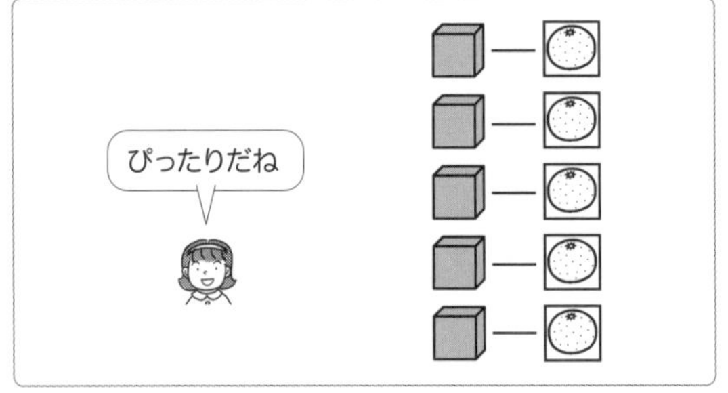

黒板でも児童に1対1対応をさせて，同じ数だということを確認する。

2 「1」と「5」のなかまを家に入れてみよう

黒板に「1」の家をかく。

T ▢と同じなかまは1（いち）です。1のなかまを1の家に入れましょう。

C 1のなかまは，パイナップルとくまです。

1の家に「パイナップル」「くま」「算数ブロック」を移動する。同じように「5」の家も完成させる。

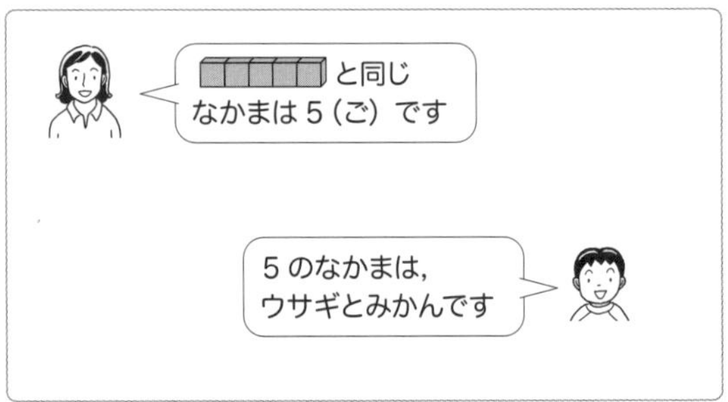

板書のタイトルの□に1と5を書く。

準備物
・算数ブロック（板書用・児童用）
・アルミホイル
QR ワークシート

ICT
「1」「5」を表現している画像をできるだけ用意しておく。それらを全体提示や児童のタブレットに送信しながら，「1」「5」の概念を教えていくとよい。

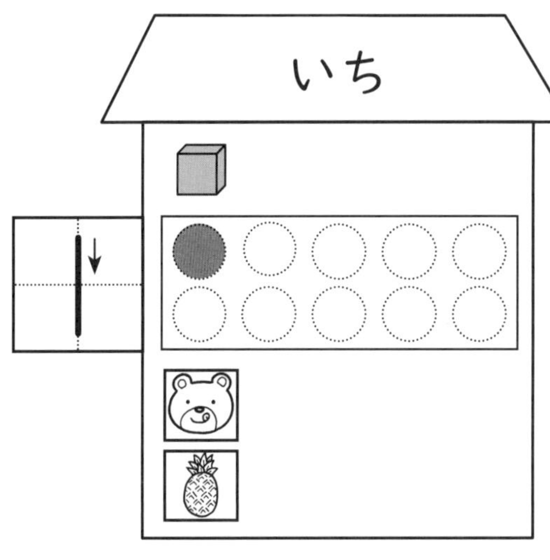

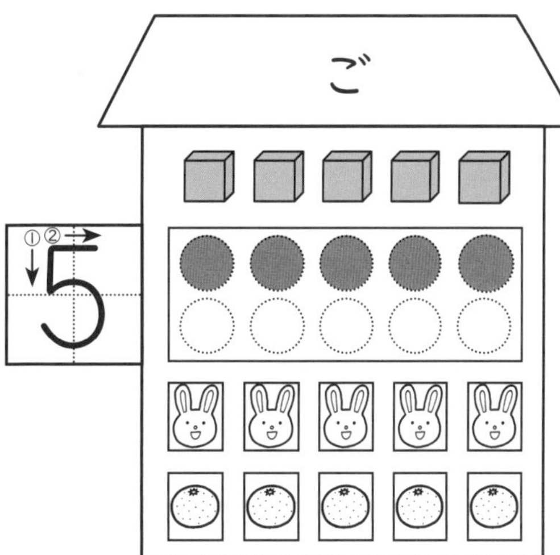

3 1と5の数字を書く練習をしよう

T　みんなで「5」の数字を書いてみましょう。

皆で一斉に空に指で「5」を書く。

T　ノートにも数字の5を書きましょう。算数ブロックの5もかいておきます。

ワークシートやノートに数字と算数ブロックをかく。

T　○に5と同じ数だけ色をぬりましょう。

「1」も同じように練習する。

1は簡単だよ。あれ？でも真っすぐに書けないな。線の上をなぞって書こう

5は書き順を間違えないようにしよう

4 算数ブロックで便利な5のかたまりを作ろう

T　算数ブロック5個をアルミホイルで包んで，5のかたまりを作りましょう。

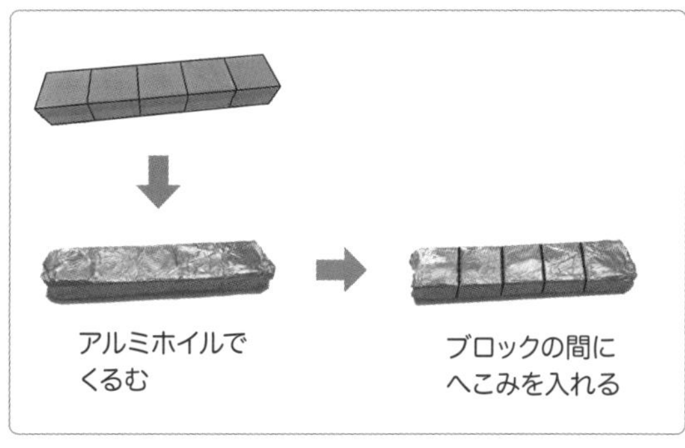

5をまとめて数をとらえることは，日常生活の中にも数多くあり，5以上の数の学習でも大いに発揮する。

5のかたまりが出来たら，前時の大きな手を登場させて，数あてゲームをすると理解が定着する。

第 7 時
5までの数

本時の目標 「数詞」「数字」「算数ブロック」の３者が相互に対応していることが理解できる。

板書例

5までの かずを まとめよう

1

(うさぎ)	■	1
(りんご)	■■	2
(ひよこ)	■■■	3
(ふうせん)	■■■■	4
(キツネ)	■■■■■	5

POINT 具体物，算数ブロック（半具体物），数字を対応させながら学習を進めます。

1 絵の数と同じ数の算数ブロックを並べよう

黒板にキツネのイラストを貼る。

T 算数ブロックを出して，キツネと同じ数の算数ブロックを机の上に並べましょう。

全員が算数ブロックを並べる時間を取る。

C 1匹に1個ずつ算数ブロックを置いてみたらいいね。（児童が黒板で操作する。）

イラストの横に算数ブロック（以降「ブロック」）と「5」のカードを貼る。1，2，3，4も同じように進める。

2 カードの数字と同じ数のブロックを並べよう

1から5の数字カードを準備する。

T この数字は何と読みますか。

数字カードを見せる。

C 「よん」です。 C 「し」とも読みます。

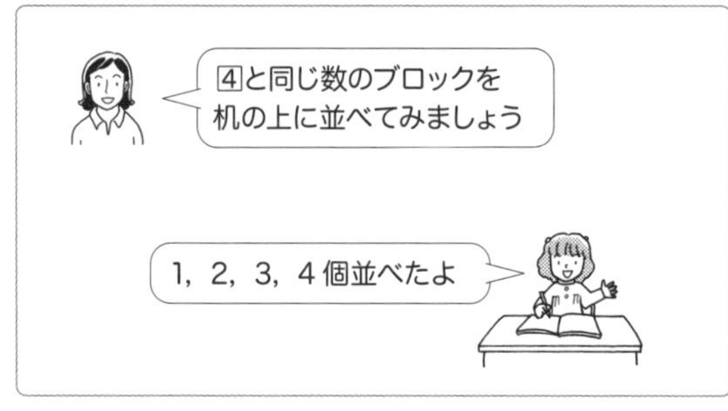

全員がブロックを並べる時間を取り，隣同士で確かめる。児童が黒板でブロックを貼る。

T みんなで4を読んで，4を書きましょう。

同じように，他の数字も確かめる。

準備物
・算数ブロック（板書用・児童用）
QR 板書用イラスト
QR ワークシート

ICT
「1」から「5」を表現している画像をできるだけ用意しておく。それらを全体提示や児童のタブレットに送信しながら，「1」から「5」の概念を教えていくとよい。

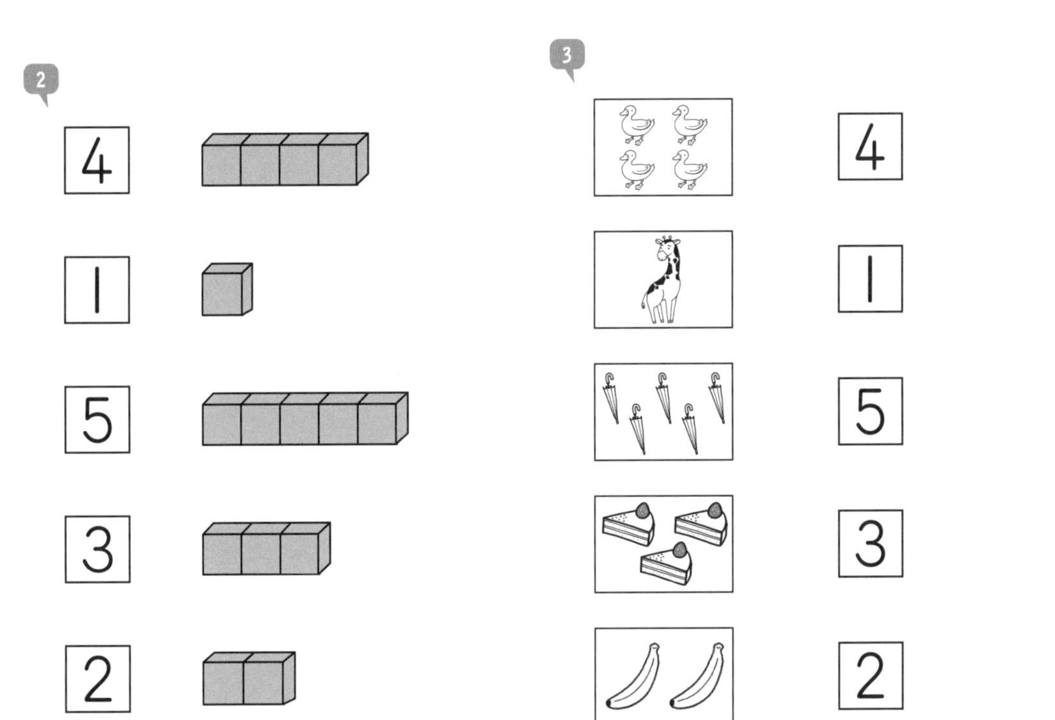

3 絵の数を数字カードで答えよう

1 から 5 の数の絵カードを準備する。児童には 1 から 5 までの数字カードを持たせる。

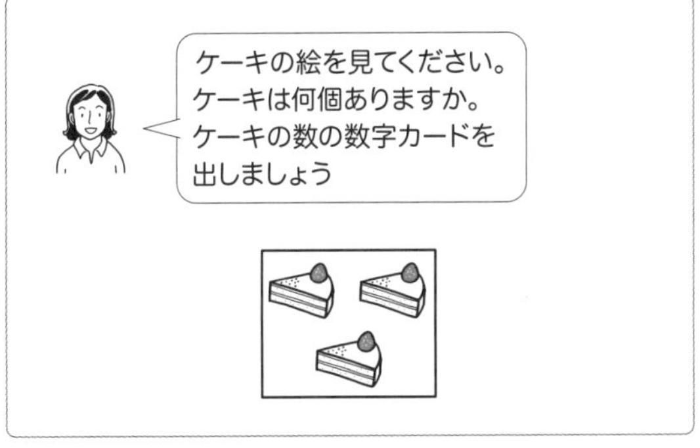

全員がカードを出すのを確認する。

T　○○さん，選んだカードをみんなに見せてください。

T　「3」ですね。みんなで 3 を読みましょう。

同じように他の数字も確かめる。

4 同じ数を線でつなごう

ワークシートを活用する。

T　同じ数のものをそれぞれ線でつなぎましょう。

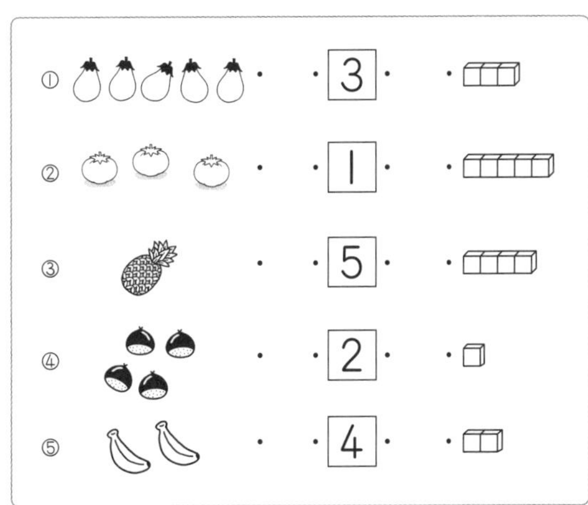

展開 1 では，具体物→半具体物，展開 2 では，数字→半具体物，展開 3 では，具体物→数字に表す学習をしたが，最後に，同じ数を表す 3 者を線でつなぐ学習でまとめる。

第8時
6と7の意味と理解

本時の目標
集合としてのものが「ろく」「しち」の数詞と，「6」「7」の数字に対応していることを理解し，数えることができる。

板書例

6 と 7 の おうちを つくろう

※ □の中の「6」と「7」はあとで書き入れる。
※ 実際の板書では，絵カードを貼る。

POINT 5までの数の学習と同じように，本時も，1対1対応で「6」と「7」を見つけます。ワークシートを使って，どの子も

1 絵を見て話し合おう

黒板にイラストを貼り，どんな動物がいるか，何をしているか等を全員で出し合う。ワークシートを活用する。

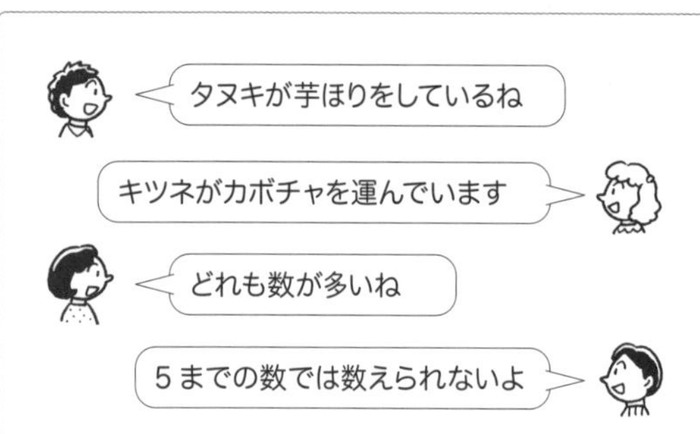

T　今日は，と同じ数のものを見つけます。同じ数だけブロックを出して，ぴったりのものを見つけましょう。

C　絵の上にブロックを置いてみよう。

C　同じ数のものは，ヒツジとカボチャです。

黒板でも児童に1対1対応をさせて，同じ数だということを確認する。

2 「6」のなかまを家に入れてみよう

黒板に「6」の家をかく。

T　と同じなかまは6（ろく）と言います。6のなかまを6の家に入れましょう。

C　6のなかまは，ヒツジとカボチャだね。

6の家に「ヒツジ」「カボチャ」「算数ブロック」を移動する。「ヒツジ」と「カボチャ」は絵カードで操作する。

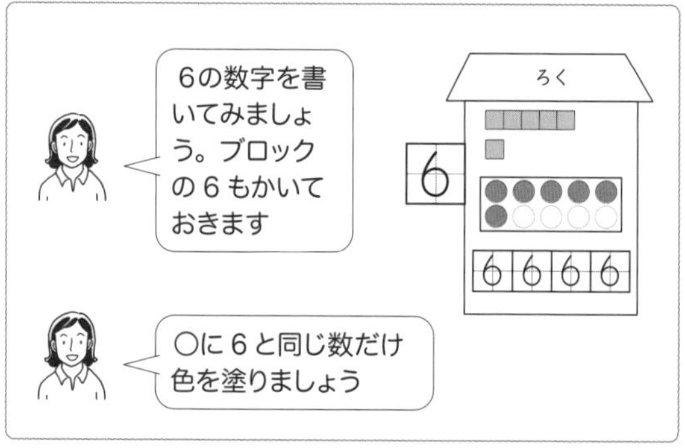

C　全部「6」のなかまになるんだね。

準備物	・算数ブロック（板書用・児童用） QR 板書用イラスト QR ワークシート

ICT	「6」「7」を表現している画像をできるだけ用意しておく。それらを全体提示や児童のタブレットに送信しながら，「6」「7」の概念を教えていくとよい。

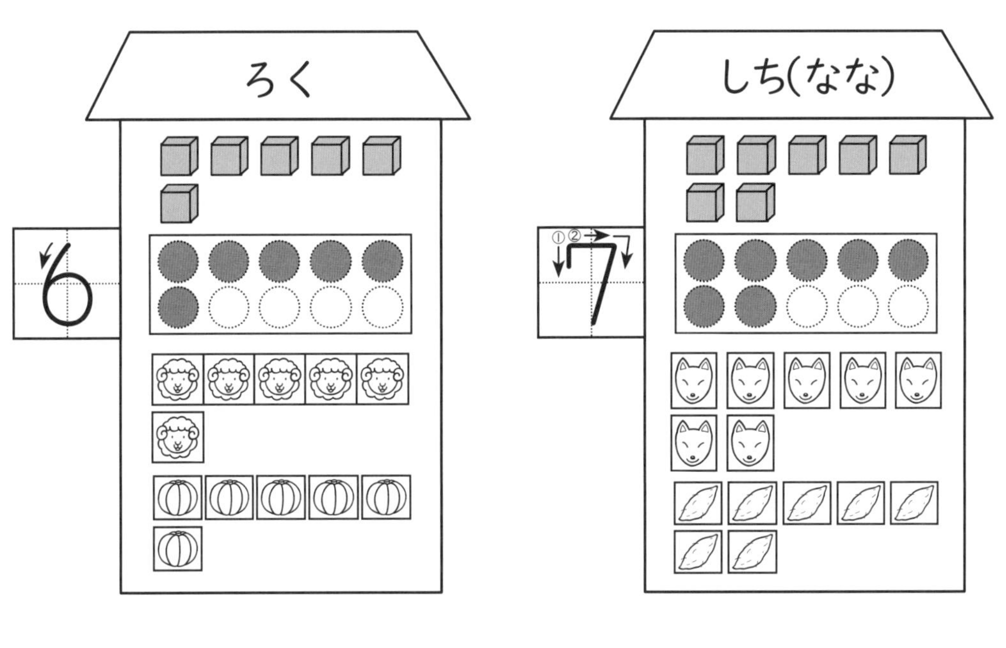

机上で操作できるようにします。

3 「7」のなかまを家に入れてみよう

T　次は，［ブロック7個］と同じ数のものを探してみましょう。

C　ブロックをキツネとサツマイモの上に置いたら，ぴったりだったよ。黒板で1対1対応をして確認する。

C　今度は何というお家になるのかな。

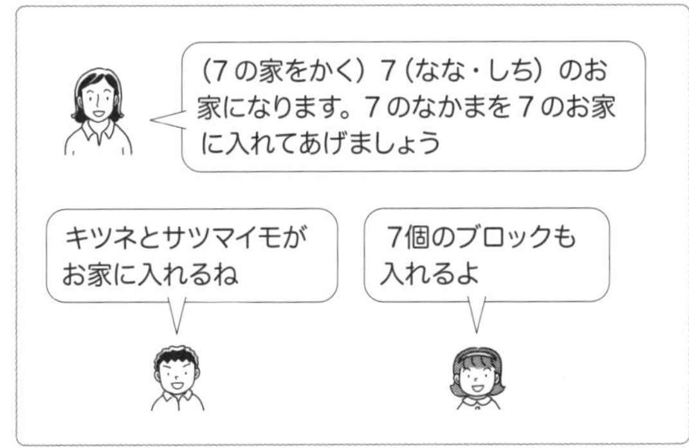

6と同じように数字の練習や○の色塗りをする。
板書のタイトルの□に6と7を書く。

4 算数ブロックは何個あるかな

T　算数ブロックは何個あるかわかりますか。

バラバラの6個や7個のブロックと，5のかたまりがある6個や7個を比較して提示する。第5時の大きな手を使って一瞬だけ見せて隠す。

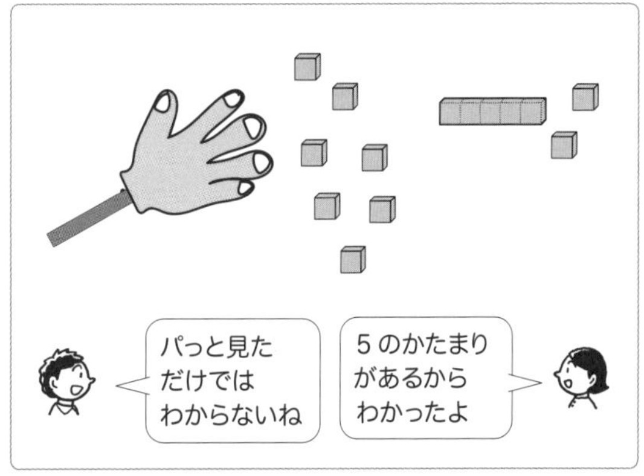

ゲーム感覚で行うとよい。
5でまとめて数を捉えることの便利さを実感できる。

第 9·10 時

8，9，10 の意味と理解

本時の目標　集合としてのものが「はち」「く」「じゅう」の数詞と，「8」「9」「10」の数字に対応していることを理解し，数えることができる。

板書例

8 と 9 と 10 の おうちを つくろう

※ □の中の「8」「9」「10」は後で書き入れる。

※ 実際の板書では，絵カードを貼る。

POINT　これまでの数の学習と同じ流れで進めていきます。ワークシートを使って，どの子も机上で操作できるようにします。

1 算数ブロック（8個）と同じ数のものを見つけよう

前時で使用したイラストとワークシートを使用する。

T　同じ数だけブロックを出して，ぴったりのものを見つけましょう。

C　同じ数のものは，タヌキとカブです。

黒板でも１対１対応をして確認する。

8の読み方や書き方を確認して，ワークシートを完成させる。

2 算数ブロック（9 個）と同じ数のものを見つけよう

C　ブロックとぴったりのものは，サルと栗になりました。サルと栗は同じなかまです。

１対１対応をして確認する。

C　今度は何というお家かな。

T　（9の家をかく）9（く・きゅう）のお家になります。9のなかまをお家に入れてあげましょう。

9の家に「サル」「栗」「算数ブロック」を移動する。

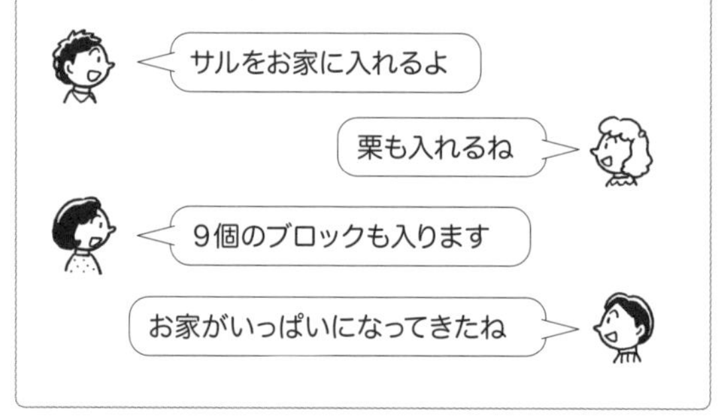

8と同じように数字の練習や○の色塗りをする。

準備物

・算数ブロック（板書用・児童用）
QR 板書用イラスト
QR ワークシート

ICT

「8」「9」「10」を表現している画像をできるだけ用意しておく。それらを全体提示や児童のタブレットに送信しながら，「8」「9」「10」の概念を教えていくとよい。

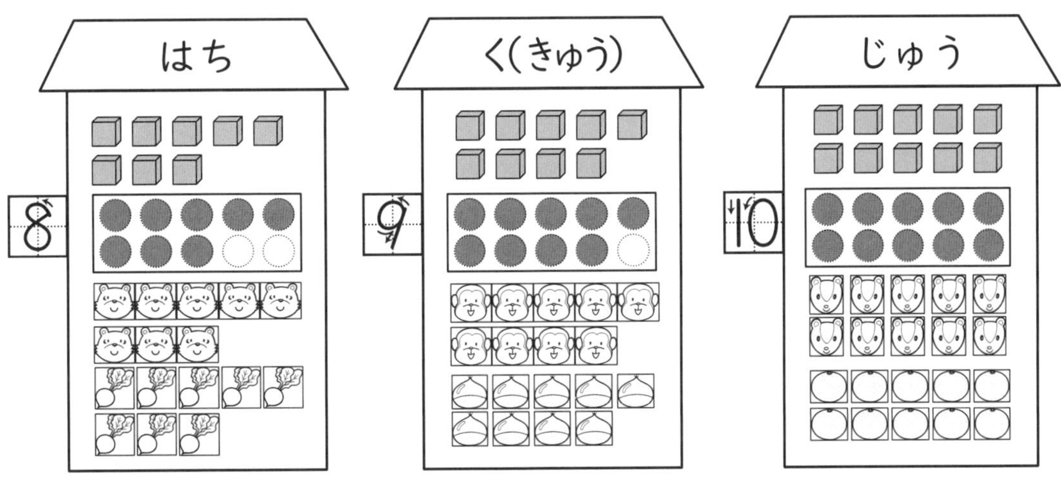

3 算数ブロック（10 個）と同じ数のものを見つけよう

C　ブロックをリスとみかんの上に置いたら，ぴったりだったよ。

C　リスとみかんが同じなかまだね。

黒板で 1 対 1 対応をして確認する。

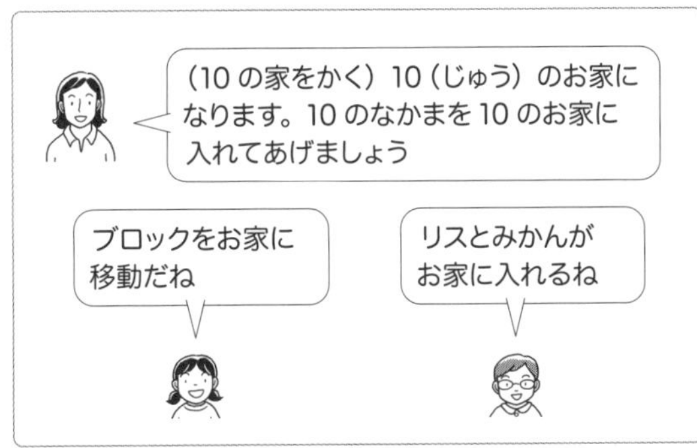

同じように数字の練習や○の色塗りをする。
板書のタイトルの□に 8，9，10 を書く。

T　1 から 10 までのお家が完成しましたね。

4 算数ブロックの数あてゲームをしよう

T　算数ブロックは何個あるかわかりますか。

前時と同じように，バラバラのブロックと，5 のかたまりがあるブロックを比較して提示する。第 5 時の大きな手を使って一瞬だけ見せて隠す。

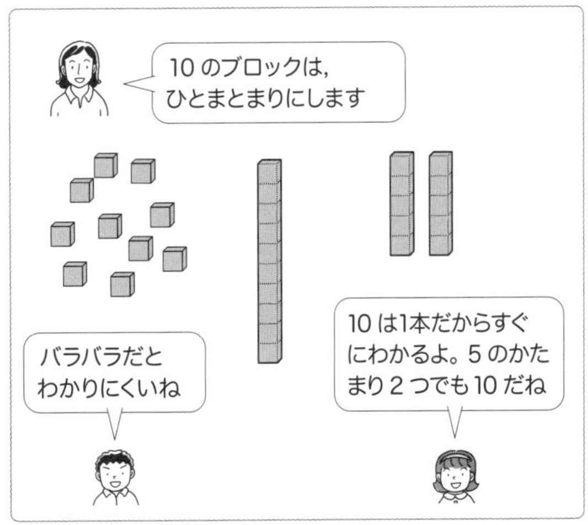

5 や 10 でまとめて数を捉えることの便利さを実感できる。

第11時
0の意味と理解

本時の目標　1つもないことが，「れい」の数詞と「0」の数字に対応していることを理解し，書くことができる。

板書例

おにぎりは なんこ あるかな

1

2

3　2　1　0

1

なにも ない ことを
0（れい・ぜろ）

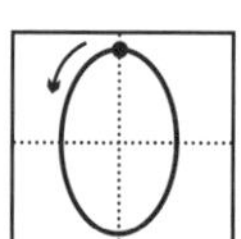

POINT　ゲームでは，何もしていないことが0ではなく，やってみた残念な結果を0が表していることに気づかせましょう。

1 お皿の上のおにぎりは何個ですか

ワークシートを活用する。

T　いちばん左のお皿には何個ありますか。

C　3個あります。

T　1個おにぎりを食べました。残りは何個になりますか。…そう，2個ですね。

さらに1個食べると残りは1個になることを確かめる。

T　何もないことを「0」（れい）といいます。
おにぎりは0個です。

2 おにぎりの数を書こう

T　お皿の上のおにぎりの数を書きましょう。

C　3，2，1…

C　何もないから何も書かなくていいのかな。

0を書く練習をする。
0も数のなかまであることに気づかせることが大切である。

準備物	・玉入れセット（玉３個，かご）×班の数 ・輪投げセット×班の数　・おはじき ・ゲームの記録用紙　QR ワークシート QR 動画「おにぎりを数えよう」	ICT	「0」とはどういう意味なのか，例えば，コップにジュースが全く入っていない，箱にものが入っていないなどの写真を用意し，タブレットに保存し提示していくとよい。

3 たまいれ げえむを しよう

・ひとり 3こ たまを なげる。

・たまが はいった かずを かく。

なまえ	ひろし	ともみ	しょう	さち
はいった かず	2	0	Ｉ	3

・Ｉこも はいらなかった　0こ

3 ゲームをして，点数を記録しよう

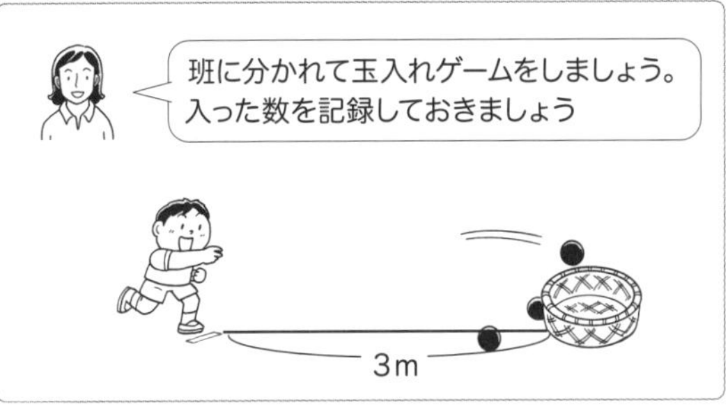

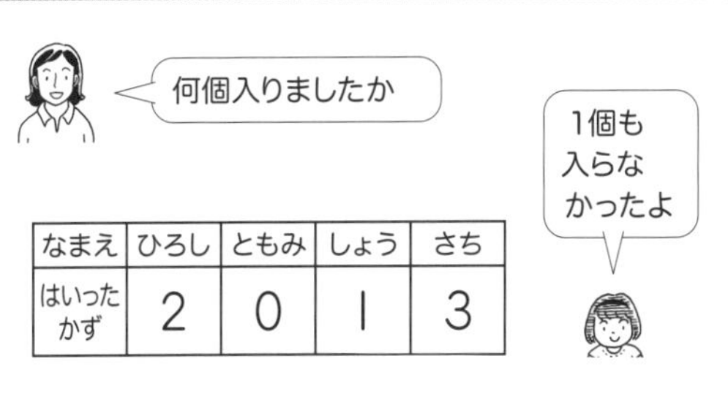

なまえ	ひろし	ともみ	しょう	さち
はいった かず	2	0	Ｉ	3

【玉入れ】準備物：かご，玉（３個）
１人３回（３個）玉を投げる。
３個のうち何個玉が入ったか記録する。

【輪投げ】準備物：輪投げセット
１人３回（３個）輪を投げる。
３個のうち何個輪が入ったか記録する。

【おはじきとばし】
準備物：おはじき（３個），円をかいた用紙
１人３回（３個）おはじきをとばす。
３個のうち何個円に入ったか記録する。

ゲームの点数を記録する中で，０という数の意味を理解していく。

第12時

6～10の数①

本時の目標　6から10までの数に習熟する。

板書例

にもつの かずあて げえむ

※ブロックの数を替えて
何問か数あてゲームをする。

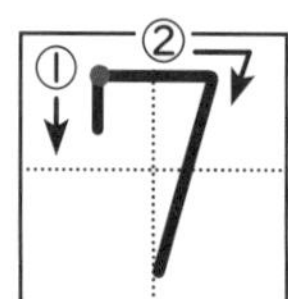
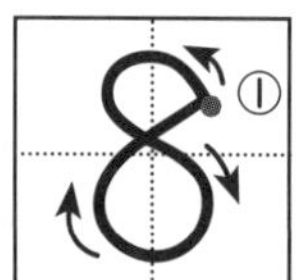
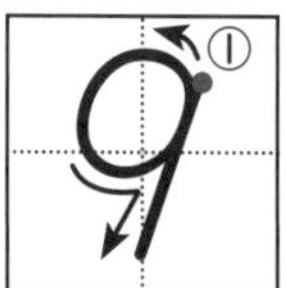
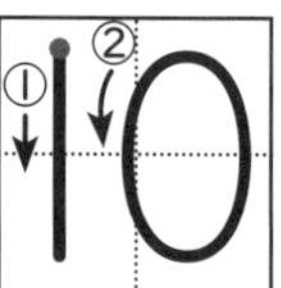

POINT 本時は，「5のかたまり」を意識させた授業展開になっています。5のかたまりにすると，便利でわかりやすいということ

1 荷物の数あてゲームをしよう

トラック2台に算数ブロックを貼る。1台はバラバラで7個，もう1台は，5のかたまりと2個にする。

T　ガタガタ道を2台のトラックが走ります。トラックに積んでいる荷物は何個かわかりますか。

教師が黒板で演じる。トラックを激しく揺らしながら，2秒くらいで通り過ぎていくようにする。

㋐のトラックは，揺れるから数えるのが大変でわからなかったよ

㋑のトラックは，5のかたまりがあったから，パッと見てわかったよ

5のかたまりがあると，数を捉えやすくなる。

5や10のかたまりに，なかなかなじめない児童もいる。押し付けて理解させるのではなく，このようなゲームをすることで，便利でわかりやすいものとして，無理なく受け入れることができる。第6時，第8時も参考にする。

準備物	・算数ブロック（板書用） QR 板書用イラスト（トラック） QR ワークシート

ICT	トラックにブロックを積むイラストをランダムに提示することによって，各自で数えることができ，数の習熟を図ることができる。

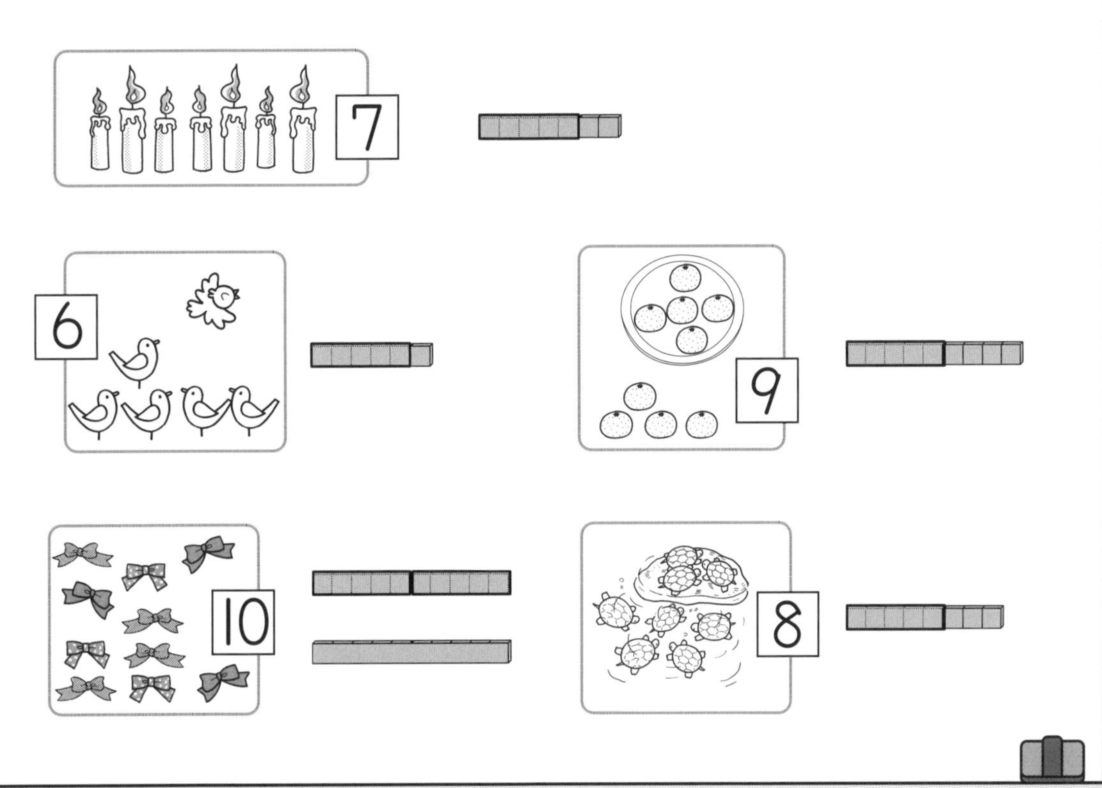

を無理なく児童が受け入れられるようにします。

2 6から10の数字をきれいに正しく書こう

ワークシートを活用する。

T　8を書きます。（黒板にわざと間違った書き方をする）
C　書き方が違います。（前に出て）8は，こう書きます。

数字を書くことが苦手な児童もいる。再度，全員で書き方を確認し，練習する。

3 算数ブロックになおして，数を書こう

T　絵を算数ブロックで表します。

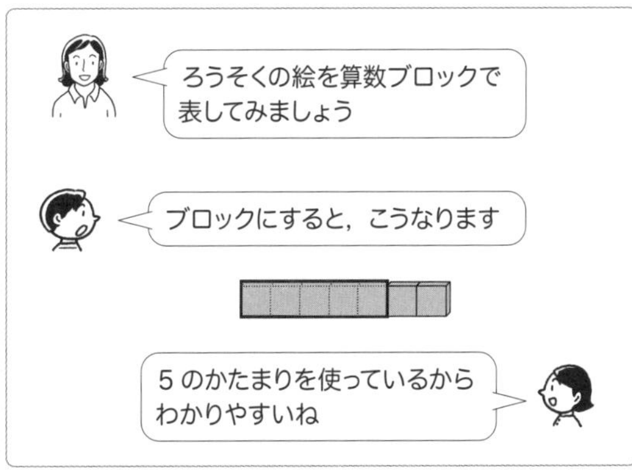

児童が黒板でブロックを操作したり，数を書いたりする。

※ ブロックの並べ方は，5と2の2段にするなど，クラスの実態に合わせて進めてください。

第13時
6～10の数②

本時の目標
「数詞」「数字」「算数ブロック」の３者が相互に対応していることが理解できる。

板書例

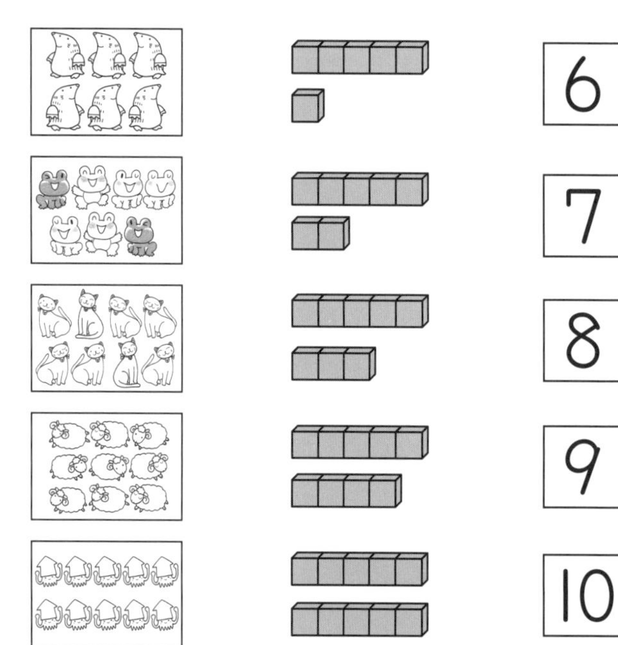

POINT 具体物，算数ブロック（半具体物），数字を対応させながら学習を進めます。

1 絵の数と同じ数の算数ブロックを並べよう

黒板に猫のイラストを貼る。

T　算数ブロックを出して，猫と同じ数の算数ブロックを机の上に並べましょう。

全員が算数ブロックを並べる時間を取る。

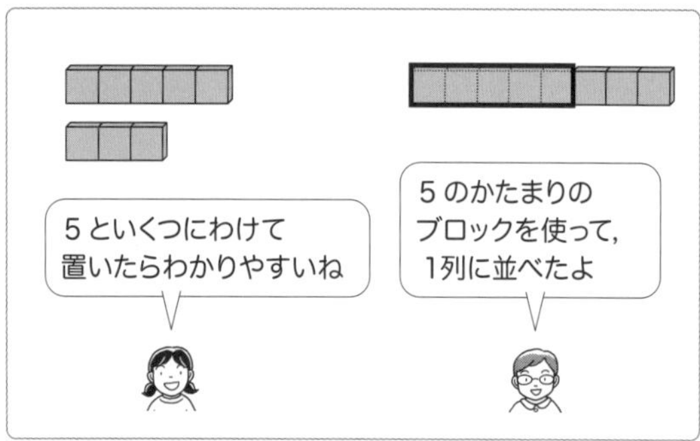

黒板で児童が算数ブロックを並べる。

T　この数をみんなで言ってみましょう。

イラストの横にブロックと「8」のカードを貼る。6，7，9，10も同じように進める。

2 カードの数字と同じ数のブロックを並べよう

6から10の数字カードを準備する。

T　この数字は何と読みますか。

数字カードを見せる。

C「しち」です。　C「なな」とも読みます。

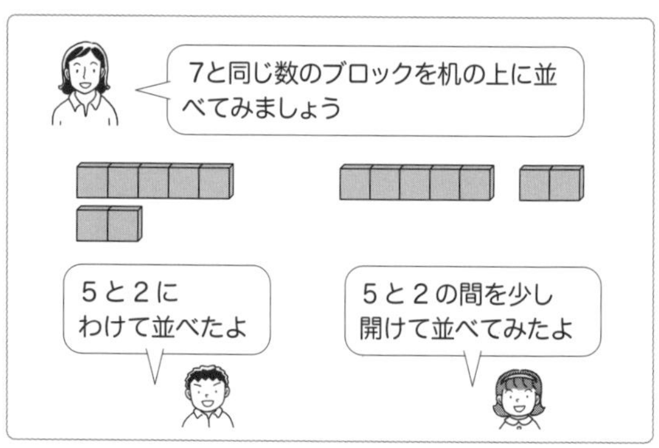

全員が算数ブロックを並べる時間を取る。

数を算数ブロックで表す練習をしていくと，次第に数がわかりやすい方法で並べられるようになる。

同じように，他の数字も確かめる。

準備物

・算数ブロック（板書用・児童用）
QR 板書用イラスト
QR ワークシート

ICT

ゲーム用カードをスライド資料で用意し，ランダム再生に設定しておくと，カードを印刷したり，切り取ったりする手間を省くことができる。

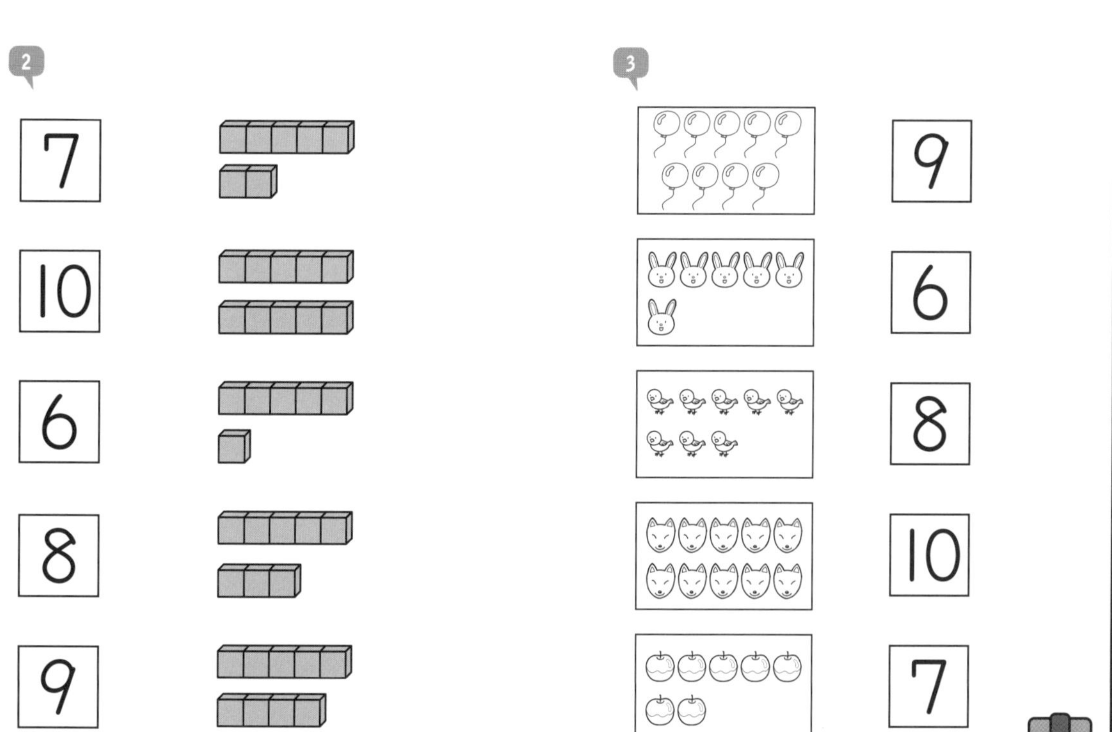

3 絵の数を数字カードで表そう

6 から 10 の数のイラストを準備する。児童には，6 から 10 の数字カードを持たせる。

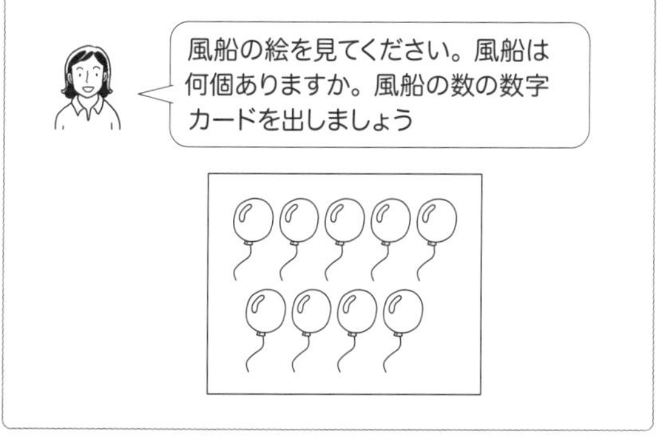

全員が数字カードを出すのを確認する。

T　○○さん，選んだカードをみんなに見せてください。

C　「9」です。5 個と 4 個で 9 個です。

同じように，他の数字も確かめる。

4 同じ数を線でつなごう

ワークシートを活用する。

T　同じ数のものを線でつなぎましょう。

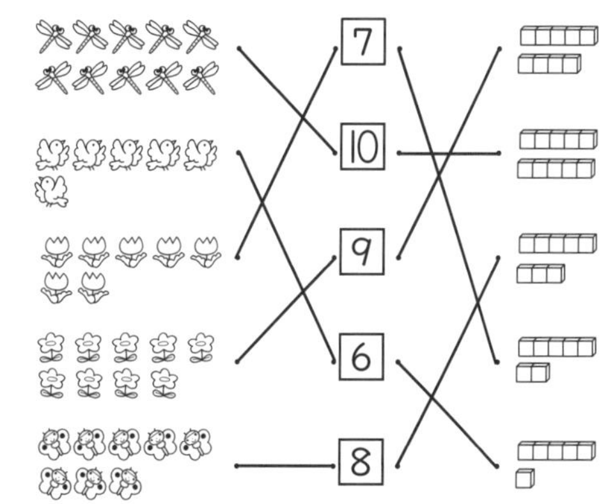

展開 1 では，具体物→半具体物，展開 2 では，数字→半具体物，展開 3 では，具体物→数字に表す学習をしたが，最後に同じ数を表す 3 者を線でつなぐ学習でまとめる。

第14時

10までの数

本時の目標

1から10までの数系列を理解し，数の大小を比べることができる。

板書例

さんすう ぶろっくを ならべて みよう

1

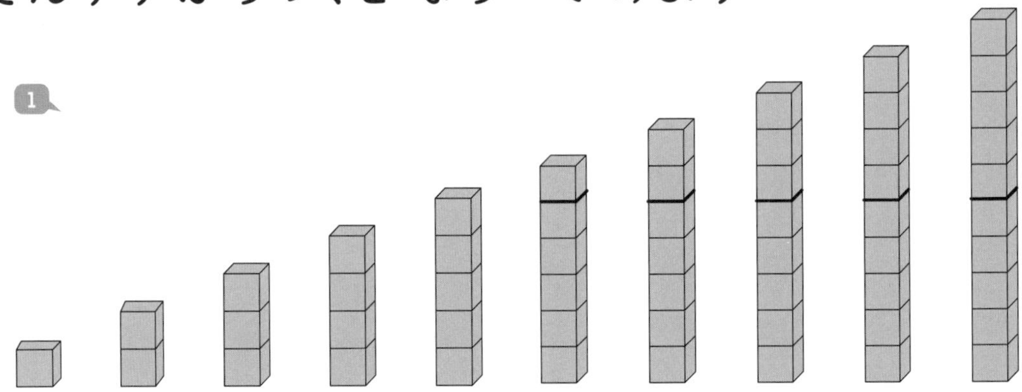

1	2	3	4	5	6	7	8	9	10

かいだんみたい

かずが おおきく
なって いく

POINT 本単元の最後のまとめとして，数字とブロック図を使ったカードで「数の大きさ比べ」ゲームをしましょう。

1 算数ブロックを並べてみよう

算数ブロックを1から10まで並べたものを提示する。ワークシートも活用できる。

T ブロックが何個あるか書きましょう。

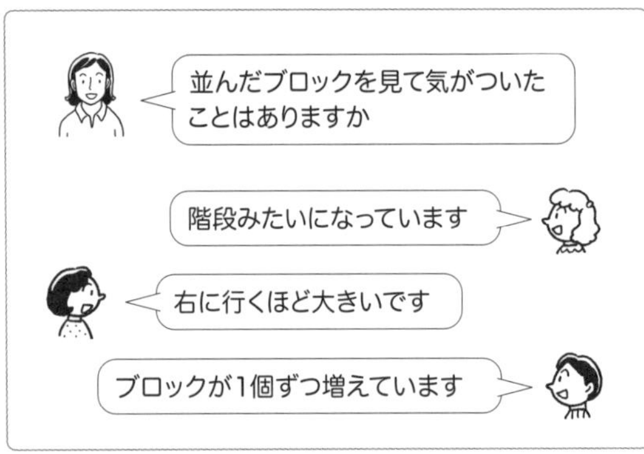

T 右に行くほど，数は大きくなります。1から10まで順番に読みましょう。

T 今度は，10から1まで順番に読みましょう。

3から順に，5から順になど，途中から読む練習もする。

2 数字カードを順番に並べよう

途中に空きがある数字カードを提示する。

T 1から10までの数字カードが並んでいます。ただ，所々数字が書かれていないところがあります。

児童が数字カードを入れる。

T みんなで順番に読んでみましょう。

準備物	・算数ブロック（板書用） QR ゲーム用カード QR ワークシート

ICT	数と呼応したブロックの図やこの時間の板書の写真をとり，児童のタブレットに送信しておく。苦手な児童は，それらを何度も見ることで，次第に理解していく。

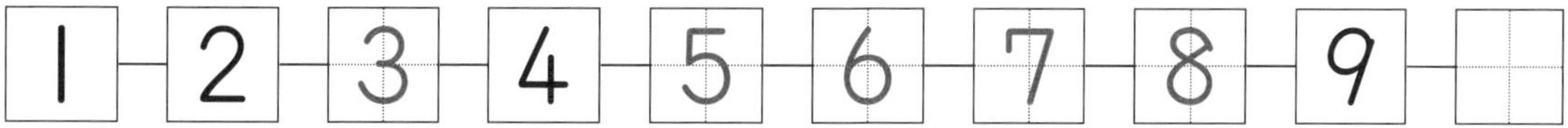

※ 数字カードを入れる。

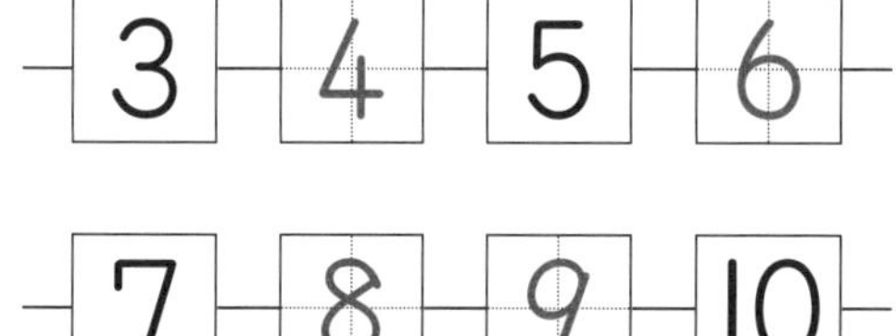

<どちらが おおきいかな>

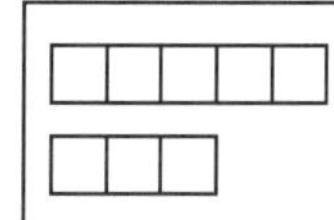

3 数の大きさ比べゲームをしよう

【準備物】

・ゲーム用カード（1 人 20 枚）
　1 から 10 の数字カード
　1 から 10 の算数ブロック図カード

【ルール】

❶ 2人1組で対戦する。
❷ 自分のカードをよく混ぜて，裏返しにして積む。
❸ いちばん上のカードを1枚「せーの」で出す。
❹ 大きい数の方が勝ちとなる。
❺ 勝った人が相手のカードをもらう。
❻ 終わったカードは別に置いておく。
❼ 最終，カードを多く持っている人の勝ちとなる。

数字同士，数字と算数ブロック図，算数ブロック図同士の3パターンの比べ方になる。

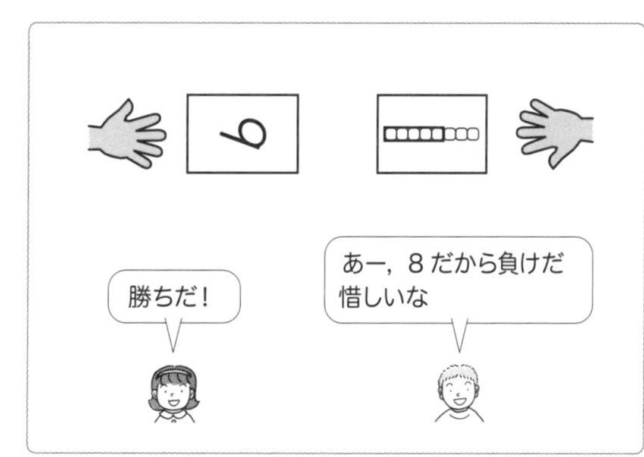

※ 算数ブロック図カードは，5 のかたまりがわかる 1 列のブロックと，5 といくつの 2 段にわけた並び方の 2 種類が入っているので，クラスの実態に応じて使用してください。

第1時　ワークシート

なまえ

☆ どんな　なかまが　いるかな。おはなしを　しよう。

第2・3時　ワークシート

なまえ

☆ どちらが　おおいかな。　くらべてみよう。

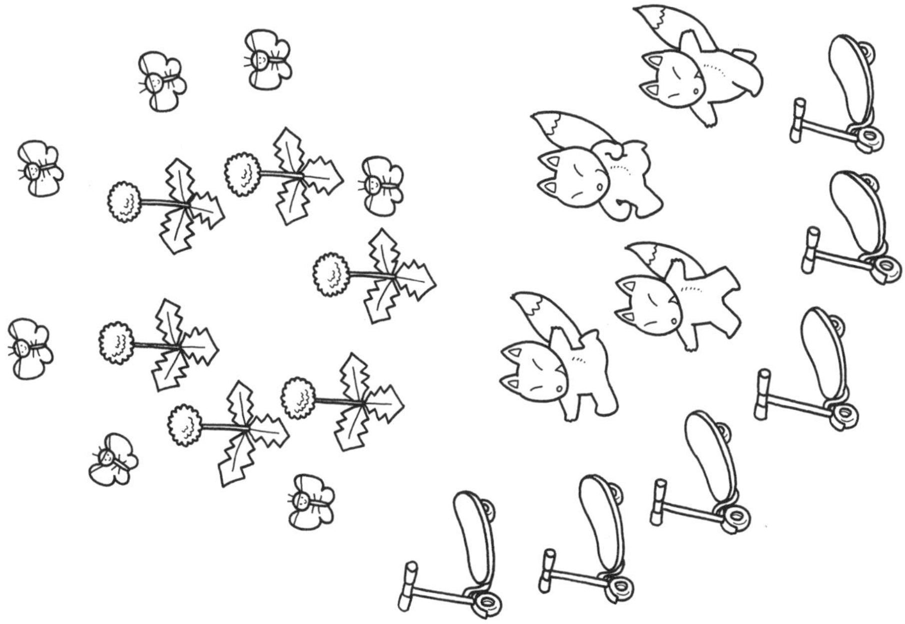

なまえ

☆　２と４の　なかまを　つくりましょう。

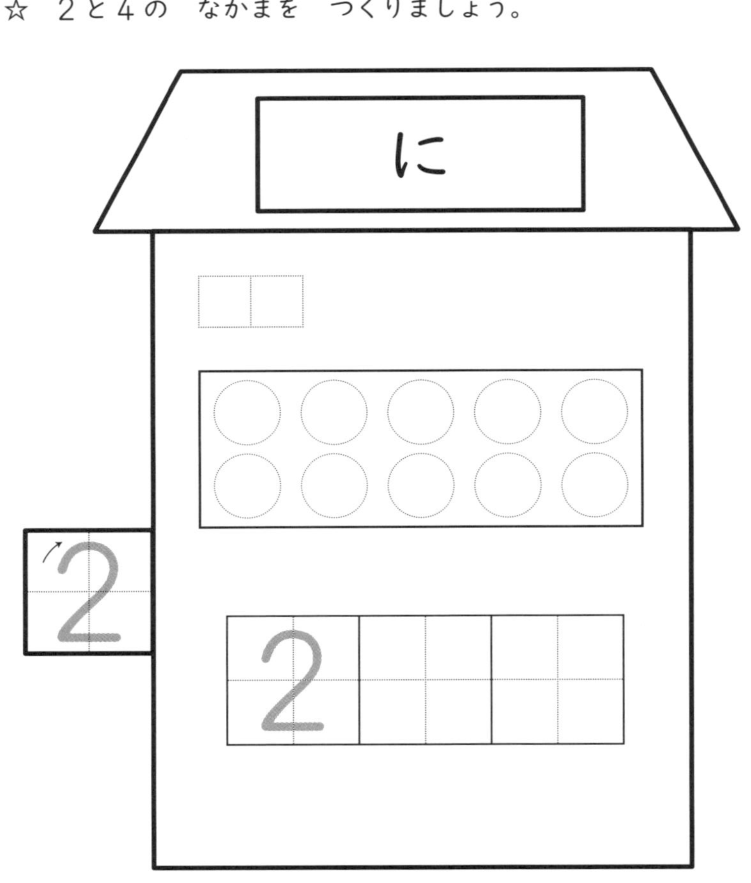

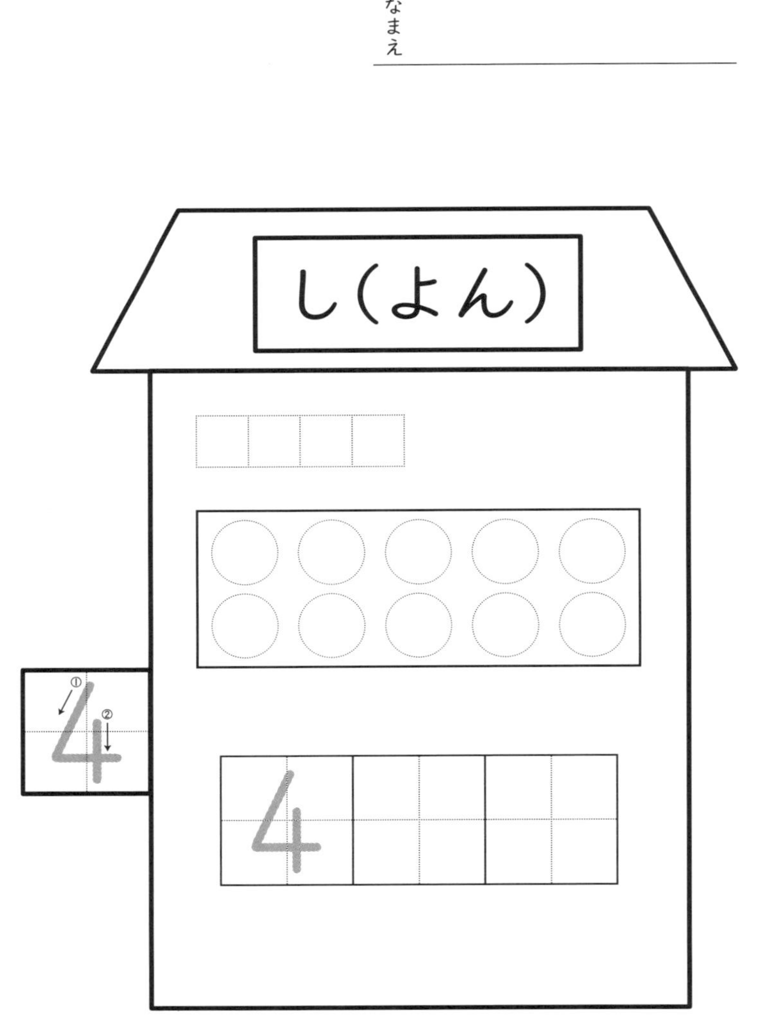

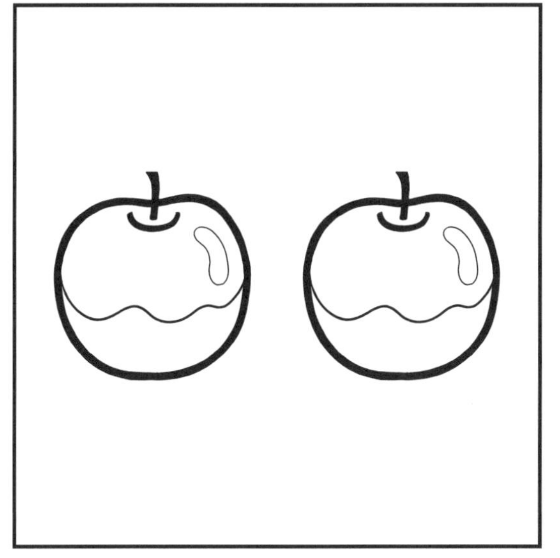

なんばんめ

全授業時数 2 時間

◎ 学習にあたって ◎

＜この単元で大切にしたいこと＞

数には集合数と順序数があります。子どもたちは 4 月以降，集合としての数の表し方を学んできましたが，ここでもう一つの順序数の使い方を学びます。実は数を数えている段階では順序数も集合数も分離していません。そこで，順序数の指導においては，集合数（かたまりを表す数）と順序数（位置を表す数）を対比して扱い，両者の違いを明確にする指導が大切です。また，実際に自分の順番が何番目にあたるのかを体験する活動も大切です。

＜数学的見方考え方と操作活動＞

順序数には方向があり，前から何番目，上から何番目等の方向を示す言葉が必要です。子どもによっては右から何番目とか左から何番目などと問われても，どちらが左でどちらが右なのかが理解できない場合があります。絵カードを並べたり図示する際は，どちらが右でどちらが左なのかをはっきりさせておく必要があります。また，集合数と順序数を対比する際には前から 3 人を線で囲む，あるいは前から 3 番目の子だけを線で囲むなどといった，細かな配慮が必要です。

＜個別最適な学び・協働的な学びのために＞

子どもたちに協力してもらい，ゲーム感覚で楽しく授業を進めていくことができます。例えば，子どもたちが 1 列に並び，教師が「○番目」と指示した人だけが立ち上がる活動では，児童自らが動作化することで理解を深めることができます。また，それを客観的に見ることを通して深く学び合うことができます。

また，前述したように，「右左」の区別が不十分な子どものために，「右左」や「上下」「まえ・うしろ」などをはっきりと示しておくことも大切です。

板書用絵カード，
数字カード，お金カード
〔全単元共通〕

◎ 評　価 ◎

知識および技能	個数や順番を正しく数えることができ，ものの位置を言い表すことができる。 個数や順番の数，方向や位置に関する言葉を正しく理解している。
思考力，判断力，表現力等	個数や順番の数え方を考えたり，方向や位置を考えたりすることができる。
主体的に学習に取り組む態度	個数や順番を数えたり，前後，左右，上下などの方向や位置を表す言葉を用いて，言い表そうとしたりしている。

◎ 指導計画　2時間 ◎

時	題	目標
1	順序（前後）を表す数	数が順序数にも用いられることがわかる。前後の順序の表し方を理解する。
2	順序（上下，左右）を表す数	上下，左右に関する順序の表し方を理解する。

第1時
順序（前後）を表す数

本時の目標　数が順序数にも用いられることがわかる。前後の順序の表し方を理解する。

板書例

たこやきやさんに ならぼう

2

まえから 3にん

まえ

うしろ

3

まえから 3ばんめ

まえ

うしろ

POINT　子どもたちが参加しながらゲーム感覚で楽しく授業を進めましょう。

1 並んで順番を待つ場面を考えよう

児童７人を前で１列に並ばせる。

T　みんなは，今までこんな風に並んだことがありますか。それは，どんなときですか。

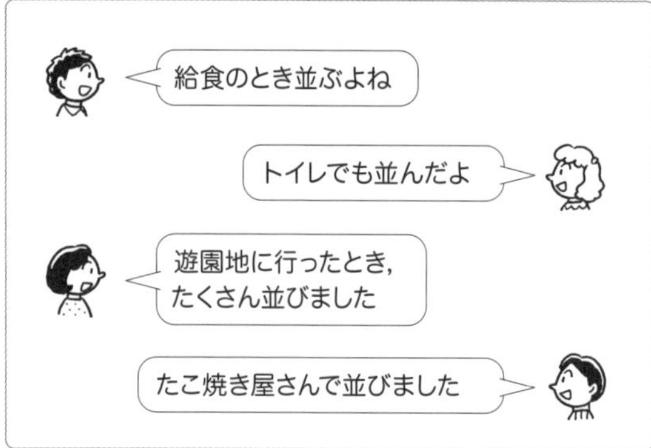

T　お友達は，たこ焼き屋さんで並んでいることにしましょう。並んでいるのは何人ですか。
C　７人です。

先頭を決め，７人の児童はその場に座る。

2 たこ焼きを買うことができる人は誰か考えよう

T　たこ焼きが３人前できました。買うことができるのは誰ですか。
C　３人だから，○さん，□さん，△さんです。

黒板に絵カードを貼り，前から３人を囲んでおく。

T　たこ焼きが６人前できました。買うことができるのは，誰ですか。
C　６人です。前から６人です。

前から６人を立たせる。

準備物

QR ワークシート

ICT

「前から○人」「前から○番目」の様子をいくらか撮影しておき，タブレットで全体提示をして話し合わせる。学級の児童や学校の先生方が出演すると盛り上がる。

3 たこ焼きを3番目に買うことができるのは誰ですか

次に，前から○番目の説明をする。

黒板に絵カードを貼り，前から３番目を囲む。

「前から３人」と「前から３番目」の違いをはっきりさせる。

７人の児童を交替しながら，数を変えて練習する。

T 「前から５番目」の人は立ってください。

T 「前から４人」立ってください。

動作化を自ら体験したり，友達の動作を見たりして，理解を深めることができる。

4 後ろから○番目，後ろから○匹を確かめよう

児童７人に，動物の絵カードを持たせる。

T クマさん，立ってください。クマは前から何番目ですか。

C 前から３番目です。

「後ろから」は，どこからどちら向きに数えればよいのかを，番号をふるなどして正しく捉える。「後ろから○匹」も取り上げる。

ワークシートを活用する。

第2時 順序（上下，左右）を表す数

本時の目標　上下，左右に関する順序の表し方を理解する。

板書例

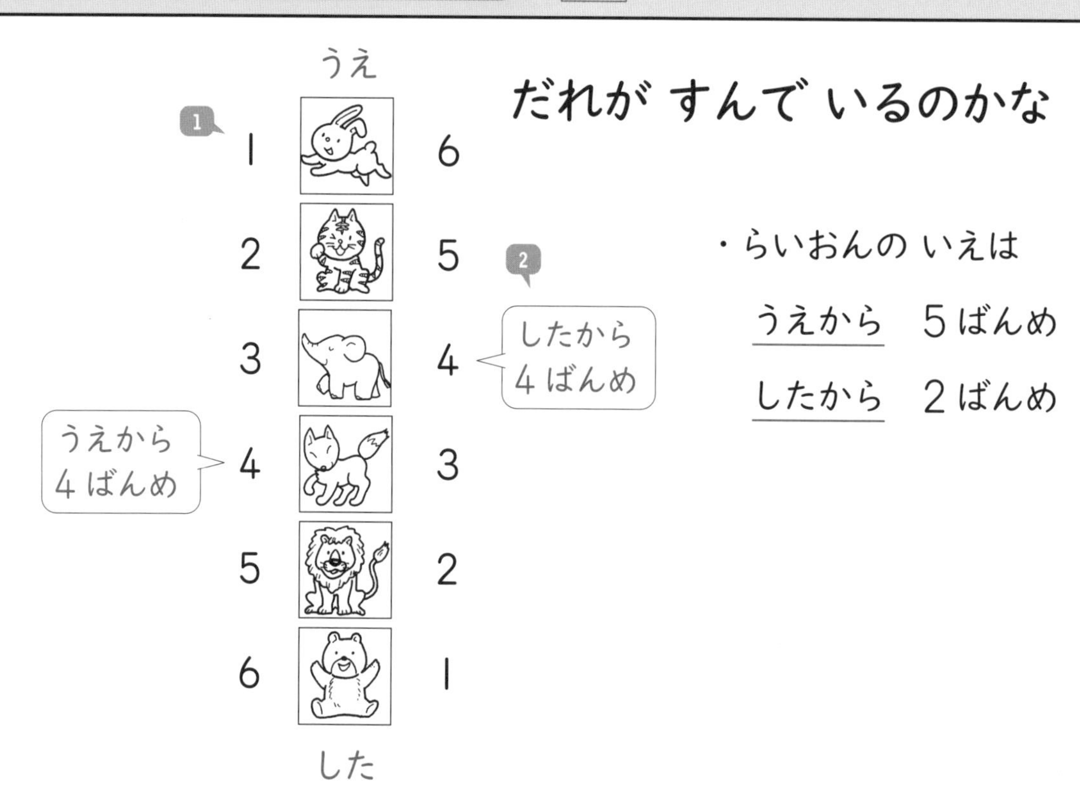

POINT 位置を2方向から見る練習を，「宝物さがし」という子どもたちが楽しんで取り組める工夫をしています。

1 上から○番目の動物を考えよう

黒板に6枚の動物カードを貼る。

T　これは，動物マンションです。6つのお家が縦に並んでいます。

T　いちばん上には誰が住んでいますか。

C　ウサギです。　「上」と「下」をはっきりと示す。

上から下に1から順に番号をふり，確かめる。

T　上から6番目に住んでいる動物は誰ですか。

数を変えて何問か練習する。

2 下から○番目の動物を考えよう

T　下から4番目に住んでいる動物は誰ですか。

C　今度は，下から数えたらいいね。

C　下から，1，2，3，4で，ゾウです。

下から上に1から順に番号をふり，確かめる。

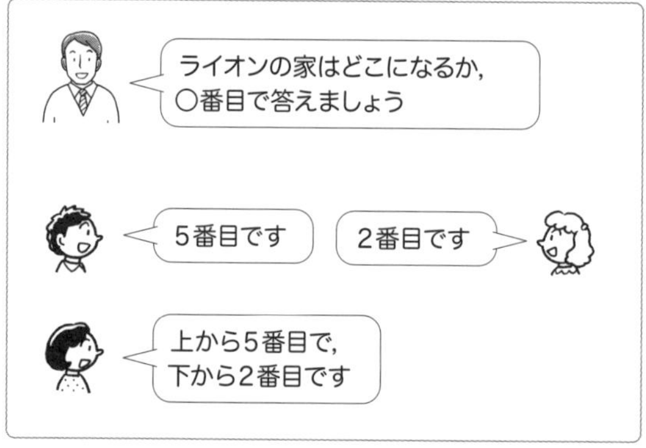

1つの動物で，上からと下からと，2通りの表し方で答える。どこから何番目かをはっきり言うようにする。

準備物	・宝探し用用紙 QR ワークシート

ICT	「左から〇番目」「右から〇番目」を色々なパターンで話し合わせ，考えさせたい。その時に，1時で使用した画像などをもう1度使うと，理解しやすい。

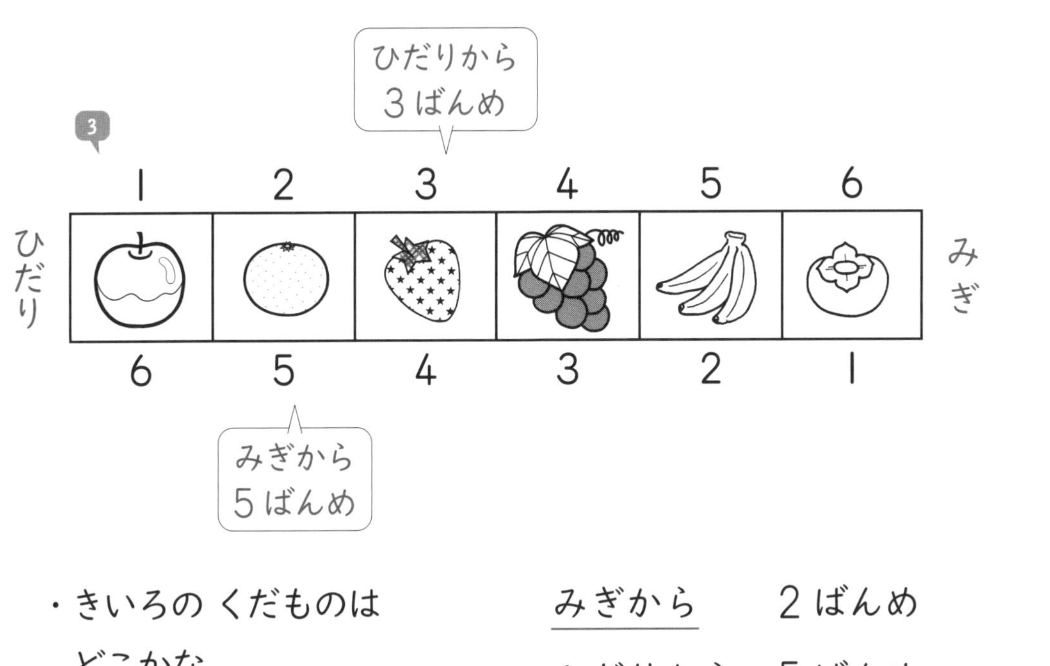

3 右から〇番目，左から〇番目の果物を考えよう

黒板に６枚の果物カードを貼る。

T 果物が６つ並んでいます。いちばん右にある果物は何ですか。

C 柿です。

「右」と「左」がどちらになるかをはっきりと示す。
「右から〇番目」「左から〇番目」「1 つの果物で右から左から」の問いを取り扱う。

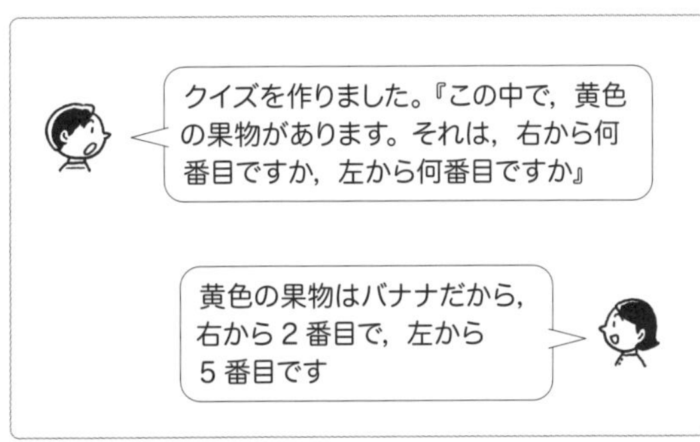

慣れてきたら，子どもたちにクイズを作らせても楽しい。ワークシートも活用できる。

4 宝はどこに入っているかな

４×４の枠の１箇所に宝の絵を描き，16 ます全てを１ますずつ紙で隠しておく。

T １個にだけ宝物が入っています。宝物の場所を見つけましょう。

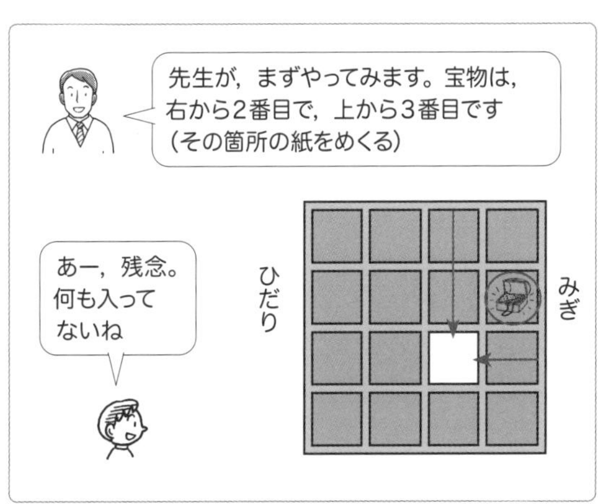

２つの方向から示す必要があるため，ゆっくりと丁寧に進めていく。

いくつといくつ

全授業時数７時間

◎ 学習にあたって ◎

<この単元で大切にしたいこと>

この単元は10までの数の合成分解を扱います。10までのそれぞれの数がどういった数の組になっているのかを考え，操作して組み合わせを理解する事になります。しかし，5までの合成分解はたやすいのですが，5を超えるとたちまち理解するのが難しくなります。5以上の数になると直感的に数量を把握できないからです。そこで，子どもたちは指を使って数え，序数で解答を見つけ出そうとします。指を使って序数で答えを見つけることはあまり勧められません。そういった事態に陥らないために算数ブロックを使い，尚かつ子どもが関心を持って課題を解決しようとする指導の工夫が必要です。

<数学的見方考え方と操作活動>

数の合成分解は，実質的にはたし算とひき算指導の前に行う準備体験操作です。但し，5以上の数になると合成分解は子どもにとっては大変になります。そこで算数ブロック操作では5をかたまりとして捉えられるようなブロックの配置や仕切りを入れるなどの工夫が必要です。

<個別最適な学び・協働的な学びのために>

ここでは児童一人ひとりが算数ブロックを持ち，算数ブロックを使って問題を解決する操作が主な活動になります。但し，その活動は子どもたちの身近な生活場面から考え，結果を知りたくなるようなクイズやゲームなどを用意して，子ども同士で相談したり問題を出しあったりできるような配慮が必要です。

板書用絵カード，
数字カード，お金カード
〔全単元共通〕

◎ 評　価 ◎

知識および技能	10 までの数の合成，分解ができる。 10 までの数の構成を理解し，1 つの数を他の 2 つの数の和や差として理解している。
思考力，判断力，表現力等	10 までの数で，1 つの数を他の 2 つの数の和や差としてとらえ表現している。
主体的に学習に取り組む態度	10 までの数の構成を知り，進んで 10 までの数を合成，分解しようとしている。

◎ 指導計画　7 時間 ◎

時	題	目　　標
1	5 までの数の構成	3，4，5 の数の構成を理解する。
2	6 の数の構成	6の数の構成を理解する。
3	7 の数の構成	7の数の構成を理解する。
4	8 の数の構成	8の数の構成を理解する。
5	9 の数の構成	9の数の構成を理解する。
6	10 の数の構成 ①	10 の数の構成を理解する。
7	10 の数の構成 ②	10 の数の構成を確実に理解し，10 の合成・分解の習熟を図る。
やってみよう	いくつといくつ ～9まいのパズル～	10 の補数を身につける。

第1時
5までの数の構成

本時の目標　3，4，5の数の構成を理解する。

板書例

かくれて いるのは なんにんかな

2　5にん　います

3にん　みつかる

5は　③　と　②

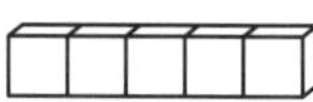

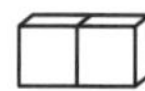

4にん　みつかる

5は　④　と　①

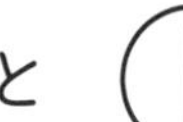

POINT　本時の導入は，かわいいイラストの紙芝居を使います。紙芝居は，場面を絵で表すことで状況理解が素早くでき，子どもた

1 紙芝居を見て考えよう

教師が紙芝居を読む。

T　（紙芝居①）動物は全部で何匹ですか。
T　（紙芝居②）みんな，どこに隠れましたか。
T　（紙芝居③）見つかったのは何匹ですか。
C　キツネとネコが見つかったから２匹です。

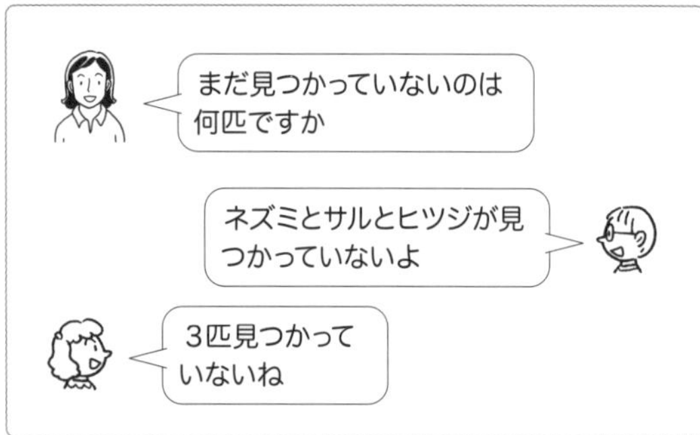

紙芝居④を読み，動物の数をまとめる。

T　５匹のうち，見つかったのが２匹，見つかっていないのが３匹ですね。

2 隠れているのは何人ですか

T　今から５人に隠れてもらいます。先生が鬼です。10数えるので隠れてください。

T　隠れている人出てきてください。

残りの２人も前で並び，「５人は３人と２人」になることを見せ，算数ブロックで表す。同じように，「４人と１人」の場合も実演する。５は，「２と３」「３と２」「４と１」「１と４」に分けられることをまとめる。（ワークシートを活用する）

・算数ブロック（板書用・児童用）
 紙芝居「いくつといくつ」
QR ワークシート

ICT　数を分解せずに数える子がいる。3～5の数の構成を十分理解できるようにするために，図と数字を一緒にスライドで示し，視覚的に捉えられるようにする。

3

3にん　います

ひとり　みつかる

3は　①　と　②

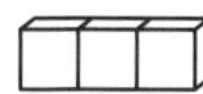

4

4にん　います

ふたり　みつかる

4は　②　と　②

ちの興味をひきつける有効な方法です。

3 人数を変えてやってみよう

T　今度は３人が隠れます。

黒板に絵カード（子どもの顔）を貼り，上から紙などで隠す。実演してもよい。

「3人は１人と２人」になることを見せ，算数ブロックで表す。同じように，２人と１人の場合も操作する。（ワークシートも活用する）

4 今度は４人隠れたらどうなりますか

同じように，黒板で絵カードを使って操作する。

T　２人見つけました。まだ見つかっていないのは何人ですか。

C　２人です。

「4は２と２」になることを算数ブロックで表す。

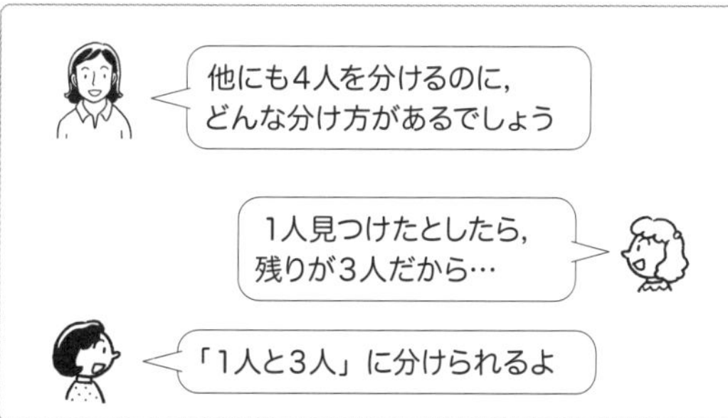

4は，「1と3」「2と2」「3と1」に分けられることをまとめる。（ワークシートを活用する）

練習問題をする。数字だけでの理解が難しい場合は算数ブロックを使って考える。

第2時

6の数の構成

本時の目標　6の数の構成を理解する。

板書例

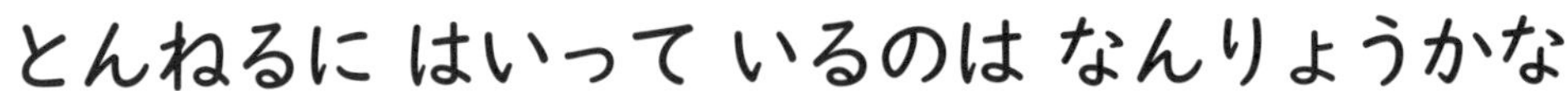

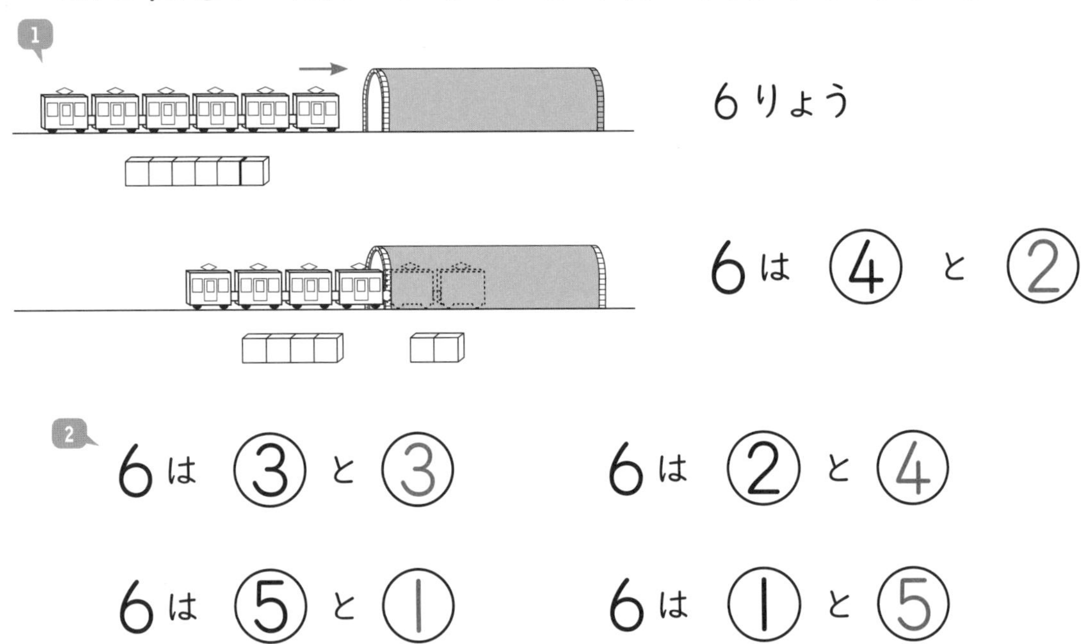

POINT 電車ブロックを使って，6がいくつといくつに分かれるかを見つけます。トンネルに隠れているブロックはいくつかを子ど

1 トンネルに入っている電車は何両ですか

動画を再生して，電車がトンネルに入る映像を児童に見せる。または，黒板に電車のイラストを貼り，紙で隠す。

6両の電車であることをはっきりと示しておく。

T　見えている電車は何両ですか。

C　4両です。

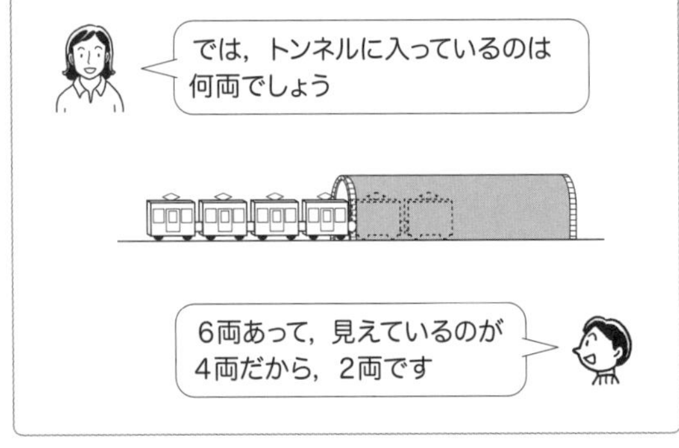

同じように，「3両と3両」の場合を見せる。

C　電車が1両だけ見えているときもあるね。

2 6はいくつといくつに分けられるか考えよう

T　6両の電車がいくつといくつに分けられるか，自分でブロック電車を使って調べてみましょう。ブロック1個が1両です。

算数ブロックで作った6両の電車と，画用紙などで作ったトンネルを児童に準備する。

ブロックとブロックをメンディングテープでとめる。

5と6のブロックの間に紙をはさんでおくと数えやすい。

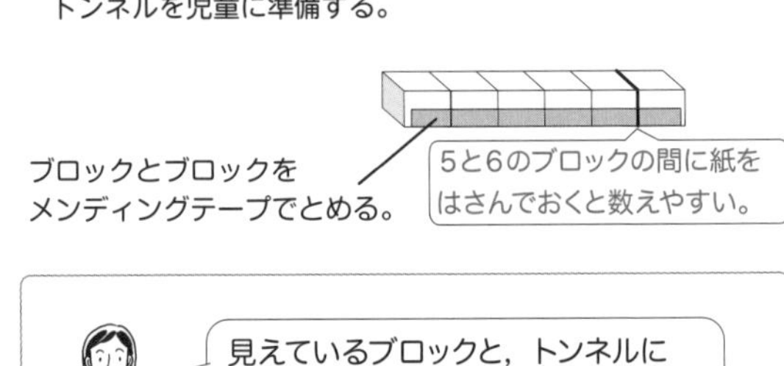

準備物	・算数ブロック（板書用・児童用） ・画用紙　　　・メンディングテープなど QR 板書用イラスト　　　QR ワークシート QR 動画「トンネルに入る電車」	ICT	6になる数の組み合わせのフラッシュカードを作成する。6の数の構成を理解できるように，反復練習をする。

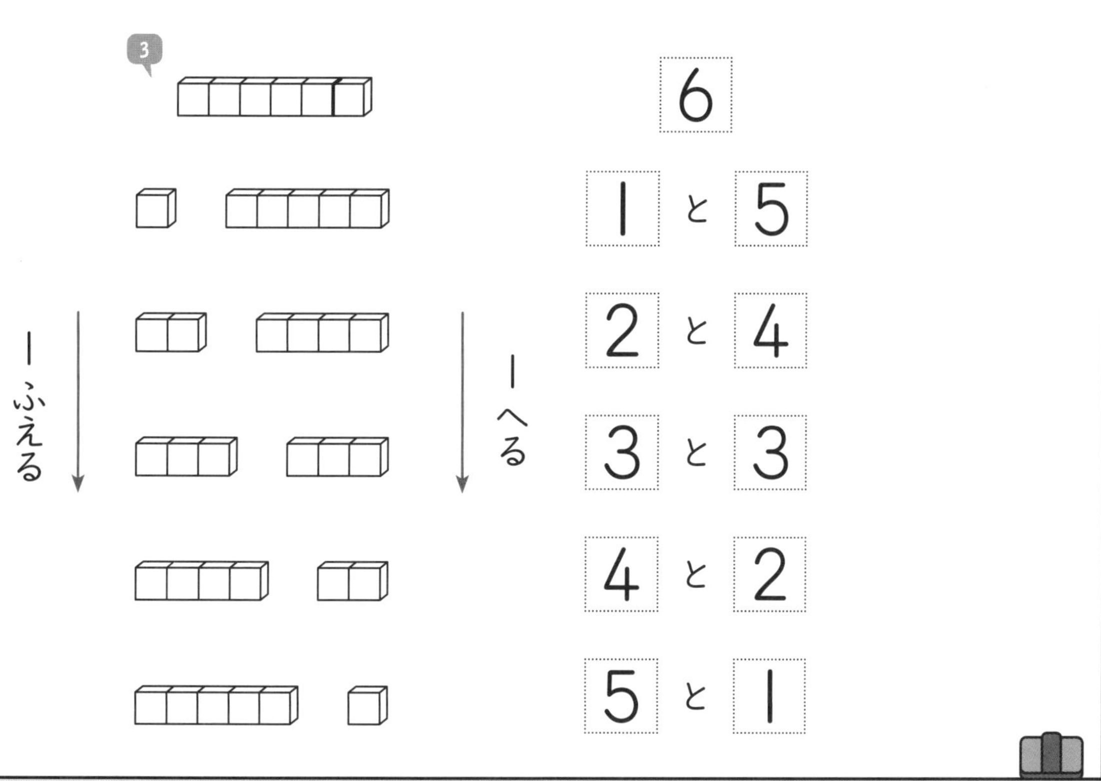

もたちはイメージ力を働かせて考えます。

3 6はいくつといくつをまとめよう

T　6両のブロック電車は，いくつといくつに分けられましたか。

6は「1と5」「2と4」「3と3」「4と2」「5と1」に分けられることをまとめる。ワークシートも活用できる。

T　算数ブロックを1から順に並べてみます。

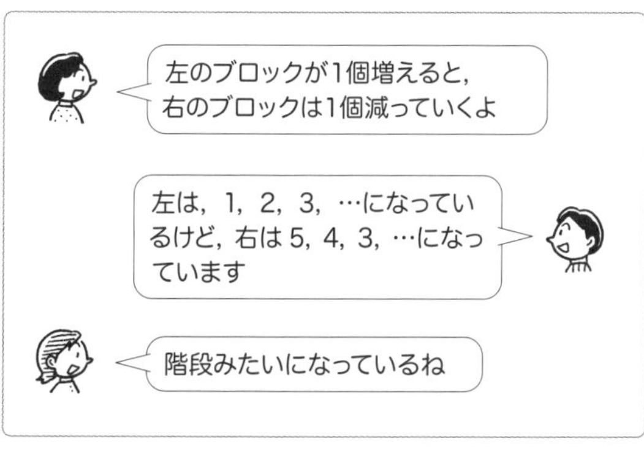

4 手隠しゲームで練習しよう

T　隣の人と向かい合います。机の上に算数ブロックを6個出して自分の前に並べましょう。

【やり方】
じゃんけんをして，勝った人が，6個のブロックを2つに分ける。分けたブロックの一方を，どちらかの手で隠し，もう一方のブロックを見せる。何個隠れているかを当てる。交代でする。

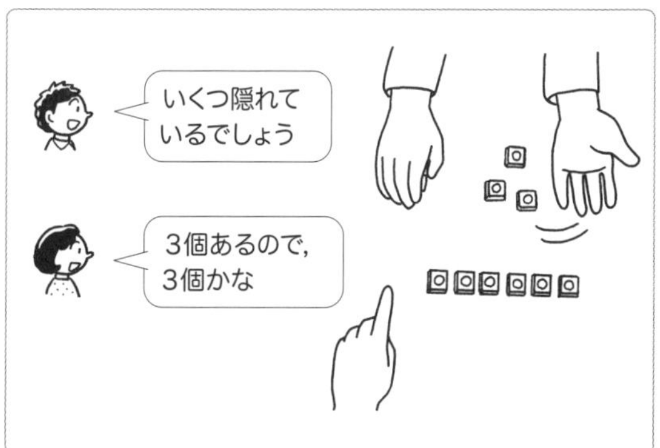

第3時
7の数の構成

本時の目標　7の数の構成を理解する。

板書例

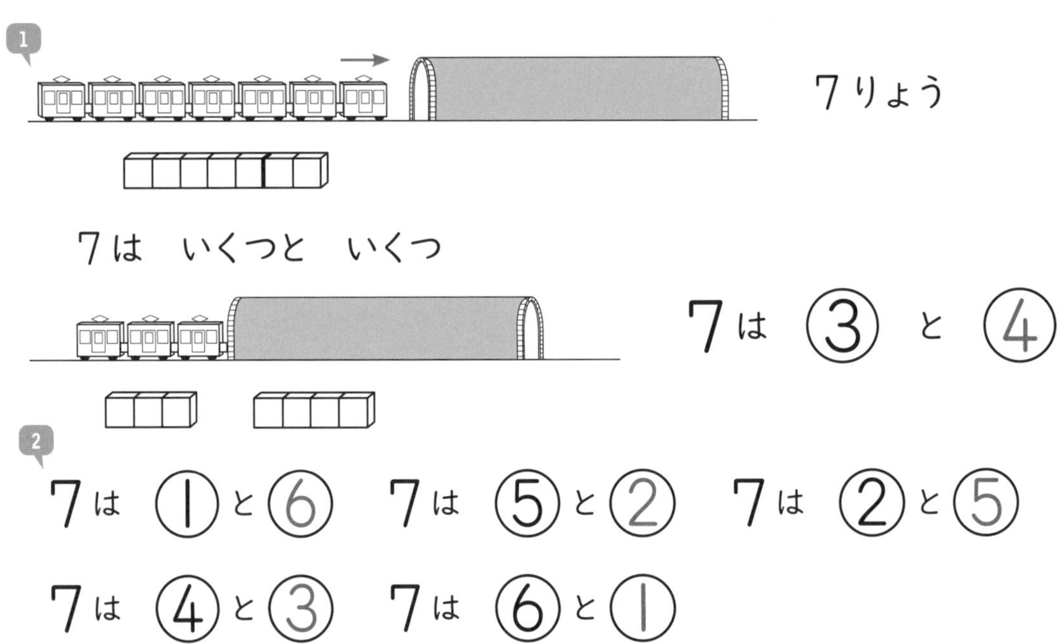

POINT　前時と同じく電車ブロックを使って７の数の構成を学習します。手隠しゲームは簡単にできるので，授業の終わりや休み

1 トンネルに入っている電車は何両ですか

黒板に７両の電車のイラストを貼り，７個の算数ブロックを提示する。

T　７両の電車がトンネルに入りました。(紙などで隠す) 見えている電車は何両ですか。

C　３両です。

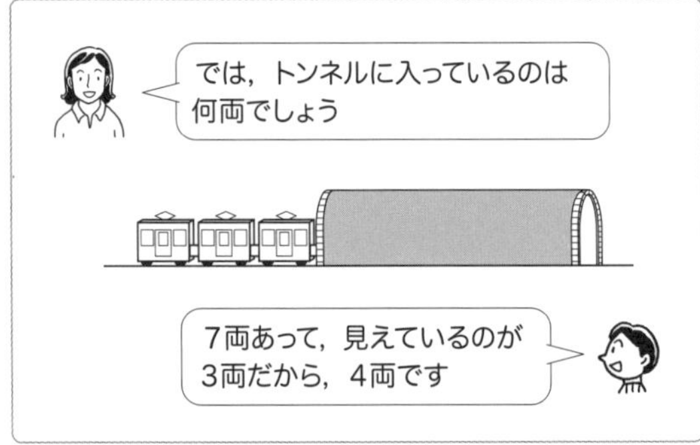

同じように，「１両と６両」の場合を見せる。

C 「３両と４両」「１両と６両」の他にも分け方があるね。

2 7はいくつといくつに分けられるか考えよう

T　７両の電車がいくつといくつに分けられるか，自分でブロック電車を使って調べてみましょう。ブロック１個が１両です。

算数ブロックで作った７両の電車と，画用紙などで作ったトンネルを児童に準備する。

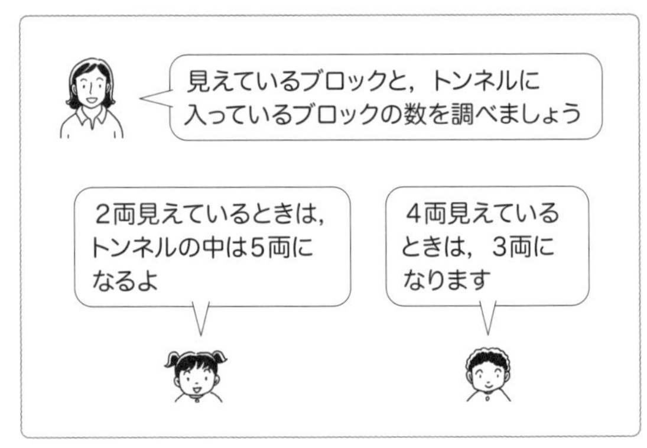

操作をしながら，７はいくつといくつに分けられるかを見つけていく。

準備物	・算数ブロック（板書用・児童用） ・画用紙　　　QR 板書用イラスト QR ワークシート

ICT	7になる数の組み合わせのフラッシュカードを作成する。7の数の構成を理解できるように，反復練習をする。

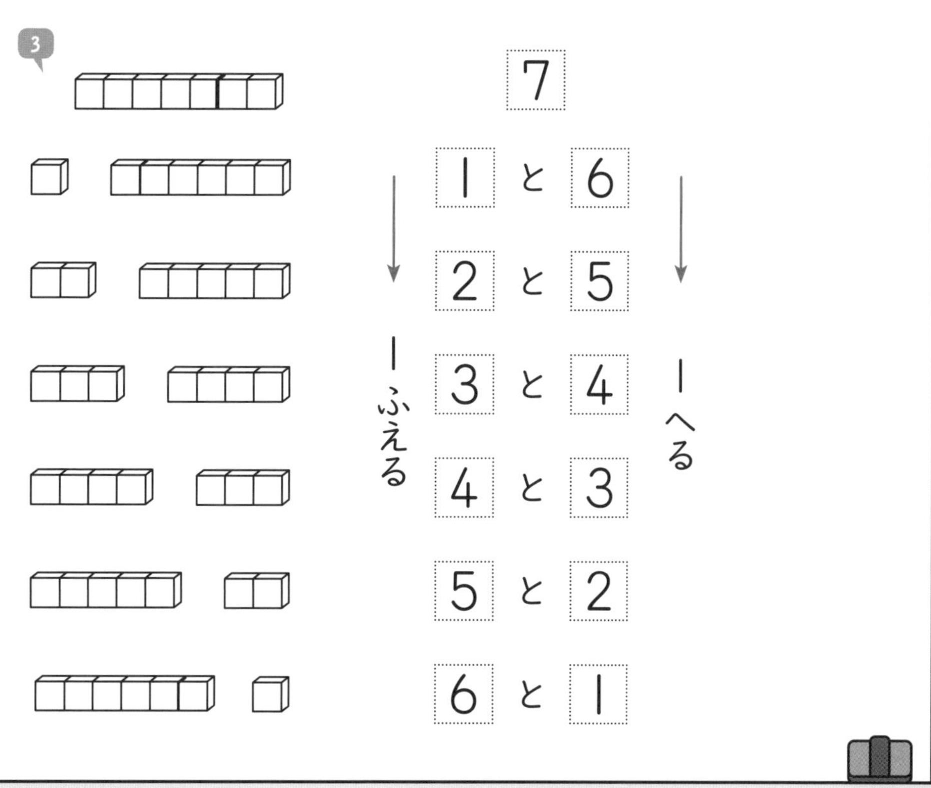

時間など時間を取ってやってみましょう。

3 7はいくつといくつをまとめよう

T　7両のブロック電車は，いくつといくつに分けられましたか。

7は「1と6」「2と5」「3と4」「4と3」「5と2「6と1」」に分けられることをまとめる。

T　算数ブロックを1から順に並べてみます。

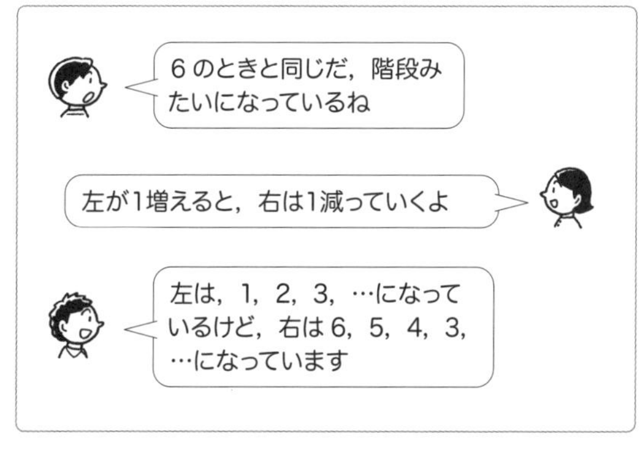

4 手隠しゲームで練習しよう

T　今日はブロックを7個使ってやりましょう。

【やり方】

じゃんけんをして，勝った人が，7個のブロックを2つに分ける。分けたブロックの一方を，どちらかの手で隠し，もう一方のブロックを見せる。何個隠れているかを当てる。交代でする。

T　わからないときは，自分の前に並べた算数ブロックを使って考えてもいいですよ。

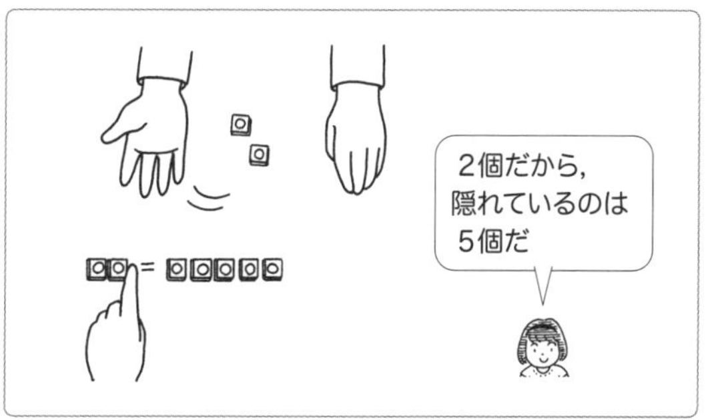

第4時 8の数の構成

本時の目標 8の数の構成を理解する。

板書例

ぼうるは なんこかな

8この ぼうる

1 みえる ぼうる みえない ぼうる

3こ 5こ

2こ 6こ

4こ 4こ

6こ 2こ

2 8は いくつと いくつ

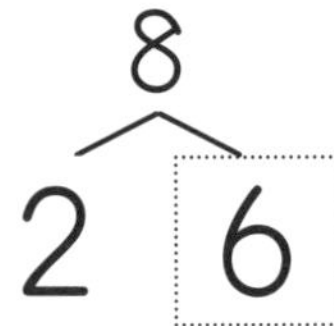

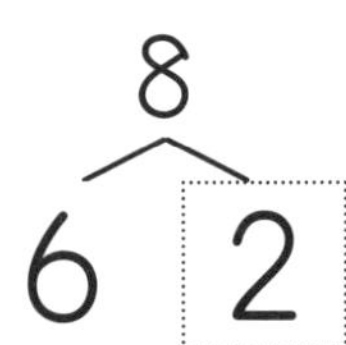

POINT 玉落としゲームの利点は，問題の数値が意図的ではなく偶然ということです。子どもたちは興味を持ち，積極的に解決しよ

1 玉落としゲームをしよう（QR 動画「玉落としゲーム」参照）

【準備物】

・玉落としゲーム用の箱

・玉８個（カラーボール）

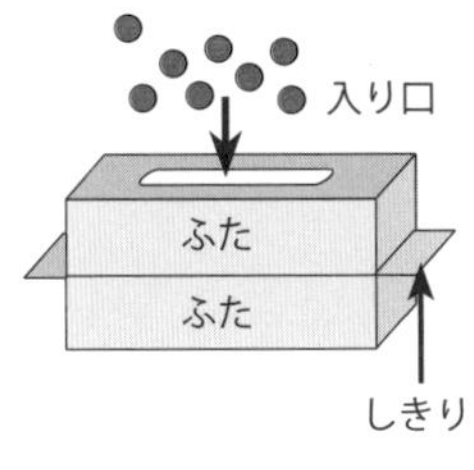

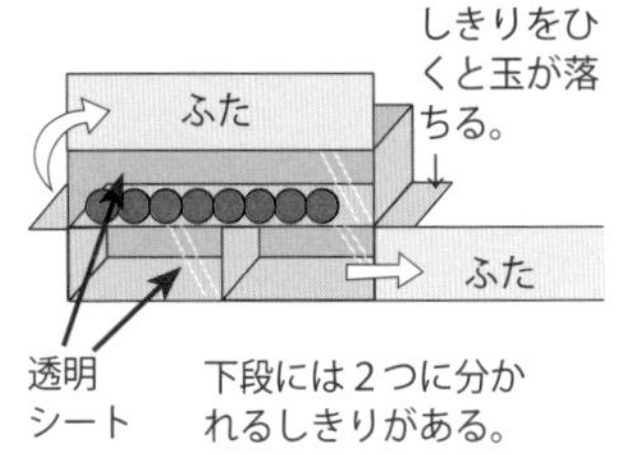

【やり方】

❶ ８個の玉を入れる。

❷ 上段のふたを開けて玉を見せる。

❸ しきりを引いて玉を下に落とす。

❹ 下段の一方だけふたを開けて玉が何個入っているか見せる。

❺ もう一方に玉が何個入っているかを考える。

❻ ふたを開けて何個入っているか確かめる。

❼ 何回か繰り返す。

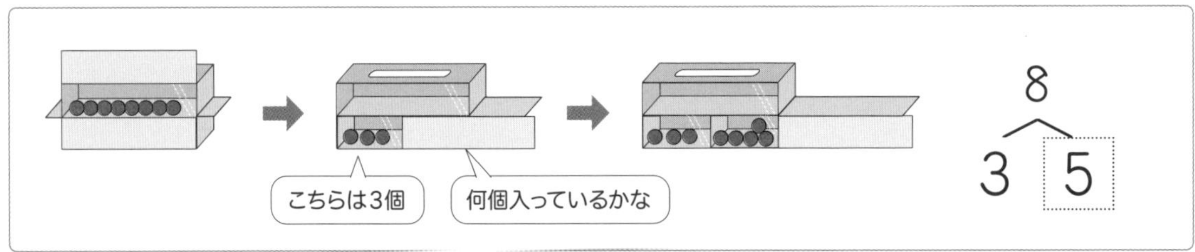

準備物	・玉落としゲーム用箱　　　・玉８個 ・算数ブロック（板書用・児童用） QR ワークシート QR 動画「玉落としゲーム」	ICT	８になる数の組み合わせのフラッシュカードを作成する。８の数の構成を理解できるように，反復練習をする。

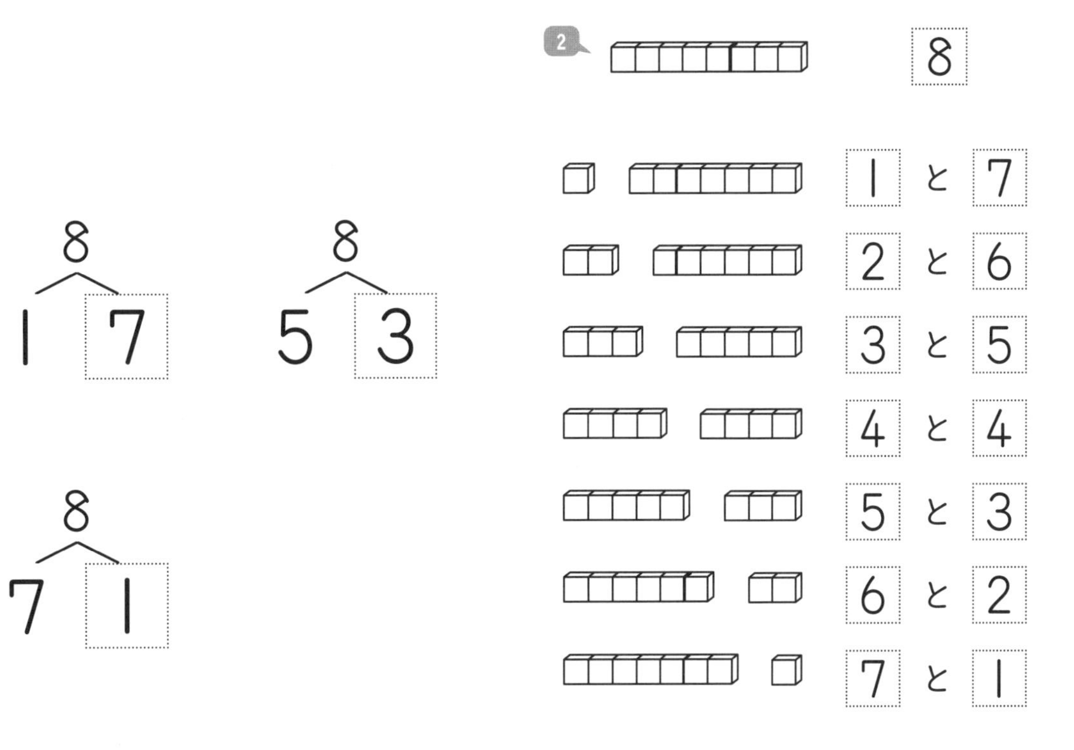

うとするでしょう。

2　8はいくつといくつをまとめよう

T　８個の玉は，いくつといくつに分けられましたか。

ゲームの結果をまとめておく。ワークシートを活用する。

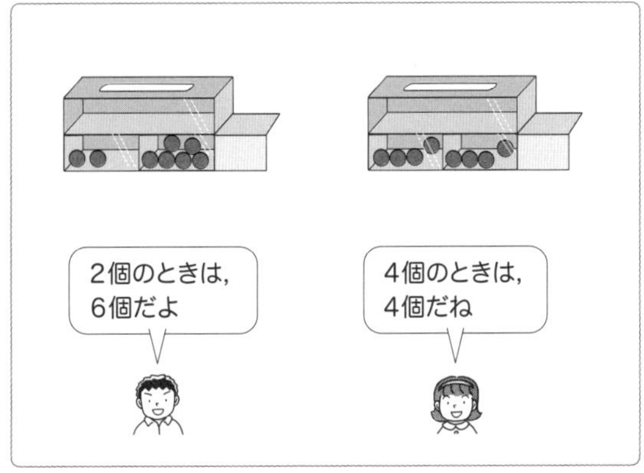

８は「1 と 7」「2 と 6」「3 と 5」「4 と 4」「5 と 3」「6 と 2」「7 と 1」に分けられることをまとめる。

3　手隠しゲームで練習しよう

T　今日はブロックを８個使います。ブロックが増えたので，手ではなく紙で隠しましょう。

【やり方】
じゃんけんをして，勝った人が，８個のブロックを紙などで何個か隠す。何個隠れているかを当てる。交代でする。

T　わからないときは，自分の前に並べた算数ブロックを使って考えてもいいですよ。

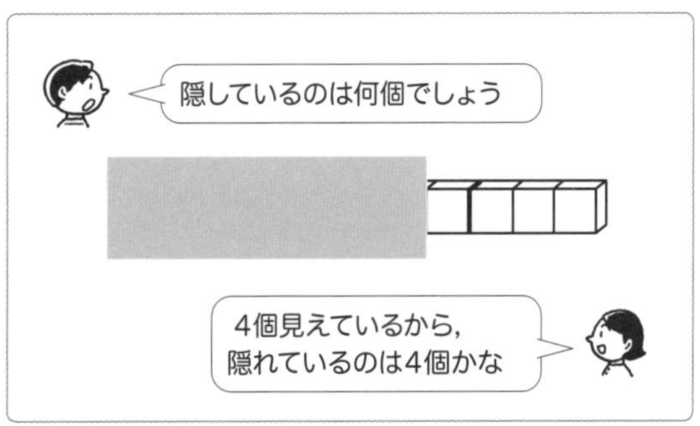

第5時
9の数の構成

本時の目標　9の数の構成を理解する。

板書例

ぼうるは なんこかな

9この　ぼうる

1

みえる ぼうる	みえない ぼうる
4こ	5こ
2こ	7こ
5こ	4こ
6こ	3こ
8こ	1こ

9は　いくつと　いくつ

9 → 4　5

9 → 2　7

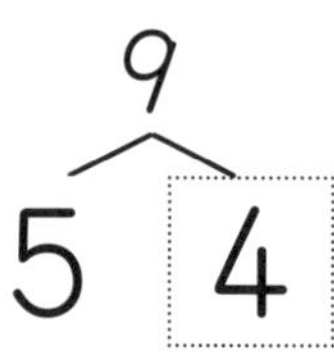

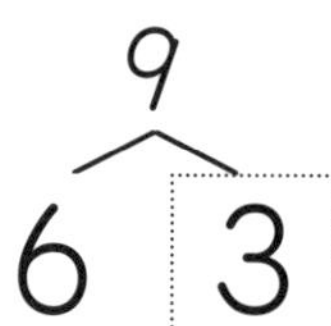

POINT　本時も玉落としゲームで授業を進めます。より主体的に楽しめる学習にするために，教具の操作を子どもに任せ，友達同士

1 玉落としゲームをしよう（動画「玉落としゲーム」参照）

【準備物】
- 玉落としゲーム用の箱
- 玉9個（カラーボール）

【やり方】
第4時の「玉落としゲーム」と同じ

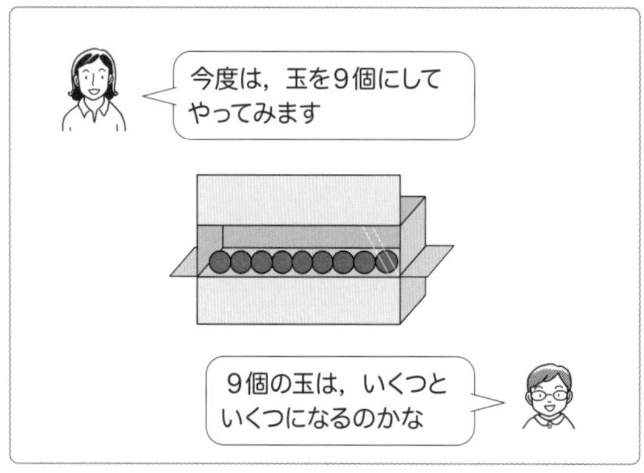

玉が9個あることをしっかり見せる。

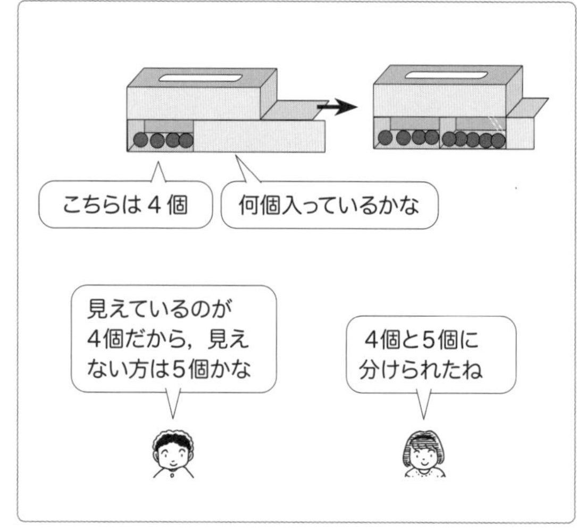

T　9は，4と5に分けることができます。
T　次は，いくつといくつになるでしょう。

玉落としゲームを何回か繰り返す。

準備物	・玉落としゲーム用箱　　・玉9個 ・算数ブロック（板書用・児童用） QR ワークシート QR 動画「玉落としゲーム」

ICT	9になる数の組み合わせのフラッシュカードを作成する。9の数の構成を理解できるように，反復練習をする。

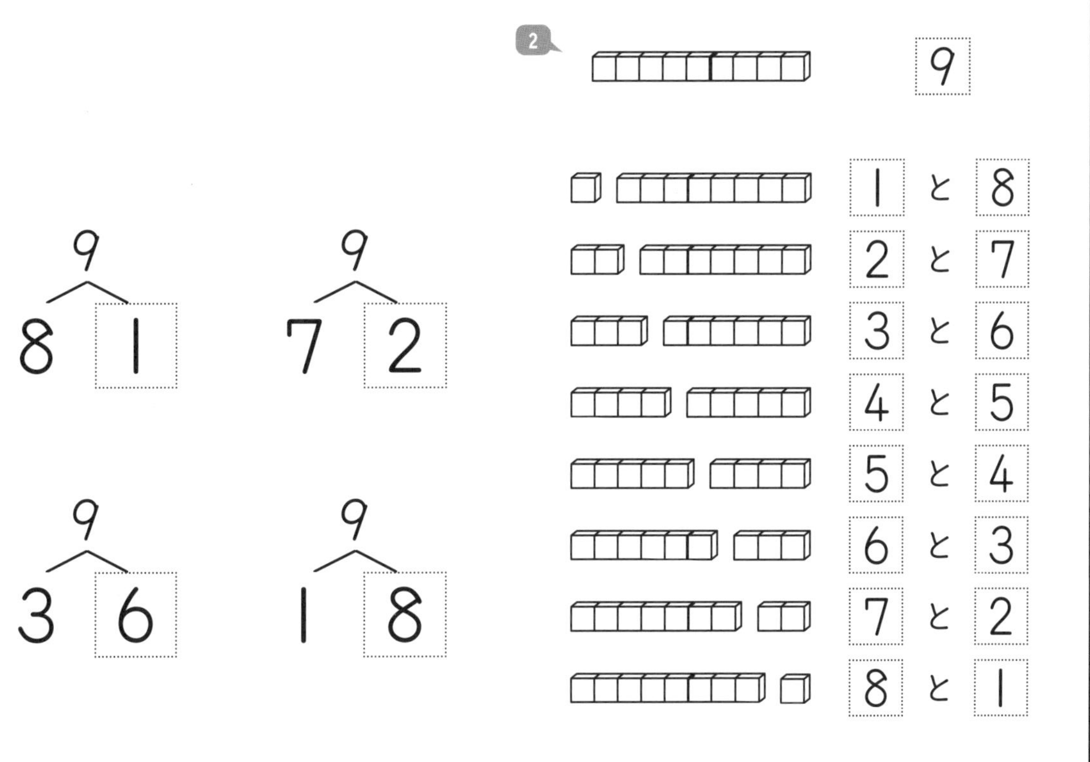

で問題を解き合う時間を取り入れてもよいでしょう。

2 9はいくつといくつをまとめよう

T　9個の玉は，いくつといくつになりましたか。

ゲームの結果をまとめておく。ワークシートを活用する。

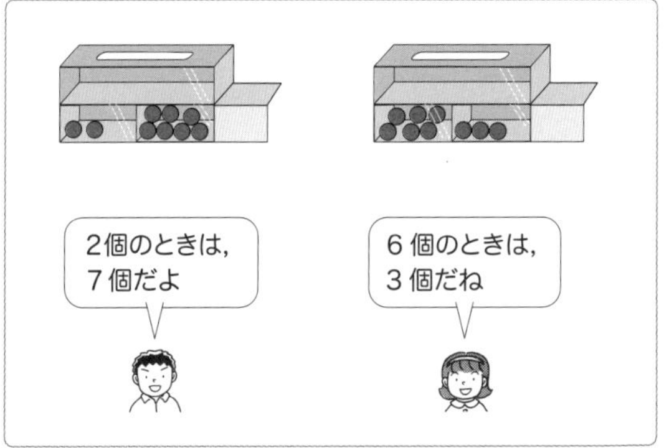

9は「1と8」「2と7」「3と6」「4と5」「5と4」「6と3」「7と2」「8と1」に分けられることをまとめる。

3 手隠しゲームで練習しよう

6～8と同じように，ブロックを1から順に並べて掲示する。

C　やっぱり，9も同じだね。

C　1から2，3，4，…と増えて，8，7，6，…と減っているよ。

第4時と同じ要領で，隣同士でゲームをする。

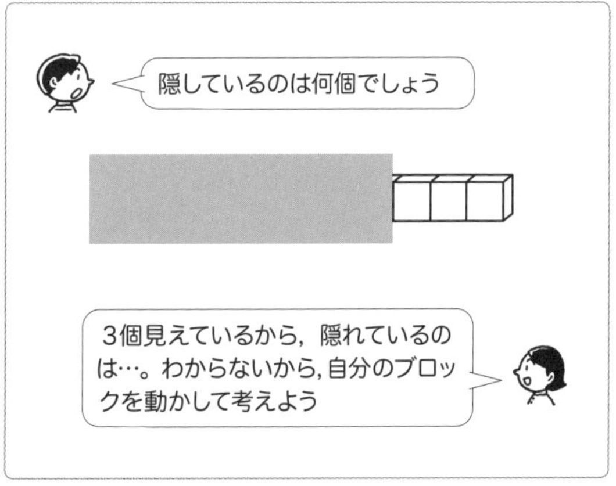

第6時

10の数の構成 ①

本時の目標　10の数の構成を理解する。

板書例

とんねるに はいって いるのは なんりょうかな

1　10りょう

2　10は　いくつと　いくつ

10は　4　と　6

10は　1　と　9

10は　5　と　5

10は　2　と　8

POINT　算数ブロックの5と5の境目をはっきりさせると，6以上の数が一目でわかります。

1 トンネルに入っている電車は何両ですか

黒板に10両の電車に見立てた10個の算数ブロックを提示する。（5個と5個の間に印をつけておくとブロックが何個あるか判断しやすくなる）

T　10両の電車がトンネルに入りました。（紙などで隠す）見えている電車は何両ですか。

C　4両です。

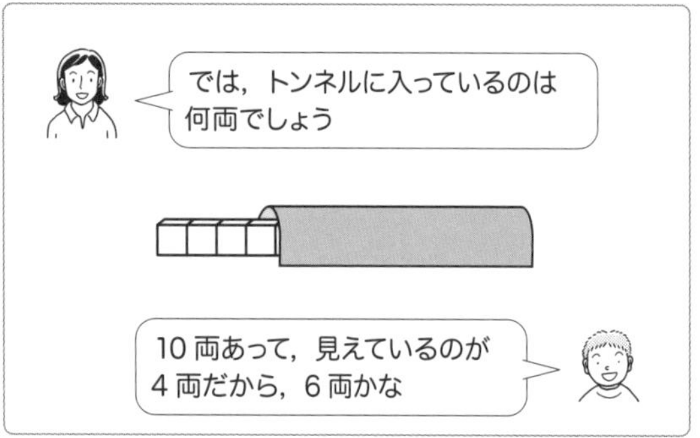

トンネルを取って，6個あることを確認する。

2 10はいくつといくつに分けられるか考えよう

T　10両の電車がいくつといくつに分けられるか，自分でブロック電車を使って調べてみましょう。

ブロックケースを動かしながら確かめる。

T　見えている車両は3両です。トンネルの中は何両あるでしょう。何問か繰り返す。

操作をしながら，10はいくつといくつに分けられるかを見つけていく。

ワークシートも活用できる。

準備物	・算数ブロック（板書用・児童用） ・画用紙または算数ブロックケース ・色鉛筆など QR ワークシート	ICT	10になる数の組み合わせのフラッシュカードを作成する。10の数の構成を理解できるように，反復練習をする。

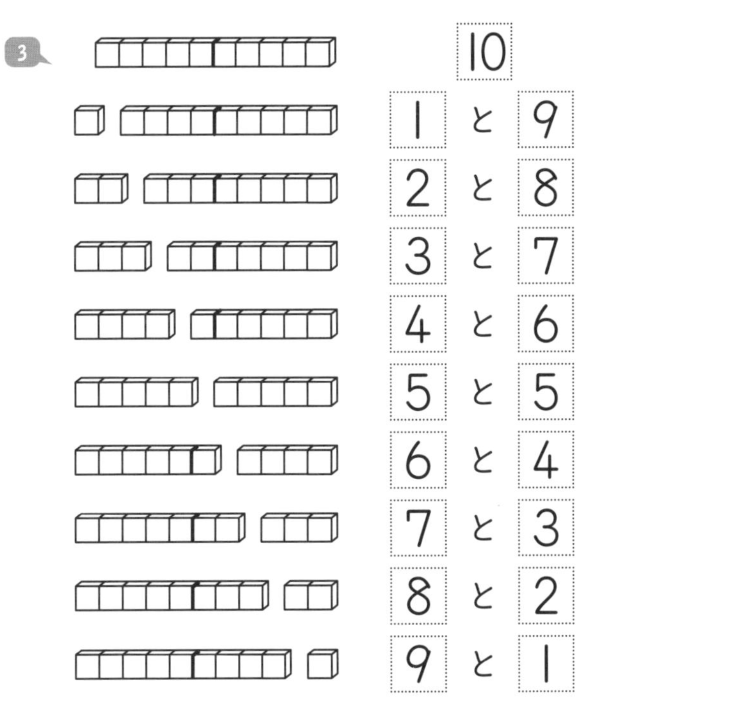

3 10はいくつといくつをまとめよう

T　10両のブロック電車は，いくつといくつに分けられましたか。

10は「1と9」「2と8」「3と7」「4と6」「5と5」「6と4」「7と3」「8と2」「9と1」に分けられることをまとめる。

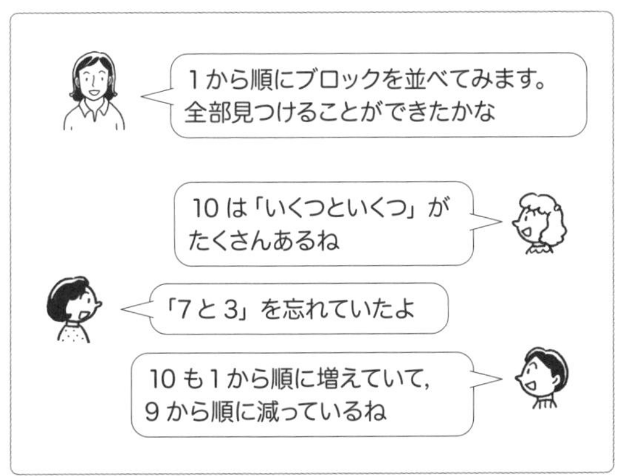

4 カードを使って色塗りをしよう

【やり方】

1から9までの数字カードを出して，出た数の分だけワークシートの○に色を塗る。その後，塗っていない○の数がいくつかを答える。

T　カードの数は「2」です。まずは，「2」だけ○に色を塗りましょう。

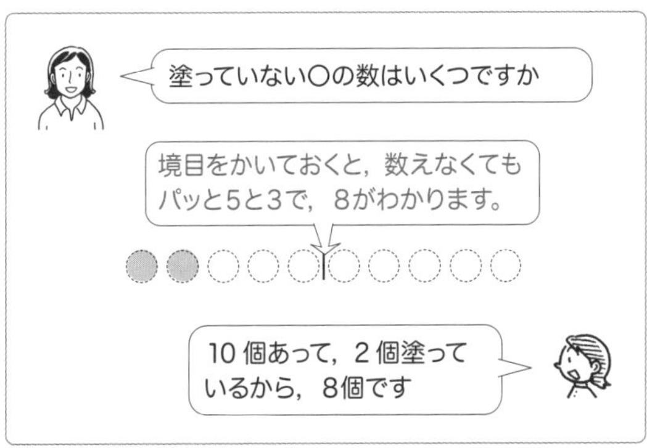

前時のように「手隠しゲーム」をしてもよい。

第 7 時

10 の数の構成 ②

本時の目標　10 の数の構成を確実に理解し，10 の合成・分解の習熟を図る。

板書例

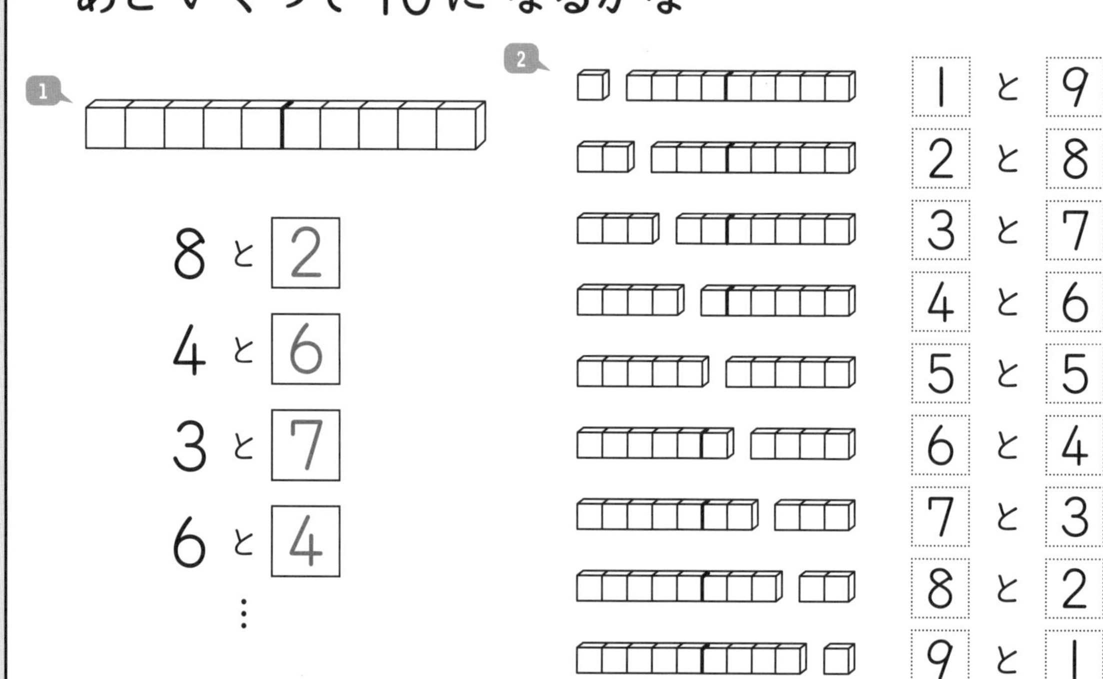

POINT 数字だけで 10 の構成ができるようにします。理解の不十分な児童には，算数ブロックを使って確かめ，パズルやゲームで

1 あといくつで 10 になるか考えよう

T　先生が今から数字のカードを出します。その数からあといくつで 10 になるか答えましょう。

児童は，机の上に 10 個の算数ブロックを並べる。

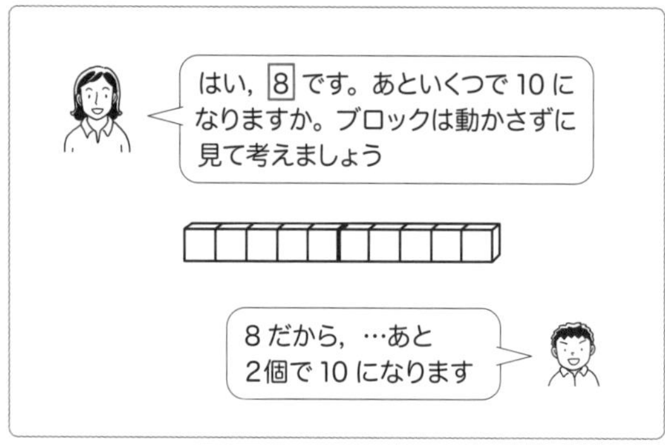

何回か繰り返す。理解の不十分な子どもには，ブロック操作をして確かめさせる。

2 算数ブロックを思い浮かべて考えよう

T　今度は，ブロックを見ないで考えましょう。ブロックをノートで隠しましょう。

同じように数字カードを出して，あといくつで 10 になるかを考える。

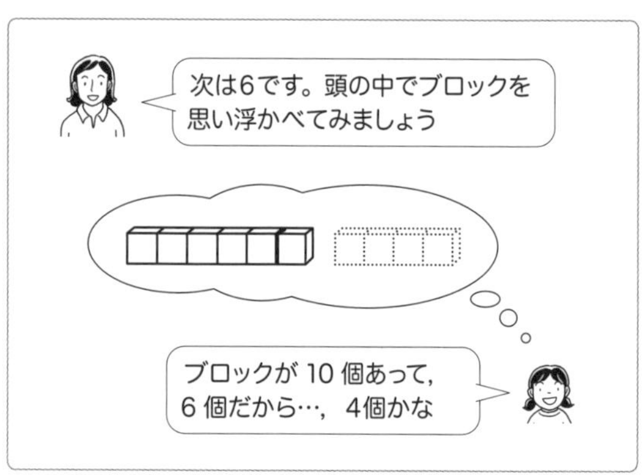

何回か繰り返す。
黒板に 10 はいくつといくつをまとめる。

準備物	・算数ブロック（板書用・児童用） ・はさみ　　　・メンディングテープなど QR ワークシート

ICT	10の合成は，必ず身につけさせたい力である。「8と□」などを書いたシートをタブレットでたくさん用意し，フラッシュカード方式で答えさせる。

3

かこんで 10 を つくろう

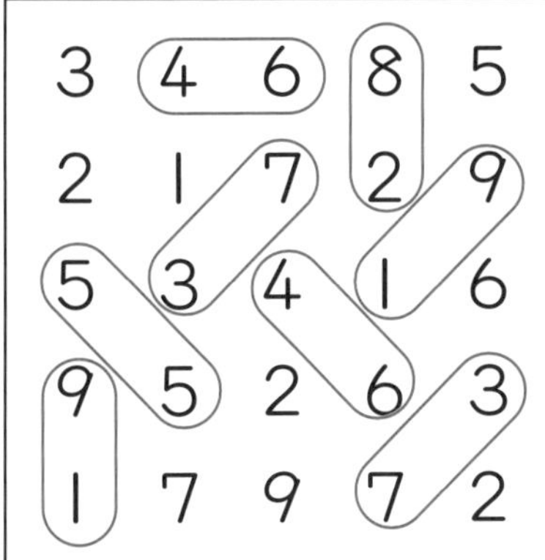

4

なんこ つなげられるかな

10 に なる ように つなげる

は，2人1組で作業をするなどの配慮をします。

3 2つの数を囲んで10をつくろう

ワークシートを活用する。

T　たくさん数字が並んでいます。この中から10になる2つの数を見つけます。縦，横，斜めに囲むことができます。離れている数字を囲むことはできません。

まずは，各自で取り組ませ，隣同士でも確かめ合う。

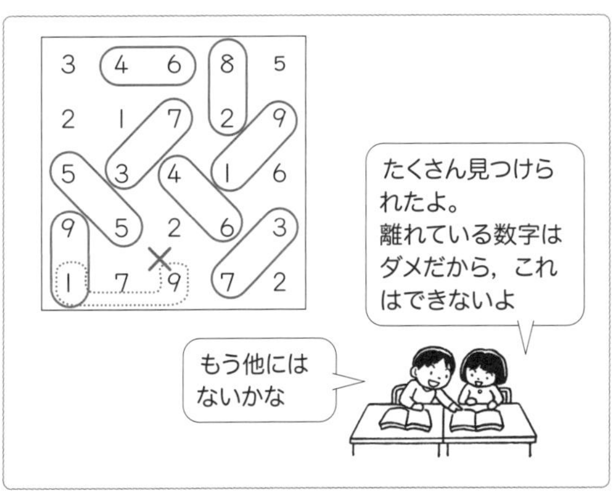

4 10をつくるゲームをしよう

ワークシートのゲーム用カードを，15枚になるように切り取る。子どもの実態に合わせて，切り取ったものを配る。

T　バラバラになった15枚のカードを並べていきます。その時に，向かい合っている2つの数が10になるように並べていきましょう。

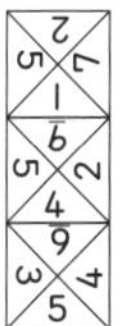

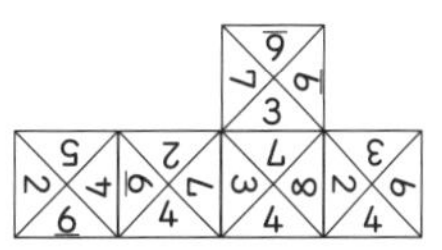

並べ方は自由でよい。たくさん並べられたらよいことにする。メンディングテープ等で貼っておくとよい。

やってみよう
いくつといくつ〜9まいのパズル〜

本時の目標　10の補数を身につける。

[使い方]

❶　9枚のパズルシートを配り，どんな特徴があるかを考えます。

❷「隣同士の数が合わせて10」になっていることがわかったら，黒い太線を切って，9枚のカードに切り離します。

❸　中央がどの動物のカードかを伝え，もとの通り（隣同士の数が合わせて１０になる）に並べるよう指示します。動物の向きは，上下，左右とも逆になっても構いません。

❹　❸ができた児童には，「9まいのパズルチェック表」を配ります。表の，今並べた9枚のカードの中央にいる動物のところに○をつけます。

❺　他の動物のカードを中央に配置し，カードを9枚並べられるか考えます。

❻　9枚並べることができた場合は，チェック表にある，中央に置いたカードの動物のところに○をつけます。

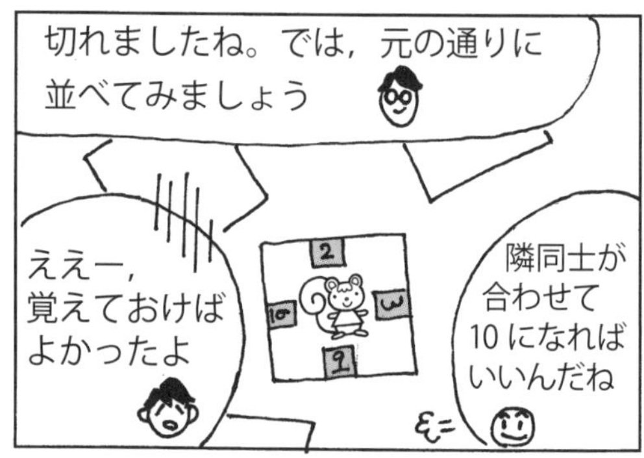

どの動物が中央にきても，カードは9枚並べることができます。ただ，全てのカードを制覇しようとなると，かなり時間がかかりますので，別の時間で課題が早く終わった時などに挑戦させてもよいでしょう。

準備物
- QR パズルシート
- QR パズルチェック表

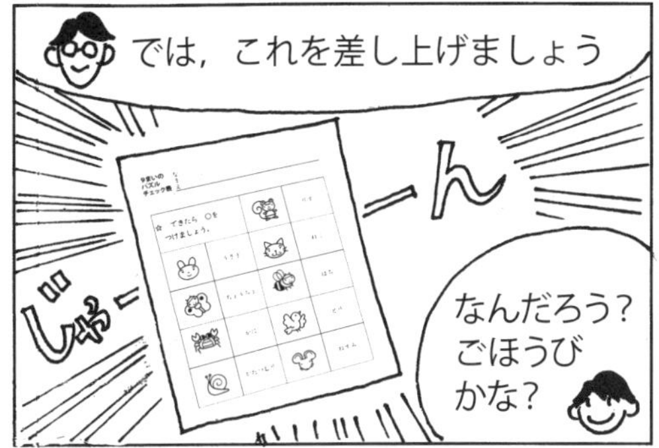

[パズル]

パズルチェック表

いくつといくつ　やってみよう②　　なまえ

☆　できたら　○を つけましょう。			りす
	うさぎ		ねこ
	ちょうちょ		はち
	かに		とり
	かたつむり		ねずみ

1．2．3…

5
2
3

あわせていくつ ふえるといくつ

全授業時数 7 時間

◎ 学習にあたって ◎

<この単元で大切にしたいこと>

1 年生にとっては初めて出会う演算です。すでに計算のできる子もいるかもしれません。しかし，たし算計算の意味がしっかりと理解できている子は，少ないと思われます。この単元では，たし算の意味が理解できるような問題設定をして，合併と添加の違いも分かりながら，どちらもたし算で求められるのだと理解することが大切です。また，ここでは初めて数学の記号に出会います。＋と＝を使って式に表すことで，式が計算の結果を求めるためだけにあるのではなく，式が計算の経緯を示している点も抑えたいところです。

<数学的見方考え方と操作活動>

たし算の意味は，2 つの量を同時にあわせて 1 つの量にする場合と，すでにある量にもう 1 つの量を加えて新たな量を作る場合があります。前者を合併といい，後者を添加といいます。どちらを典型的な操作とするのか意見の分かれるところですが，現在の教科書の多くは合併からたし算を導入するようになっています。

各社の教科書を見ると，どの教科書でも 2 つの数量を絵で表していて，この 2 つの数量を合わせるといくつになるのかという問いかけをしています。しかし，このやり方では，子どもたちは絵で示された 2 つの数量を順に数え足して答えを出してしまいます。授業では，そのようにならないように絵や図の扱い方には注意が必要です。

児童には a 個と b 個を合わせるといくつになるだろうという興味をもたせ，答えを予想させます。予想を確かめるために算数ブロックや算数タイルを操作する体験をさせる必要があります。数量に関わる現実の具体的な場面の問題に出会ったとき，主体的に考え，予想を持ち，その予想があっているかどうか，物を操作して解決する体験こそ，数学的な見方考え方の基本です。

<個別最適な学び・協働的な学びのために>

計算場面において，まずは，各自で計算結果の予想し，予想を確かめるために算数ブロックや算数タイルを実際に操作します。そして，それらの半具体物を使って自分の予想を友達に説明したり，互いに確かめ合ったりする活動を取り入れます。友達の認識と交流することで，学びは広がり深まると考えられます。

板書用絵カード，
数字カード，お金カード
〔全単元共通〕

◎ 評　価 ◎

知識および技能	和が 10 までの加法計算ができる。 合併・添加の加法が用いられる場面を知り，加法の意味を理解している。
思考力，判断力，表現力等	合併・添加を加法としてとらえることができる。半具体物の操作を通して 1 位数の構成について考え，加法計算の仕方を考えることができる。
主体的に学習に取り組む態度	合併・添加の違いがわかり，式で表すことのよさを知り，加法で計算しようとする。

◎ 指導計画　7 時間 ◎

時	題	目　標
1	たし算の場面（合併） ～5までの数～	2 つの数量の合併の場面で，加法の意味や式の表し方を理解し，5 までのたし算ができる。
2	たし算の理解と習熟 ～5までの数～	5 までのたし算を習熟する。
3	たし算の場面（添加） ～ 10 までの数～	数量の添加（増加）の場面で，加法の意味や式の表し方を理解し，10 までのたし算ができる。
4	たし算の場面（合併・添加） ～ 10 までの数～	合併と添加（増加）の違いと，どちらも同じたし算になることを確かめ，計算に習熟する。
5	たし算の計算練習	たし算カードを並べて，きまりを見つける。たし算カードを使って，計算練習をする。
6	たし算のお話作り	加法場面をことばで表現し，理解を深める。
7	0のたし算	0を含むたし算の意味を理解し，計算ができる。

第1時
たし算の場面（合併）～5までの数～

本時の目標　2つの数量の合併の場面で，加法の意味や式の表し方を理解し，5までのたし算ができる。

板書例

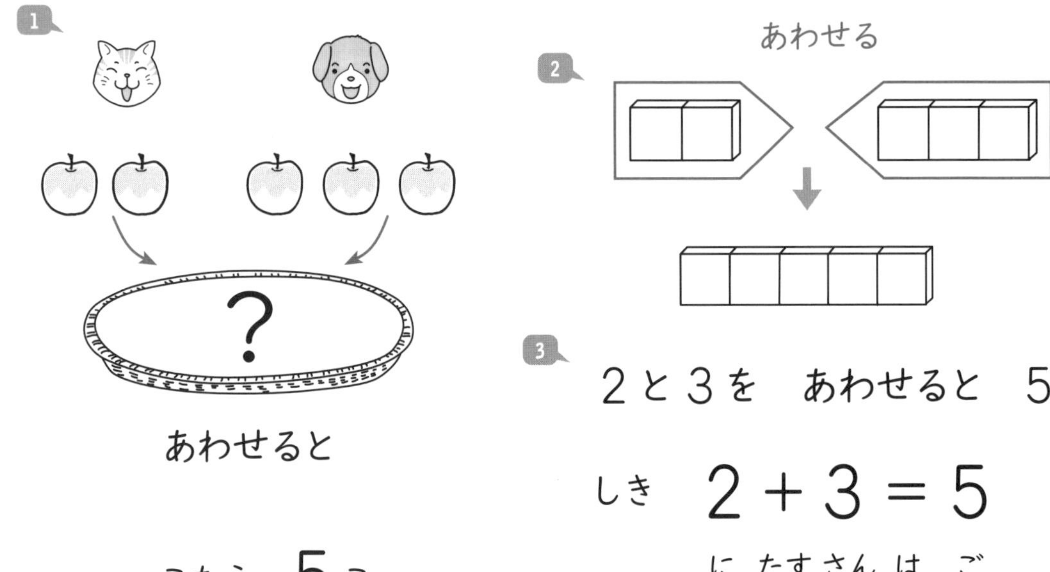

POINT QR 紙芝居「ふしぎなこどもまおちゃん ①～④」を導入としてもよいでしょう。子どもたちが大好きな紙芝居で興味を持た

1 あわせると何個になりますか

T　猫さんはりんごを2個持っています。犬さんはりんごを3個持っています。あわせると何個になるでしょう。

実際に，かごにりんご2個と3個を入れて見せる。かごの中が見えないようにしておき，中にあるりんごの数を予想させる。

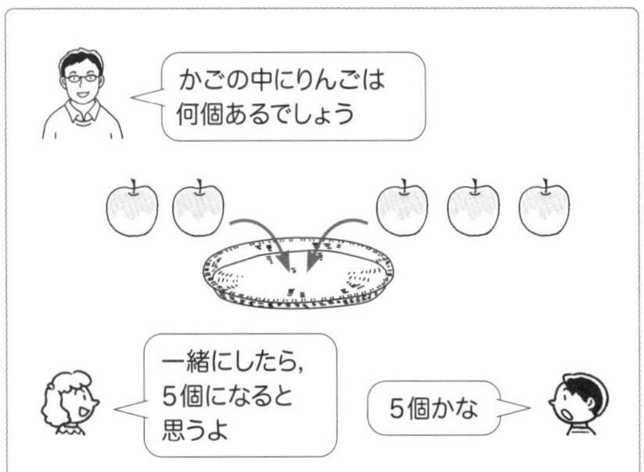

すぐには結果を見せないようにする。

2 算数ブロックでりんごの数を確かめよう

T　ブロックを使って答えを確かめます。りんごの絵の上にブロックを置きましょう。

ワークシートを活用できる。

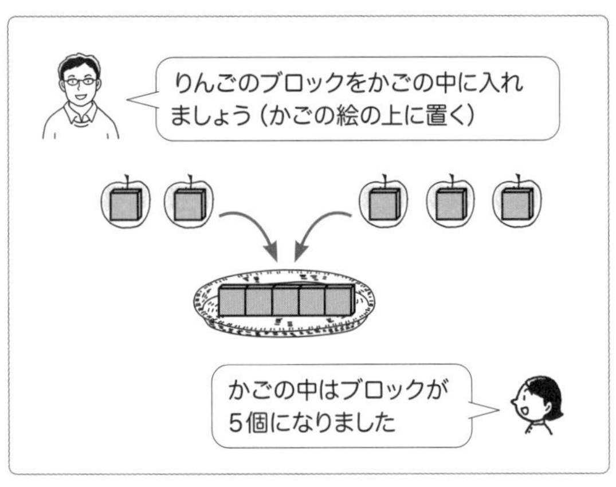

T　2個と3個をあわせると5個になります。

展開1のかごの中身を見せ，5個であることを確認する。

準備物	・算数ブロック（板書用・児童用）　・かご ・りんご（りんごに替わる物） QR 紙芝居「ふしぎなこどもまおちゃん」 QR ワークシート

ICT	実物投影機を使用して，算数ブロックを操作する様子を提示する。児童も一緒に操作することで，理解を深める。

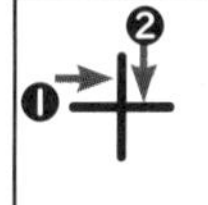

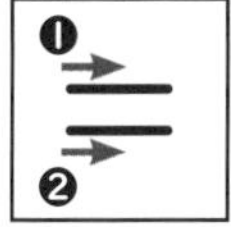

2 + 3，4 + 1 の

けいさんは　たしざん

がっちゃん

4 ぞうは あわせて なんとう

あわせる

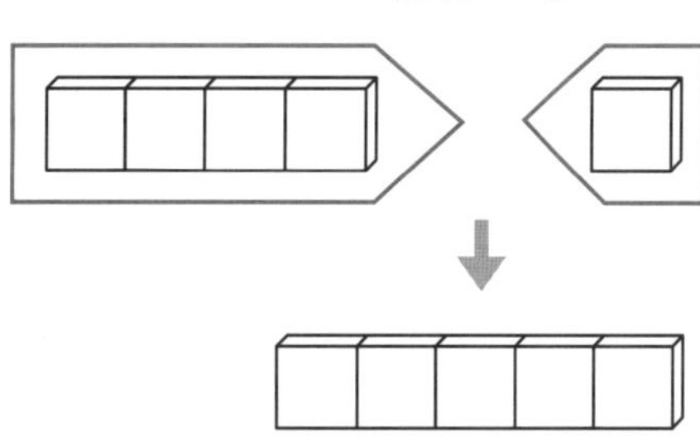

4 と 1 を　あわせると　5

しき　4 + 1 = 5

せます。

3 たし算の式に表してみよう

ブロック2個と3個をあわせる動作を示し，「たし算」のイメージをつかませる。2個，3個をそれぞれまとめて囲むと，より「あわせる」動きがわかりやすくなる。

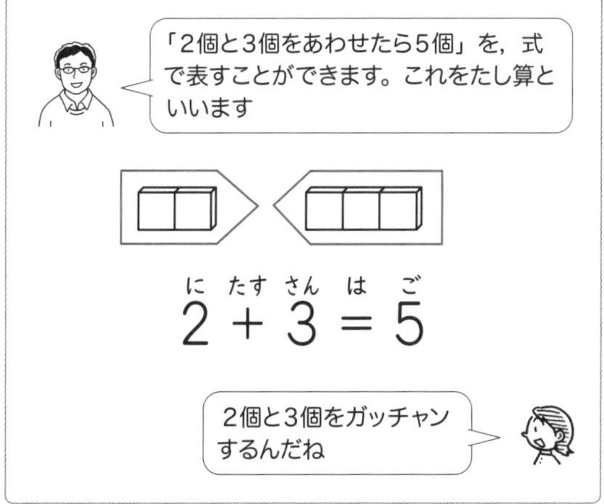

式の読み方や書き方の指導をする。

4 ゾウはあわせて何頭ですか

T　4頭と1頭をあわせると何頭でしょう。それぞれ同じ数のブロックを出して考えましょう。

絵の上にブロックを置き，ブロックをあわせて5個になることを確かめる。

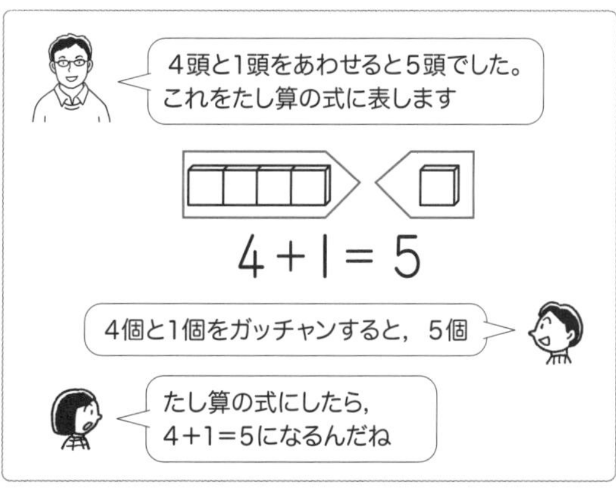

ブロックを使って先に答えを出してから，式に表す練習をする。ブロックをあわせる操作を繰り返して，「ガッチャン＝たし算」のイメージをしっかり持たせる。

第2時 たし算の理解と習熟 ～5までの数～

本時の目標　5までのたし算を習熟する。

板書例

あわせて いくつかな

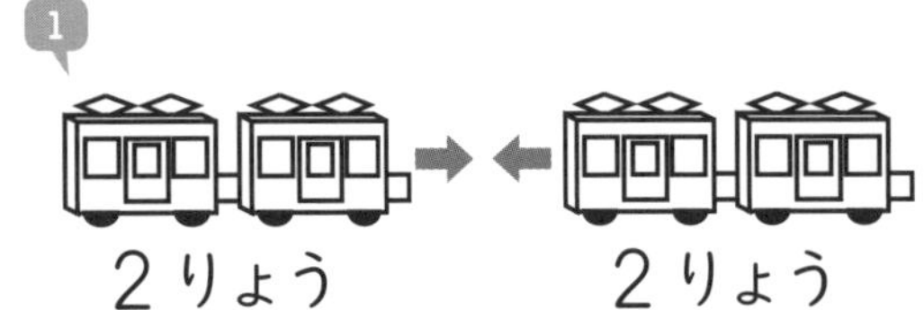

あわせる

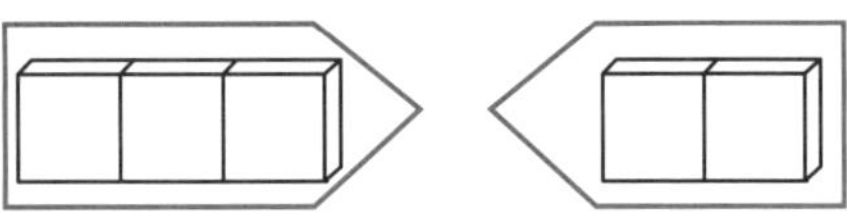

しき　2＋2＝4

こたえ　4りょう

しき　3＋2＝5

こたえ　5ひき

POINT QR 動画「あわせて何両かな」も参考にできます。車両が連結するときの「ガッチャン」をみんなで大きな声で言ってみましょ

1 2両と2両の電車をつなげたら何両になるかな

黒板に電車のイラストを貼る。

T　2両と2両を「ガッチャン工場」で連結させます。(連結部が見えないように画用紙などで隠す) 何両になるでしょう。まずは，児童に予想させる。

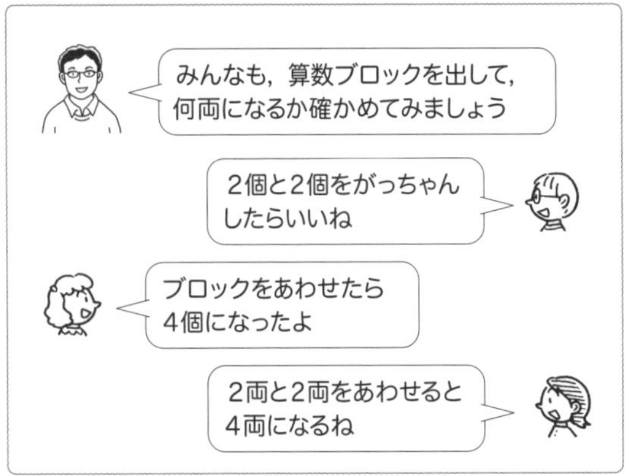

ブロック操作にあわせて式に表す。

C　2と2をあわせて4は，2＋2＝4になるよ。

2 ブタは全部で何匹かな

黒板にブタの絵を貼る。

T　白と黒のブタがいます。先生がお話を読むので，よく聞いておいてください。

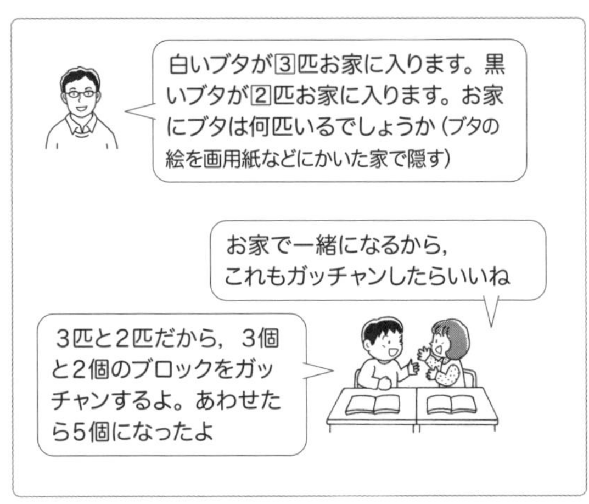

T　3と2をあわせると5は，3＋2＝5だね。

家の中を見せて，5匹であることを確認する。

準備物
・算数ブロック（板書用・児童用）
・数字カード　・計算カード
QR 板書用イラスト　QR ワークシート
QR 動画「あわせて何両かな」

ICT
ゲームのルールの共通理解を図る際に，実物投影機を使用する。実際にどのようにするかを視覚的に捉えやすくすることで，児童が楽しく活動できる。

3 かあどで　5を　つくろう

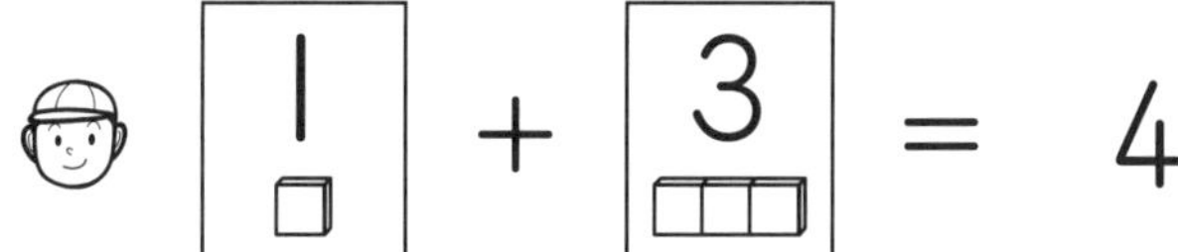

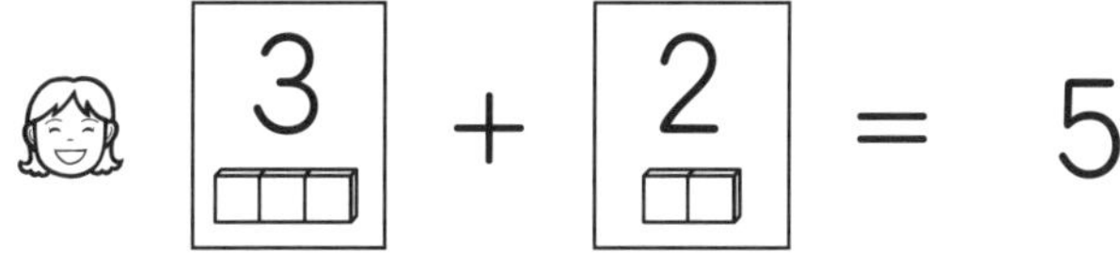

う。

3 カードで「5」をつくろう

【準備物】

・1から4までの数字カード（ブロック図も入れる）2セット

【やり方】2人1組

❶ 机の上に「1～4」の数字カード2組をそれぞれ分けて裏返しに置く。

❷ じゃんけんで勝った人から，先に行う。

❸ それぞれカードを1枚ずつ取り，数字をたして5をつくる。5になっていなければ，2回までカードを交換できる。 交代する。

※ 答えが大きくなり計算できない場合は，ブロック図から答えを見つける。

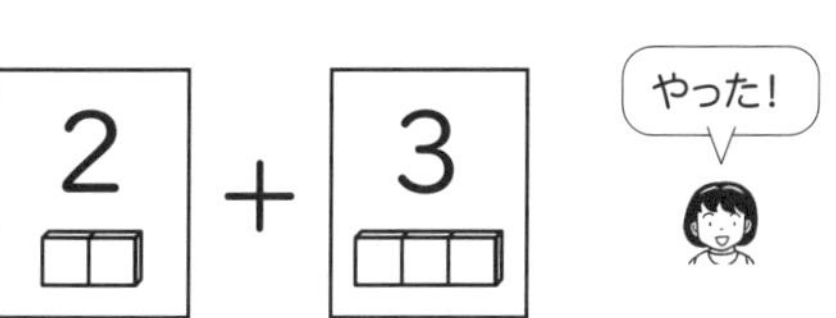

4 たし算カードで練習しよう

「算数セット」に入っているたし算カードを使って計算練習をする。

T　たし算カードを机の上に並べましょう。先生がカードを出します。そのカードに書かれているたし算の式を読んで，答えを言いましょう。

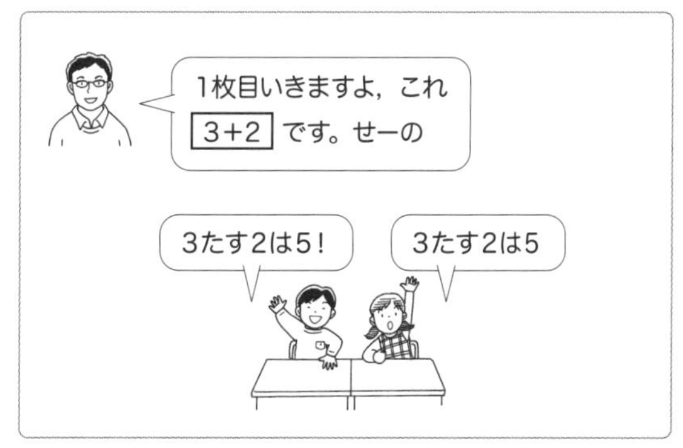

T　カードを裏返して答えを確かめましょう。

何問か繰り返す。

第3時 たし算の場面（添加）
～10までの数～

本時の目標 数量の添加（増加）の場面で，加法の意味や式の表し方を理解し，10までのたし算ができる。

板書例

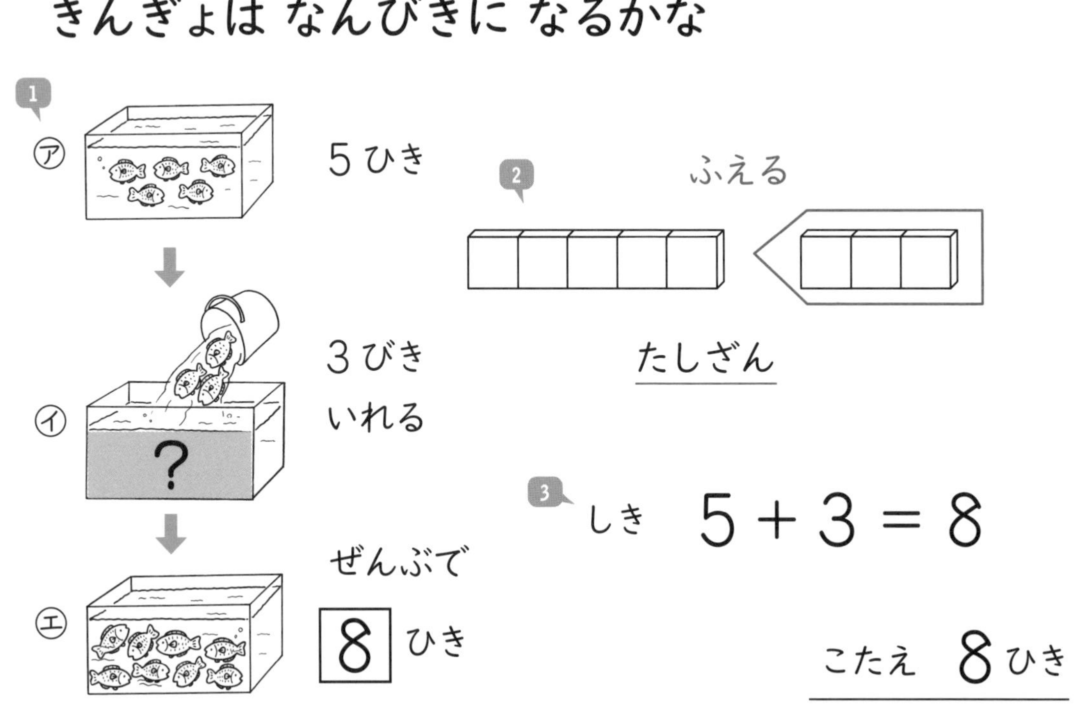

POINT 前時までの「合併」の場面との違いを，絵や実物を使って見せましょう。QR 紙芝居「ふしぎなこどもまおちゃん⑤～⑪」

1 3匹増えると全部で何匹ですか

黒板に㋐のイラストを貼る。

T 水そうに金魚は何匹いますか。

C 5匹います。

T この水そうに金魚を入れます。（㋑を貼る。はじめの5匹は隠しておく） 何匹入れましたか。

C 3匹です。

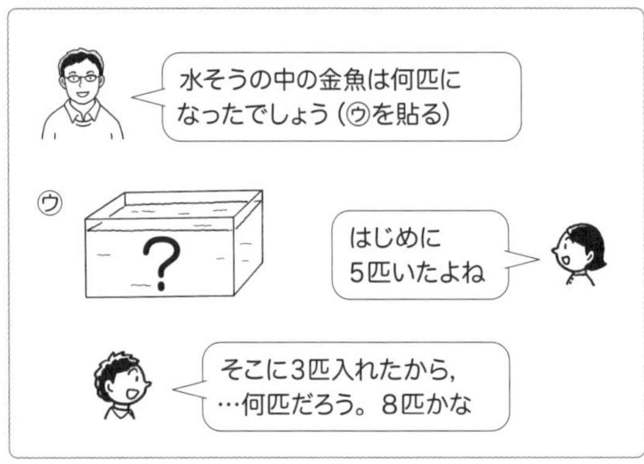

絵から，金魚が増えるイメージを持たせる。

2 算数ブロックで金魚の数を確かめよう

T ブロックを使って答えを確かめましょう。

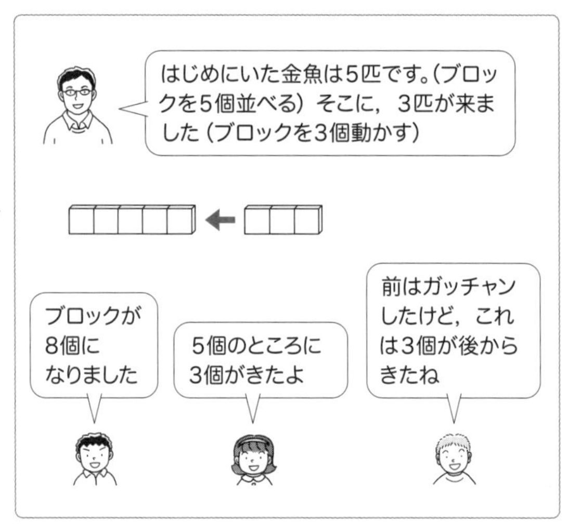

T はじめに5匹いて，3匹増えると8匹になります。

イラスト㋓を貼り，金魚が8匹であることを示す。

準備物	・算数ブロック（板書用・児童用） QR 板書用イラスト QR 紙芝居「ふしぎなこどもまおちゃん」続き QR ワークシート

ICT	活動４で，実物投影機を使用して，数人の児童に６＋３のブロック操作を実演させる。「増える」ということがどういうことなのかを共通理解しやすくなる。

4

みかんは　ぜんぶで　なんこかな

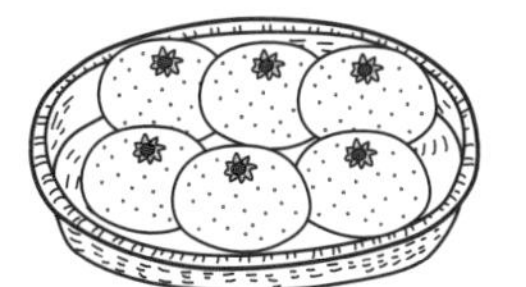

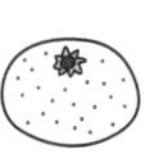

ふえる

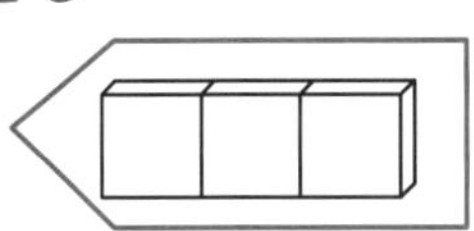

はじめに６こ

３こ ふえると

９こ

しき　$6+3=9$

こたえ　９こ

も利用できます。

4 みかんは全部で何個になりましたか

3 たし算の式に表してみよう

ブロック５個に３個を添加する動作を示す。３個のみを矢印で表し，合併との違いを示す。

合併

添加

$5+3=8$

これもたし算に
なるんだね

ガッチャンのときも
たし算，増えるときも
たし算だ

T　ブロックを使って答えを求めましょう。

ブロックの動かし方を確認する。

T　はじめに６個あって，３個増えると９個になります。たし算の式に表しましょう。

ブロックを使って先に答えを出してから，式に表す練習をする。ブロック操作を繰り返して，「増える＝たし算」のイメージをしっかり持たせる。

第4時
たし算の場面（合併・添加）
～10までの数～

本時の目標　合併と添加（増加）の違いと，どちらも同じたし算になることを確かめ，計算に習熟する。

板書例

たしざんの おはなしを しよう

1

りすが
7ひき
います。

2ひき
きました。

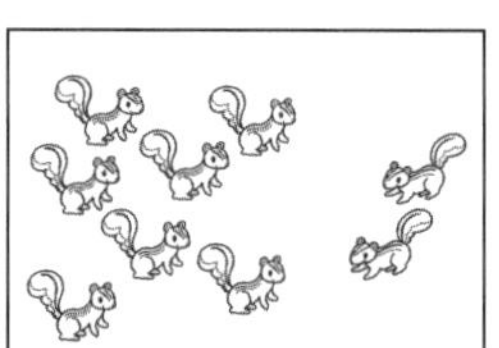

みんなで
9ひきです。

ふえると

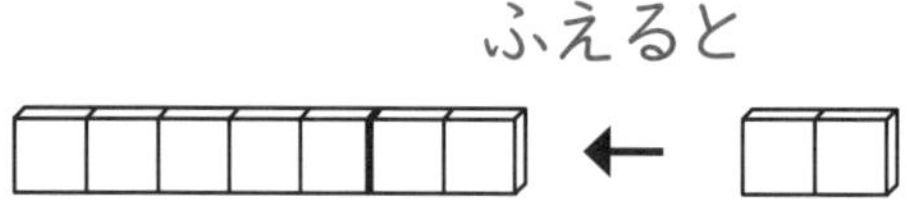

しき

$$7+2=9$$

こたえ　9ひき

POINT 「あわせていくつ」と「ふえるといくつ」の問題を取り上げ，場面は違うが計算方法は同じであることを意識させます。

1 絵を見て，たし算のお話をしよう

黒板にリス7匹のイラストを貼る。

T　絵にあわせてお話をしてみましょう。
C　リスが7匹います。

「(リス2匹のイラストを貼る) どんなお話ができますか

2匹のリスがやってきました

リスが2匹遊びにきました

リス7匹と2匹が一緒のイラストを貼る。

C　リスが9匹になりました。
C　みんなでリスが9匹です。

お話の場面をブロック操作して，たし算の式に表す。
「添加（増加）」の場面になることを確かめる。

2 絵を見て，たし算のお話をしよう

T　次は，この絵を見てお話をしてみましょう。

黒板にカエルのイラストを貼り，まずは，子どもに自由にお話をさせてみる。

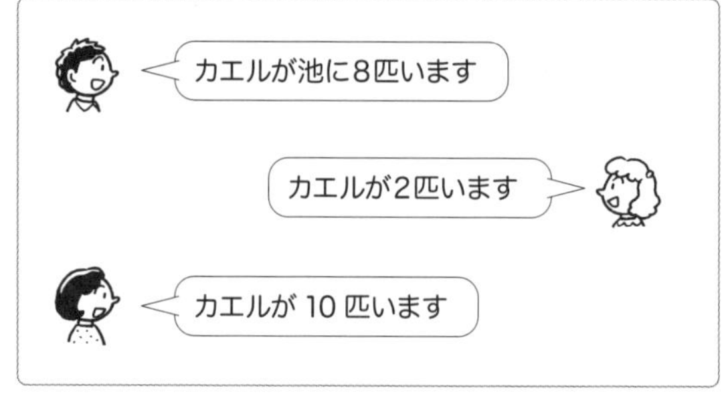

定型文を示し，たし算の場面のお話を完成させる。

C　池の中にカエルが8匹います。池の外にカエルが2匹います。全部でカエルは10匹です。

お話の場面をブロック操作して，たし算の式に表す。
展開1とは違う場面であることを確認する。

C　これは，「ガッチャン」の問題だね。

準備物
・算数ブロック（板書用・児童用）
・たし算カード　・数字カード
QR 板書用イラスト
QR ワークシート

ICT
実物投影機で映しながら，活動４のルール確認をする。大型テレビで提示しながらルールの確認をすることで，視覚的にわかりやすくなる。

2

いけの なかに かえるが 8 ひき

いけの そとに かえるが 2 ひき

ぜんぶで 10 ぴき

あわせて

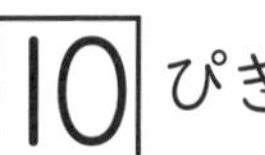

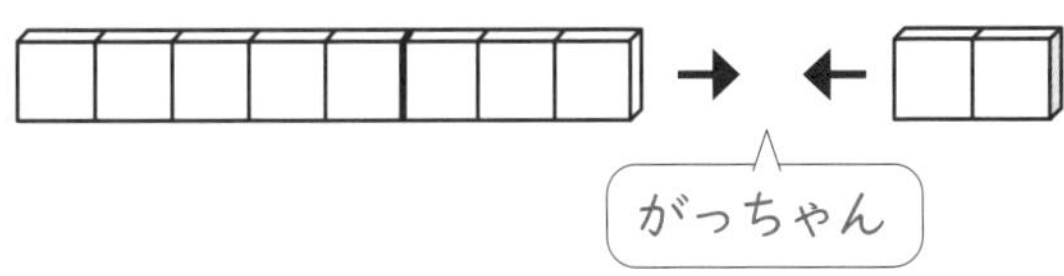

がっちゃん

しき　8＋2＝10　　こたえ　10 ぴき

3 頭の中の算数ブロックで計算しよう

T　机の上にブロックを 10 個並べましょう。

T　先生がカードを出します。そのカードに書かれているたし算の答えを求めましょう。

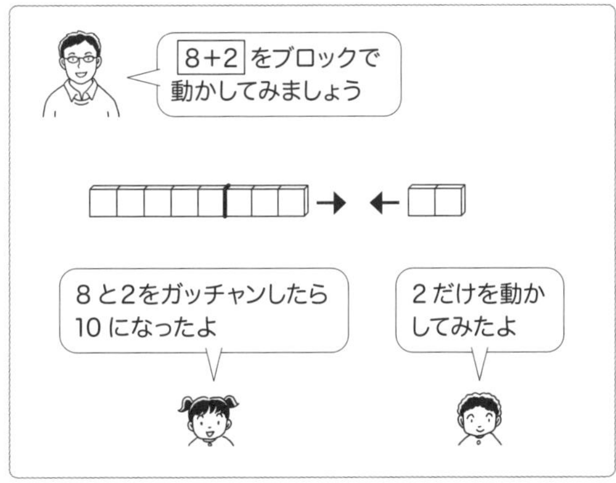

何問か繰り返す。慣れてきたら，頭の中でブロック操作できるように声掛けする。

4 カードで「10」をつくろう

【準備物】

・1 から 9 までの数字カード（5 は2 枚）
　ブロック図も入れる

【やり方】2人1組

❶ 机の上に「1 ～ 5」の数字カード 5 枚と，「5 ～ 9」の数字カード 5 枚を分けて裏返しに置く。

❷ じゃんけんで勝った人から，先に行う。

❸ それぞれカードを 1 枚ずつ取り，数字をたして 10 をつくる。10 になっていなければ，２回までカードを交換できる。交代する。

※ 答えが大きくなり計算できない場合は，ブロック図から答えを見つける。

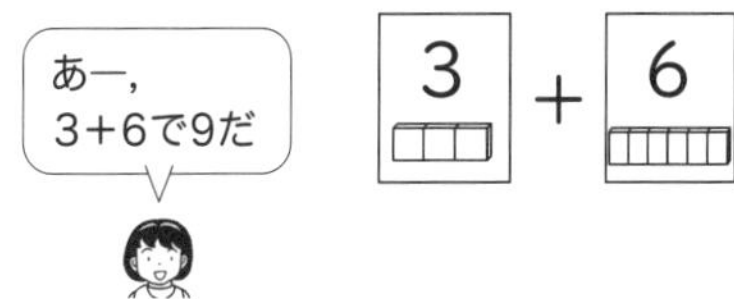

第5時 たし算の計算練習

本時の目標　たし算カードを並べて，きまりを見つける。たし算カードを使って，計算練習をする。

板書例

たしざんかあどを ならべよう

かいだんみたい

1＋1　2				
1＋2　3	2＋1　3			
1＋3　4	2＋2　4	3＋1		
1＋4　5	2＋3　5	3＋2	4＋1	
1＋5　6	2＋4　6	3＋3	4＋2	5＋1
1＋6　7	2＋5　7	3＋4	4＋3	5＋2
1＋7　8	2＋6　8	3＋5	4＋4	5＋3
1＋8　9	2＋7　9	3＋6	4＋5	5＋4
1＋9　10	2＋8　10	3＋7	4＋6	5＋5

1
1

となりと こたえが おなじ

POINT　教科書にも掲載されているたし算カードを使ったゲームで，楽しく計算練習をしましょう。

1 たし算カードを並べていこう

たし算カードを「1＋1」から「1＋9」まで貼る。

T　それぞれの答えを言ってみましょう。

T　1＋1は　　C　2

T　1＋2は　　C　3（1＋9まで答える）

たし算カードを「2＋1」から「2＋8」まで貼り，同じように答えを言っていく。

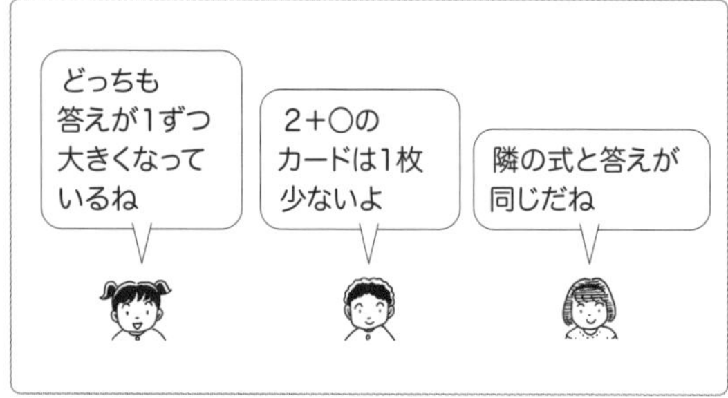

続けて，被加数が3～9のカードも提示する。

2 並べたカードからきまりを見つけよう

T　みんながこれまでに学習したたし算です。

C　こんなにたくさんあるんだね。

準備物	・算数ブロック（板書用・児童用） ・たし算カード（板書用・児童用） ・数字カード

ICT	活動３のルール説明は，スライド資料を使用して行う。児童がイメージしやすいように支援することによって，どの子も困ることなく活動しやすくなる。

よこの れつは こたえが おなじ

6＋1　こたえが 7

6＋2　7＋1　こたえが 8

6＋3　7＋2　8＋1　こたえが 9

6＋4　7＋3　8＋2　9＋1　こたえが 10　9こ

3 たし算カードを使って計算練習しよう❶

はじめは，算数ブロックを使って答えを求めてもよいが，徐々に数字だけで計算できるようにする。

【大きさくらべ】　ペアで対戦

たし算カード（式だけが書かれたもの）をよく混ぜて，裏返しにして同じ数ずつ配る。同時に１枚ずつ裏返しのままカードを出す。

「せーの」でカードを表（式が書いてある方）にする。それぞれ答えを言い，答えが大きい方の人がカードをもらう。最終，カードの枚数が多い方が勝ちとなる。

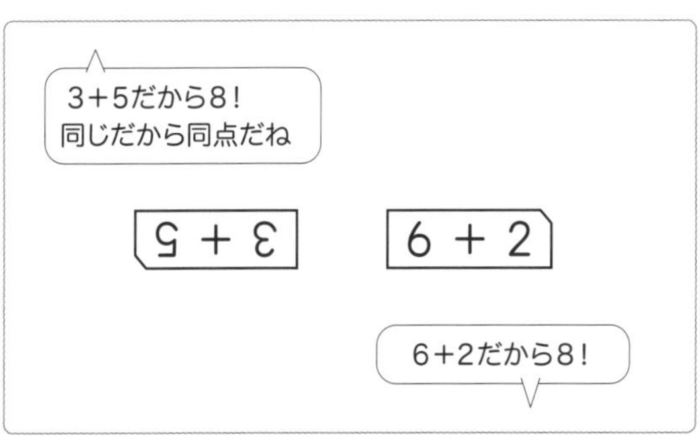

4 たし算カードを使って計算練習しよう❷

【同じ答え集め】　２人１組

隣同士の机を並べておく。

たし算カード（式だけが書かれたもの）を混ぜて裏返しにして置く。２人が交代で１枚ずつカードを取る。そのカードの答えを言い，答えの数字カードの下に並べていく。

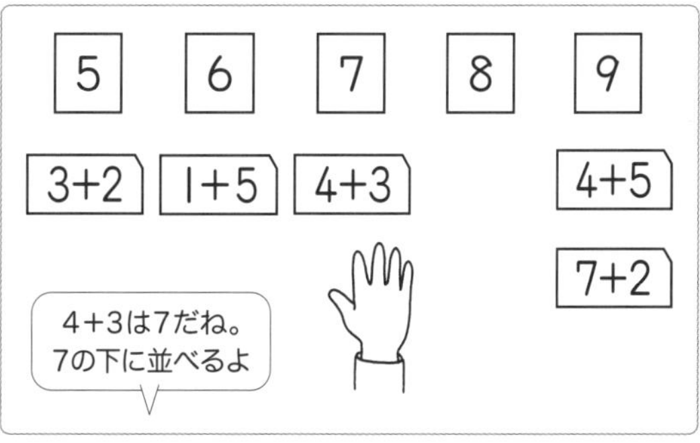

休み時間などでもできるように，たし算カードを常に準備しておくとよい。

第6時 たし算のお話作り

本時の目標　加法場面をことばで表現し，理解を深める。

板書例

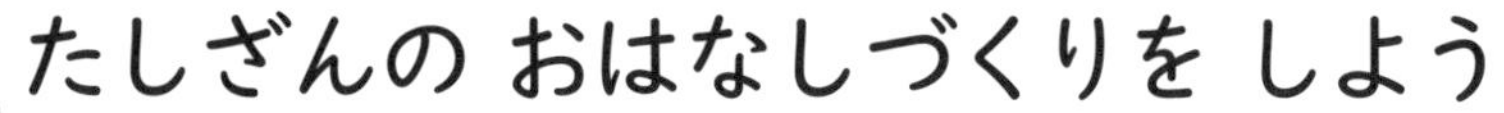

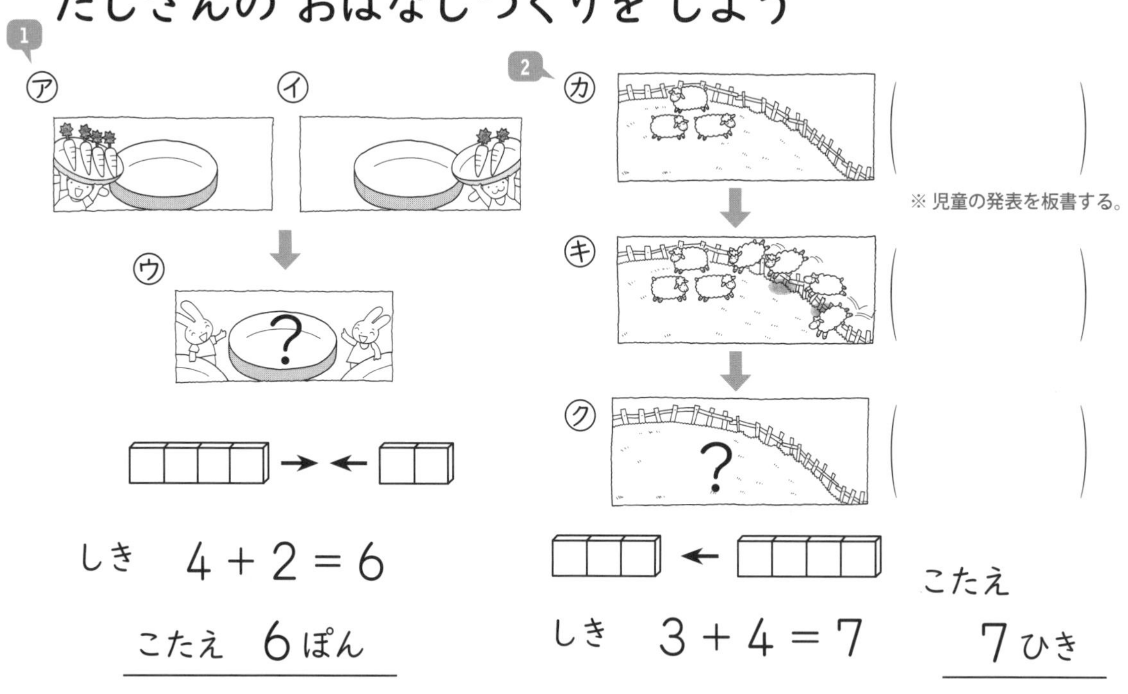

POINT 提示した絵を使ってお話を作り，計算場面のイメージを確かなものにします。

1 絵を見て，たし算の問題を作ろう

黒板に㋐と㋑の絵を貼る。

T 絵にあわせてお話をしてみましょう。

C ウサギがニンジンを4本持っています。

C お皿にニンジンが4本と2本あります。

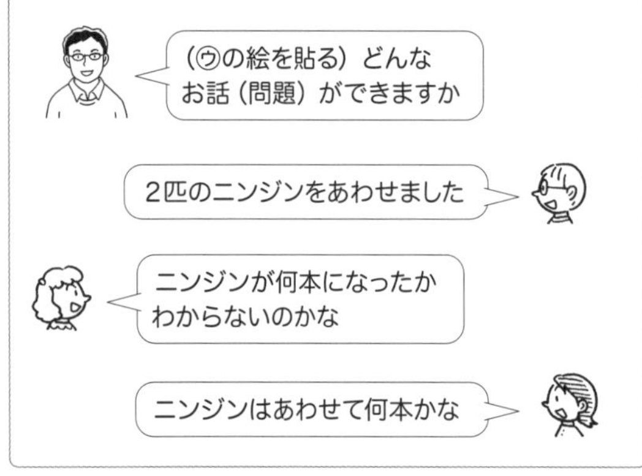

子どもが考えたお話をまとめる。難しい場合は，定型文を提示する。お話の場面をブロック操作して，たし算の式に表す。「合併」の場面になることを確かめる。

2 絵を見て，たし算の問題を作ろう

黒板に㋕の絵を貼る。

T 次は，この絵を見てお話をしてみましょう。

まずは，子どもに自由にお話をさせてみる。同じように㋖，㋗を順番に貼り，お話を考える。

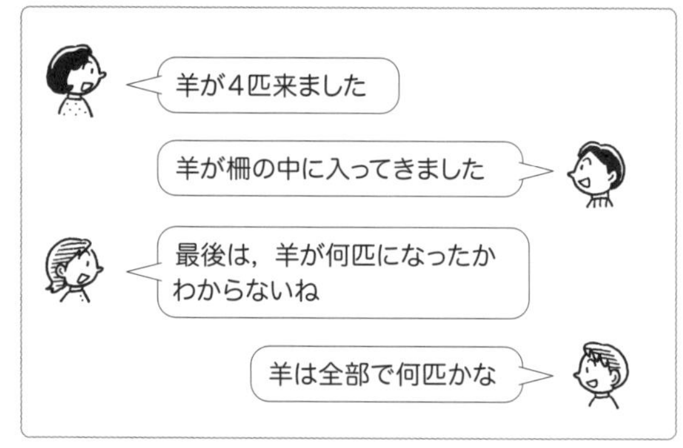

子どもが考えたお話をまとめ，場面をブロック操作して，たし算の式に表す。展開1とは違う場面であることを確認する。

C 羊のお話は，羊が増えるたし算だったね。

準備物	・算数ブロック（板書用・児童用） QR 板書用イラスト QR ワークシート

ICT	活動３・４では，児童が作った問題を大型テレビに提示する。実物投影機を使用したり，撮影機能を使用したりして，提示する。

〇〇が ＿＿＿ に □こ あります。
＿＿＿ にも □こ あります。
ぜんぶで なんこですか。

3 ・ 4 + 2 の　おはなし

4 ・ 5 + 3 の　おはなし

※ 児童の発表を板書する。

3　4＋2の式になるお話を作ろう

黒板に絵を貼り，絵を見て，どんな場面かをみんなで話す。「かご」「棚」「机」「本入れ」等の名前を知らせておく。

C　4＋2だから，4個と2個をあわせるお話にしたらいいね。

T　このお話にあてはめて作ってもいいですよ。

定型文を提示する。助数詞はものによって変える。

〇〇が ＿＿＿ に □こ あります。
＿＿＿ にも □こ あります。
ぜんぶで（みんなで・あわせて） なんこですか。

C　4個と2個のものはボールがあるね。

C　車もあるよ。車は4台，2台にするよ。

児童に作ったお話を発表してもらい，板書する。

4　5＋3の式になるお話を作ろう

C　今度は，5個と3個のものを探してみよう。

C　ウサギのぬいぐるみがあるよ。

C　本もあるよ。

ウサギのぬいぐるみが棚に5個あります。
女の子が遊んでいるぬいぐるみは3個です。
ウサギのぬいぐるみは，
あわせて何個ありますか

児童が作ったお話を紹介し合う。

「4＋2」で，「コップが4個，2個持ってきたので，全部で6個」の添加（増加）の場面のお話も紹介する。

第7時

0のたし算

本時の目標　0を含むたし算の意味を理解し，計算ができる。

板書例

たまいれ あそびを しよう

1

｜かいめ	2かいめ
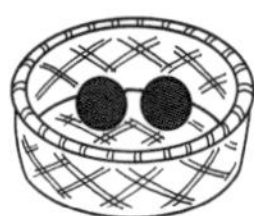	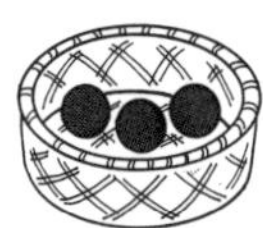

あわせて
なんこ はいったかな

2
3

あわせて

	｜かいめ	2かいめ	ごうけい
ゆいさん	2こ	3こ	5こ
かいさん	0こ	2こ	2こ
せんせい	3こ	0こ	3こ
せんせい	0こ	0こ	0こ

$2+3=5$
$0+2=2$
$3+0=3$
$0+0=0$

POINT　0の概念を教えるには，入れ物の中の個数という場面がわかりやすいため，実際に玉入れをして，結果を式に表していきます。

1 玉入れ遊びをしよう

玉入れ用かごと，玉6個を準備する。
児童数人が前で実演する。

T　玉入れは1人2回行います。1回目，2回目それぞれ3個ずつ玉を投げます。

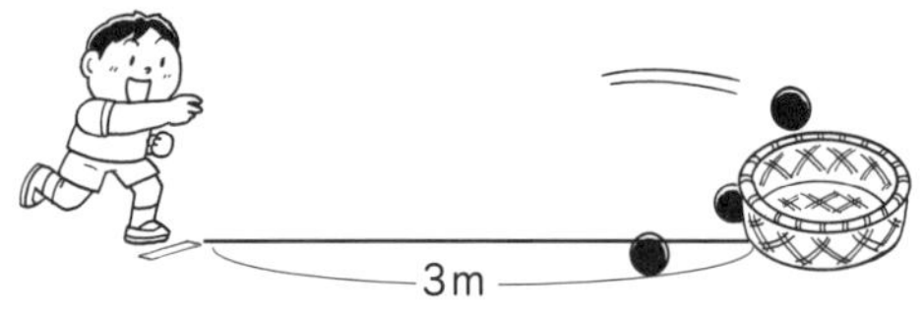

※ 3m くらい離れた距離が適当

T　1人が終わったら，1回目，2回目それぞれ何個入ったかを記録しておきます。

本時の玉入れは，玉が入らない（0個）があって学習が成立するため，対戦型にしなくてもよい。

2 入った数をたし算の式に表そう

T　1回目と2回目をあわせると何個入りましたか。ゆいさんは，1回目は2個入りました。2回目は3個入りました。

C　2個と3個で，あわせて5個です。

C　かいさんは，1回目は入らなくて，2回目が2個入ったから2個だね。

入らなかった（何もない）場合もたし算の式に表すことを確認する。

準備物
・算数ブロック（板書用・児童用）
・たし算カード
・玉入れのかごと玉
QR 板書用イラスト

ICT
計算式を設定した集計ソフトを使用して，記録を表に整理する。児童集計ができ，すぐに結果を表示することができる。

たしざんを　しよう

0 + 0 = 0	0 + 1 = 1	0 + 2 = 2	0 + 3 = 3
1 + 0 = 1	1 + 1 = 2	1 + 2 = 3	1 + 3 = 4
2 + 0 = 2	2 + 1 = 3	2 + 2 = 4	2 + 3 = 5

⋮

3 入らなかった場合の数をたし算の式で表そう

教師が，「3＋0」や「0＋0」の場合の場面を示す。

T　先生が玉入れをします。先生の入った数をたし算の式に表しましょう。

1かいめ	2かいめ	ごうけい
3こ	0こ	3こ
0こ	0こ	0こ

4 たし算の練習をしよう

0のたし算を含むたし算の計算練習をする。
これまでに紹介したいろいろな練習方法で行う。

❶ 0＋0 から順に，教師が出すカードにあわせて，答えをみんなで言っていく。
❷ たし算カードを使って，ひとりでカードをめくりながら練習する。
❸ 2人ペアになって，たし算カードを使って問題を出し合う。（カード遊び）
❹ プリントの計算練習をする。　など

つまずく計算は，もう一度算数ブロックを使って確かめるようにする。

第1時　ワークシート

なまえ

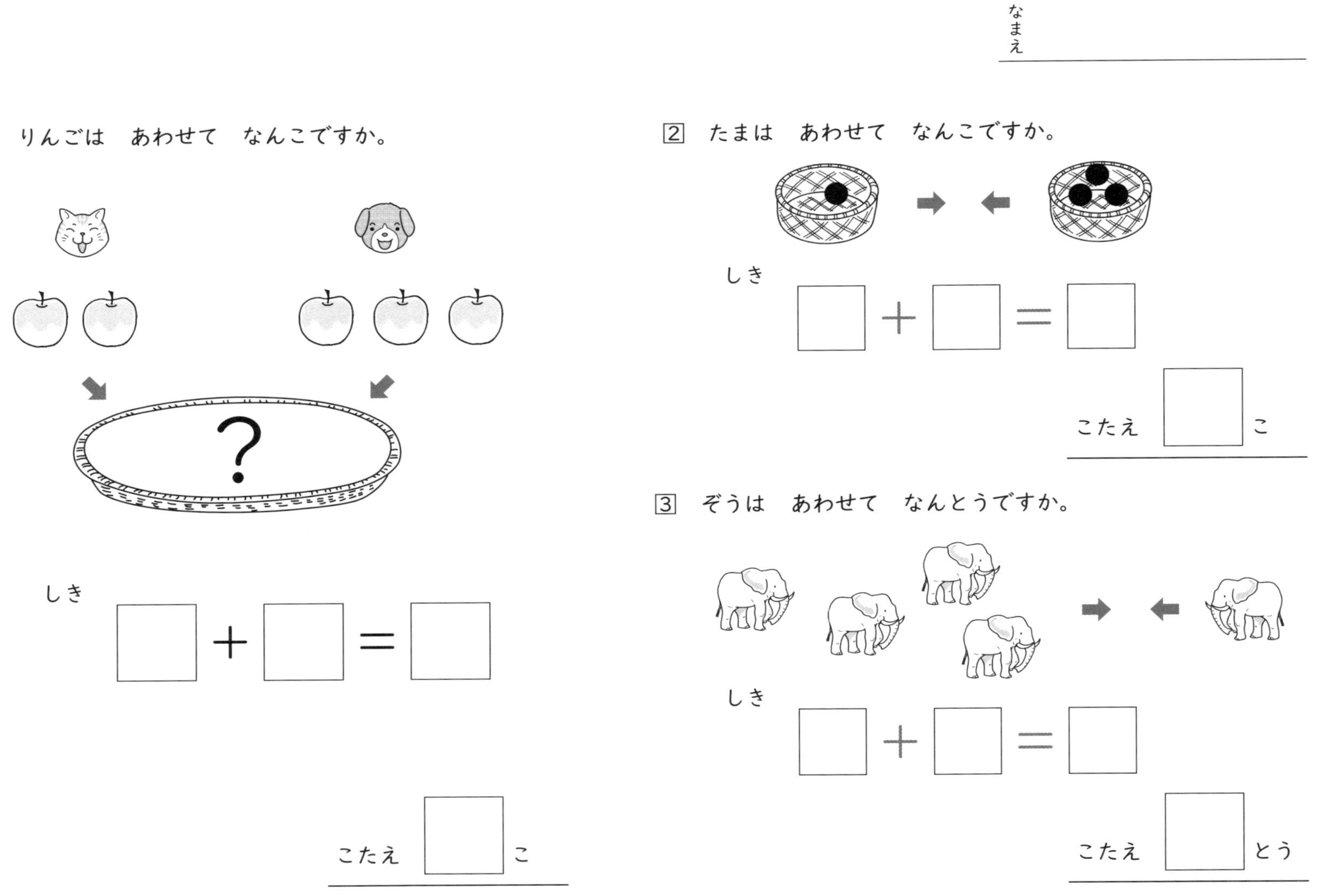

1 りんごは　あわせて　なんこですか。

しき　□＋□＝□

こたえ　□こ

2 たまは　あわせて　なんこですか。

しき　□＋□＝□

こたえ　□こ

3 ぞうは　あわせて　なんとうですか。

しき　□＋□＝□

こたえ　□とう

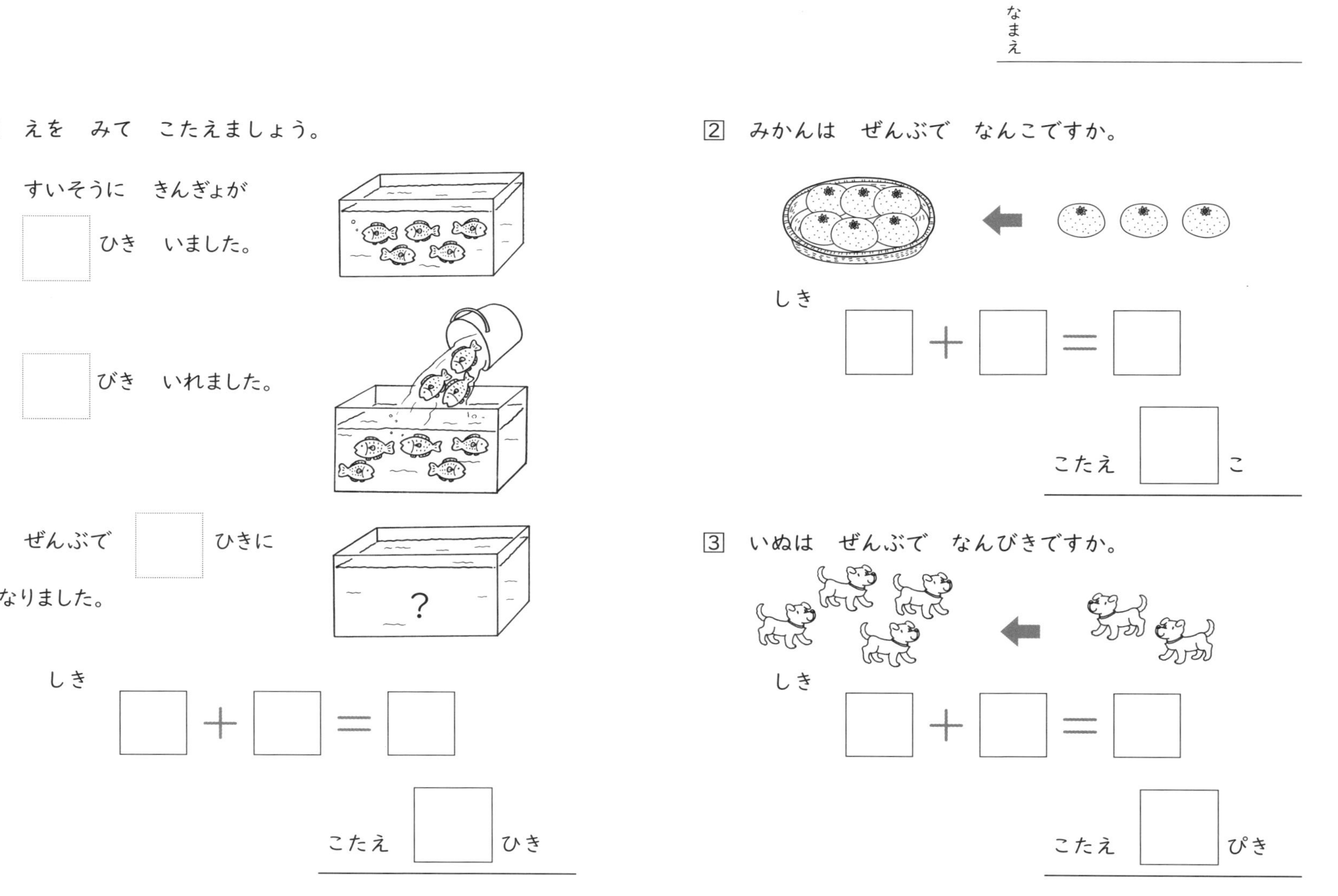

なまえ

1 えを　みて　こたえましょう。

すいそうに　きんぎょが
□ ひき　いました。

□ びき　いれました。

ぜんぶで　□ ひきに
なりました。

しき　□ ＋ □ ＝ □

こたえ　□ ひき

2 みかんは　ぜんぶで　なんこですか。

しき　□ ＋ □ ＝ □

こたえ　□ こ

3 いぬは　ぜんぶで　なんびきですか。

しき　□ ＋ □ ＝ □

こたえ　□ ぴき

のこりはいくつ ちがいはいくつ

全授業時数 10 時間

◎ 学習にあたって ◎

<この単元で大切にしたいこと>

ひき算もたし算と同様にまず意味を知り，その後，式に表したり計算したりできるようにします。ひき算の意味は大きく分けて「残りを求める」場合と「こちらはいくつを求める」場合，「ちがいを求める」場合があります。前者を「求残」といい，次を「求補」といい，後者を「求差」といいます。

「求残」は全体から部分を除いたときの残り部分を求める計算で，「求補」は「赤玉と白玉が合わせて 7 個あります。そのうち赤玉は 4 個です。白玉はいくつでしょう」のような，こちらはいくつ（白玉はいくつ）を求める計算です。「求差」は 2 つの量を比べて大きさの違い（差）を求める計算です。ひき算はこの 3 つの意味があるのですが，その意味合いは大きく異なり「求補」や「求差」の方が「求残」より高度な思考を要求されます。そこでひき算の指導ではまず「求残」でひき算の概念形成を行い，次に「求補」と「求差」を扱い，大きさの違いを求めるときもひき算が使えることを丁寧に指導して，意味の違いが理解できるようにしましょう。

<数学的見方考え方と操作活動>

「求残」では，5 個から 2 個を取り除くと 3 個残るという事実を操作を通して，一人ひとりが確かめる学習が基本となります。ただし，確かめても身につくとは限りません。5 以下のひき算と 10 以下のひき算とでは難易度に大きな差があります。特に 6 － 4 とか 7 － 3 は，定着がよくありません。

「求差」は 2 つの量を比較することが前提です。また，2 つの量が異なる種類の量でも成り立ちます。「5 個のチョコを 4 人の子に配ります。チョコは何個余る？」という問題では 5 個－ 4 人という考え方になるからです。この場合は 5 個と 4 人を 1 対 1 対応させ，対応した部分を取り去り「求残」に結び付けることで，差を求める計算も，ひき算と同じ計算だと理解させる必要があります。

<個別最適な学び・協働的な学びのために>

ひき算の指導で，子どもたちが主体的に取り組めるようにするには，結果を予想できるような問題提示をして子どもが場面を理解し，その結果を「…に違いない」と予想することです。例えば，子どもの前でチョコ 3 個を袋に入れます。何個あるか，中は見えないようにします。そして袋からチョコ 2 個取り出し，残りのチョコの個数はいくつになっているかと問うことです。たったこれだけで子どもは，夢中になって答えを予想して，その予想が正しいかどうかをものを使って説明しようとします。これを教師がすぐに取り上げるのではなく，友達同士で確認しあう場面や話をする機会を作ることで，深い学びを作り出すことができます。

また，ひき算が苦手な子の中には，引いた数が消えることに疑問を持つ子がいます。ひき算の指導においては全体の数がいくつで，引いた数がいくつで，残る数がいくつになるのかを，視覚的に確かめられるような配慮や提示の仕方の工夫が必要です。

板書用絵カード，
数字カード，お金カード
〔全単元共通〕

◎ 評　価 ◎

知識および技能	被減数が 10 以内の減法計算ができ，求残や求補，求差の場面を減法を適用して処理できる。数減法の意味と被減数が 10 以内の減法計算の仕方や，求残や求補，求差の場面を理解している。
思考力，判断力，表現力等	日常で求残や求補，求差の場面を理解し，減法で表現している。
主体的に学習に取り組む態度	減法の意味と被減数が 10 以内の減法計算の仕方を知り，日常でも減法を適用できる場面を見出して進んで処理しようとしている。

◎ 指導計画　10 時間 ◎

時	題	目　標
1	ひき算の場面（求残） ～5までの数～	「残り」を求める場面で，減法の意味や式の表し方を理解し，5 までのひき算ができる。
2	ひき算の場面（求残） ～9までの数～	8 － 3 型，8 － 2 型の減法ができる。
3	ひき算（求残）の立式と計算練習	8 － 5 型，8 － 6 型，7 － 4 型の減法ができる。
2・3 (B 案)	ひき算の場面（求残） ～9までの数～	（第2時）6 －□，7 －□の減法ができる。 （第3時）8 －□，9 －□の減法ができる。
4	ひき算の場面（求補） ～ 10 からのひき算～	10 からの減法計算ができる。求補（こちらはいくつ）の場面の理解ができる。
5	0のひき算	0を含む減法の場面や意味を理解し，その計算ができる。
6	ひき算の計算練習	ひき算カードを使って，ひき算の計算に習熟する。
7	ひき算の場面（求差）	求差の場面も減法の式を適用できることを理解し，立式することができる。
8	ひき算の場面（求差）の理解と立式	求差の場面も減法の式を適用できることを理解し，2量の大きさを比べ，立式することができる。
9	ひき算のお話作り	減法場面をことばで表現し，理解を深める。
10	ひき算絵本作り	減法の場面を文と絵で表現して理解を深める。

第1時 ひき算の場面（求残）
～5までの数～

本時の目標　「残り」を求める場面で，減法の意味や式の表し方を理解し，5までのひき算ができる。

板書例

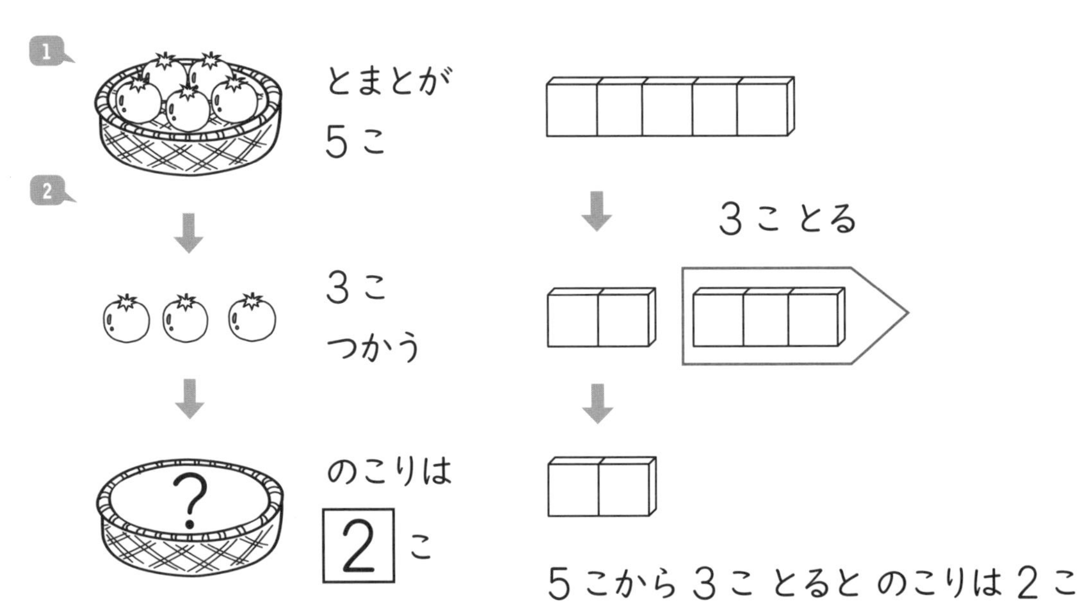

POINT 実際にかごにトマトを入れて3個取り出すことで，5個から3個を取ると残りが2個というひき算の場面を，しっかり頭の

1 残りは何個になるか考えよう

T　トマトがかごに5個ありました。サラダに3個使いました。トマトは何個残っているでしょう。

実際に，かごにトマトを5個入れる。（かごの中は見えないようにする）そこから，トマトを3個取り出す。

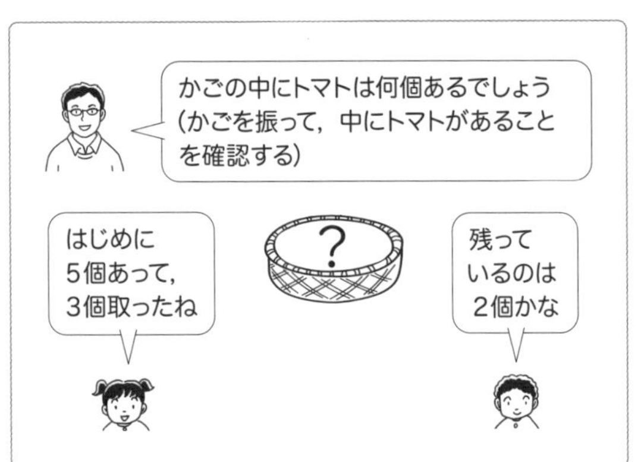

児童に予想させる。すぐには結果を見せないようにする。

2 算数ブロックでトマトの数を確かめよう

T　トマトの絵の上にブロックを置きましょう。

ワークシートを活用できる。

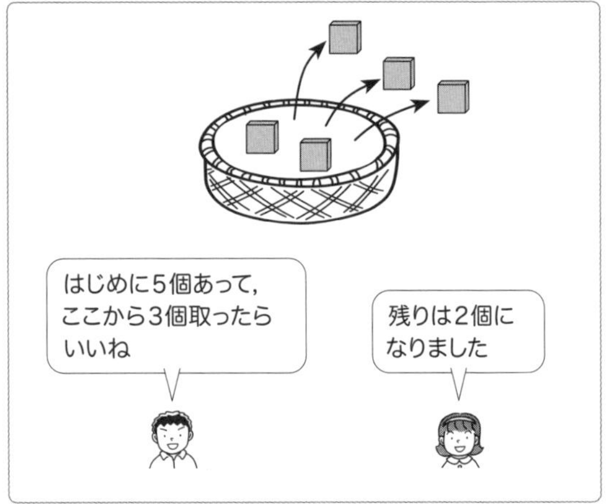

T　5個から3個を取ると，2個になります。

展開1のかごの中身を見せ，2個であることを確認する。

準備物	・算数ブロック（板書用・児童用） ・かご　　・トマト（トマトに替わるもの） QR 板書用イラスト QR ワークシート

ICT	ブロック図を児童用端末に配信して，児童同士が言葉で求め方を伝え合うことで，差の意味理解につなげることができる。

3

しき

5 − 3 ＝ 2

ご ひく さん は に

ー

ひきざん

4

のこりの くるまは なんだいかな

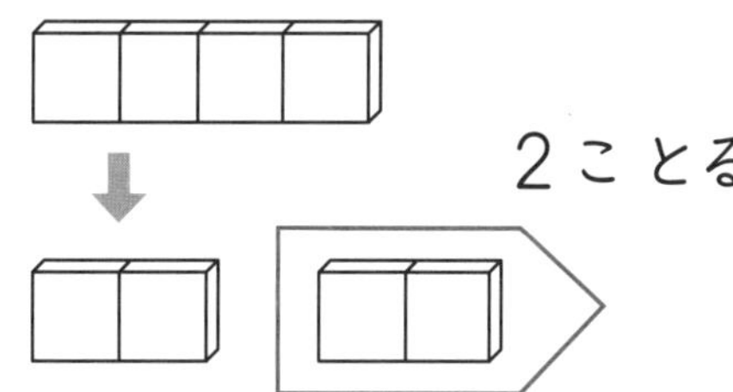

2こ とる

4だいから 2だい とると のこりは 2だい

しき 4 − 2 ＝ 2

こたえ 2だい

中にイメージすることができます。

3 ひき算の式に表してみよう

ブロック5個から3個を取る動作を示し，「ひき算」のイメージをつかませる。

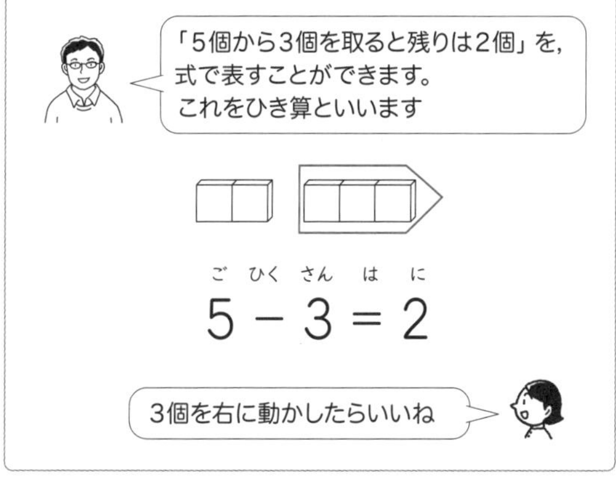

式の読み方や書き方の指導をする。

5 − 1，5 − 2，5 − 4のブロック操作をして，答えや式と結びつける。

4 残りの車は何台ですか

T　車が4台止まっていました。2台出て行きました。ブロックを使って考えましょう。

絵の上にブロックを置き，2個動かして，残りが2個になることを確かめる。

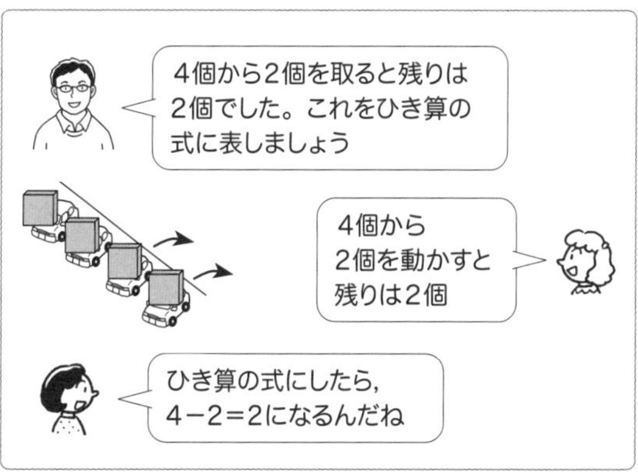

ブロックを使って先に答えを出してから，式に表す練習をする。ブロックを動かす操作を繰り返して，ひき算のイメージをしっかり持たせる。

第2時 ひき算の場面（求残）～9までの数～

本時の目標　8－3型，8－2型の減法ができる。

板書例

のこりの ふうせんは なんこかな

※ 風船５個は隠しておく。

1

7こ あります　2こ とんで いきました　のこりは 5 こ

2

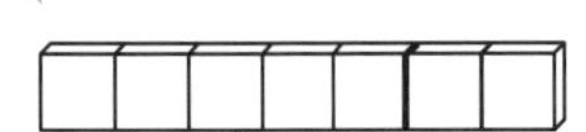

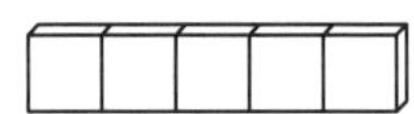

しき　7－2＝5

こたえ　5こ

POINT　本書では，ひき算の順番を，比較的理解しやすい，５のかたまりをくずさずに計算できる「8－3型」「8－2型」から始めます。

1 残りの風船は何個ですか

黒板に㋐の絵を貼る。

T　クマは風船を何個持っていますか。

C　７個持っています。

T　風船が２個飛んでいきました。（㋑を貼る。はじめの７個は隠しておく）

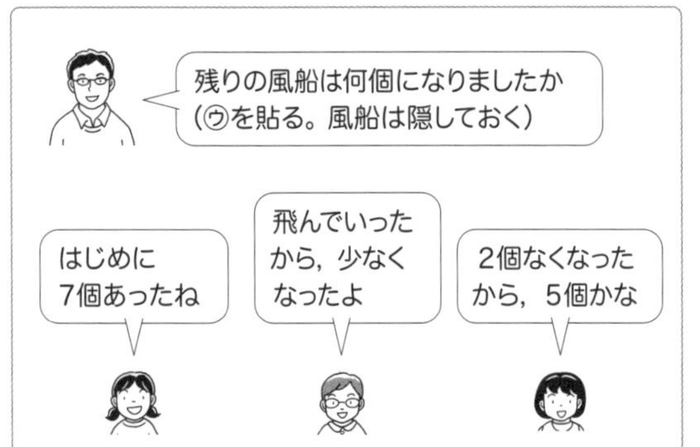

絵から，風船が減るイメージを持たせる。

2 算数ブロックで風船の数を確かめよう

T　ブロックを使って答えを確かめましょう。

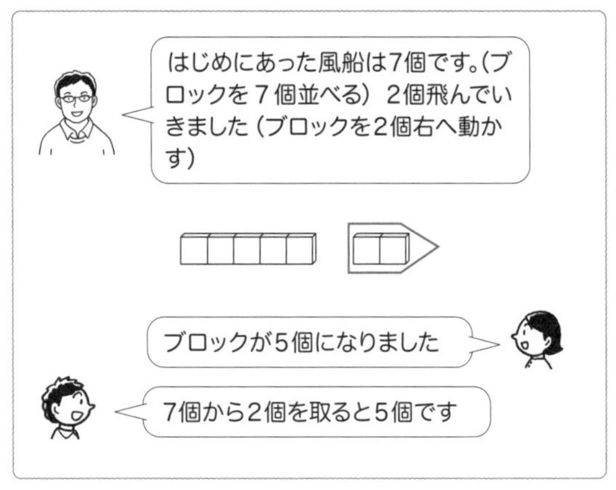

T　式に表しましょう。

C　７－２＝５です。

㋒の風船を見せて５個であることを示す。

答えが５になる計算「6－1」「8－3」「9－4」を，同じようにブロックを使って確かめ，式に表す。

「５のかたまり」をわかるようにしておくと計算しやすい。

準備物	・算数ブロック（板書用・児童用） QR 板書用イラスト QR ワークシート

ICT	最初の風船の様子と飛んでいった風船の様子を，画像やイラスト動画でまとめて保存しておく。その動画を使って，全体提示や児童への個人配信で説明を行う。

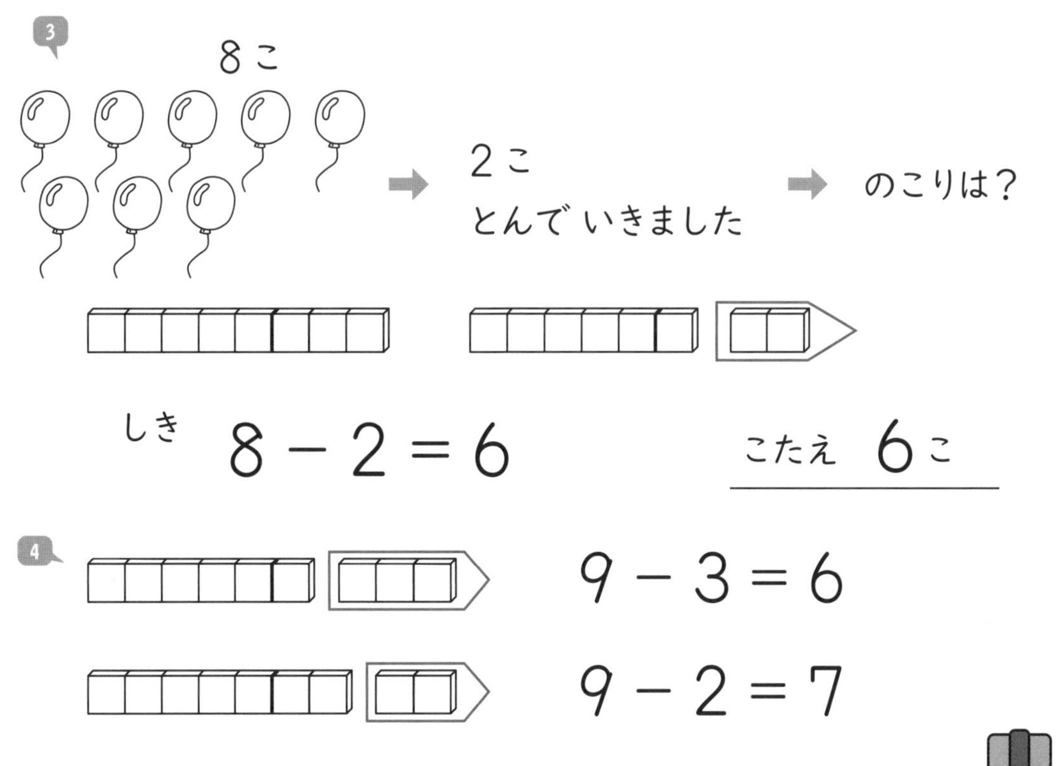

3 算数ブロックを操作して答えを求め，ひき算の式に表そう

T　風船が８個あります。２個飛んでいきました。残りは何個ですか。

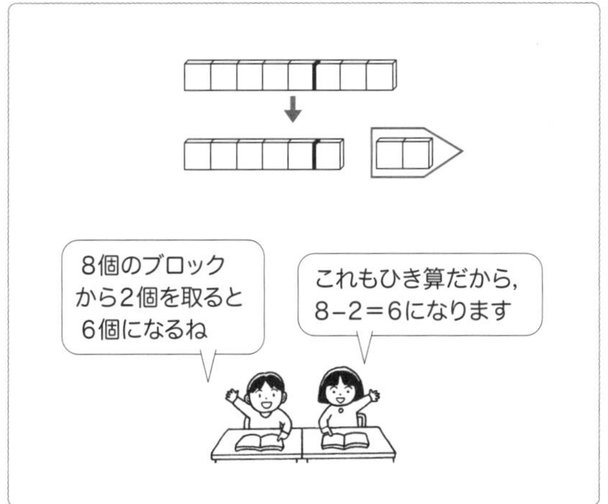

「7 − 1」「9 − 2」「9 − 3」を，同じようにブロックを使って確かめ，式に表す。ブロックを使って先に答えを出してから，式に表す練習をする。

4 算数ブロックを頭の中で動かして答えを求めよう

T　風船が９個あります。２個割れました。残りは何個でしょう。（何問か繰り返す）

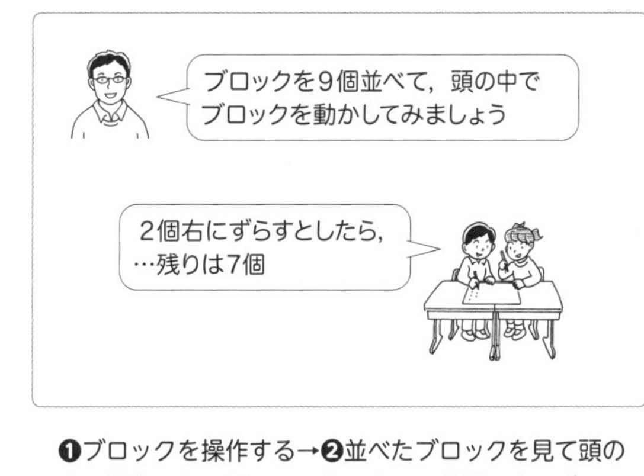

❶ブロックを操作する→❷並べたブロックを見て頭の中で操作したり図をかいたりする→❸頭の中にブロックを思い浮かべる，と段階を踏んで定着を図る。

第3時
ひき算（求残）の立式と計算練習

本時の目標　8－5型，8－6型，7－4型の減法ができる。

板書例

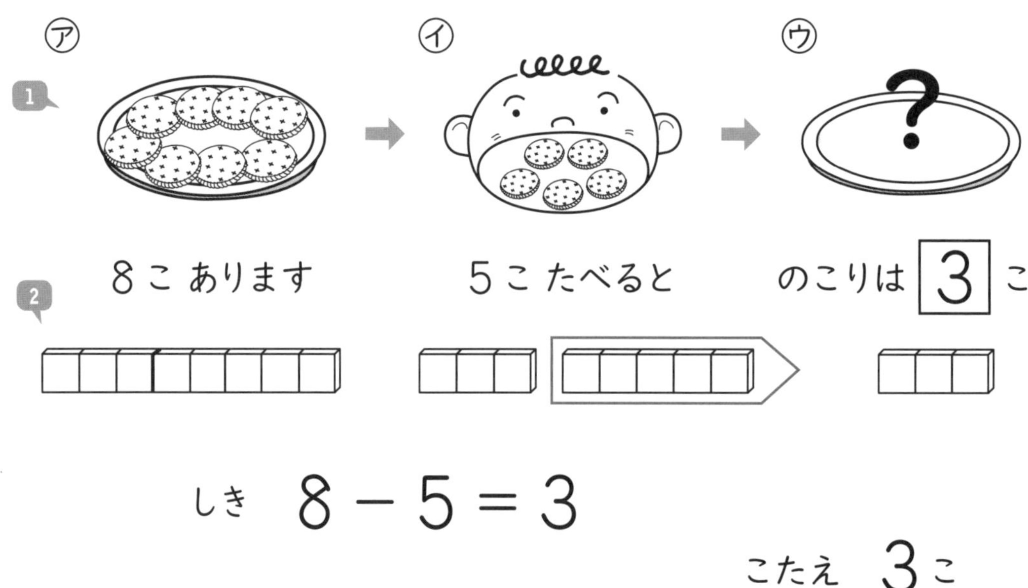

POINT 「8－5型」と「8－6型」で1時間，「7－4型」で1時間扱いにしてもよいでしょう。

1 絵を見て，ひき算のお話をしよう

黒板に㋐の絵から順に貼る。

T　絵にあわせてお話をしてみましょう。
C　お皿にクッキーが8個あります。
C　（㋑を貼る）男の子がクッキーを食べました。
C　5個食べました。

㋒を貼る。

2 算数ブロックで残りの数を確かめよう

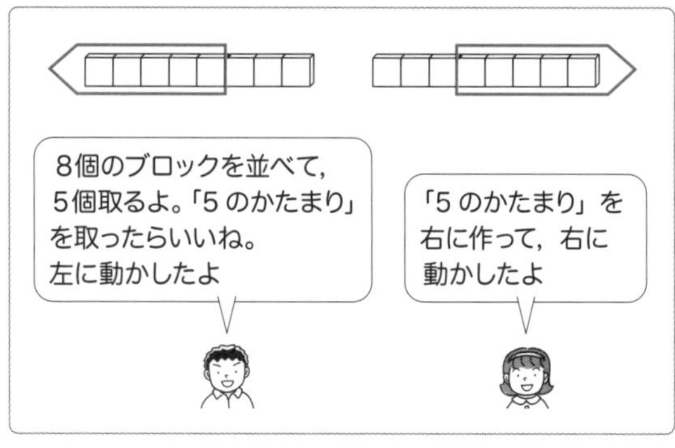

C　8－5＝3です。

「6－5」「7－5」「9－5」も同じように，クッキーを食べる絵を使って場面を表し，ブロック操作で答えを確かめる。

準備物
・算数ブロック（板書用・児童用）
QR 板書用イラスト
QR ワークシート

ICT
最初のクッキーの様子と食べたクッキーの様子を，画像やイラスト動画でまとめて保存しておく。その動画を使って，全体提示や児童への個人配信で説明を行う。

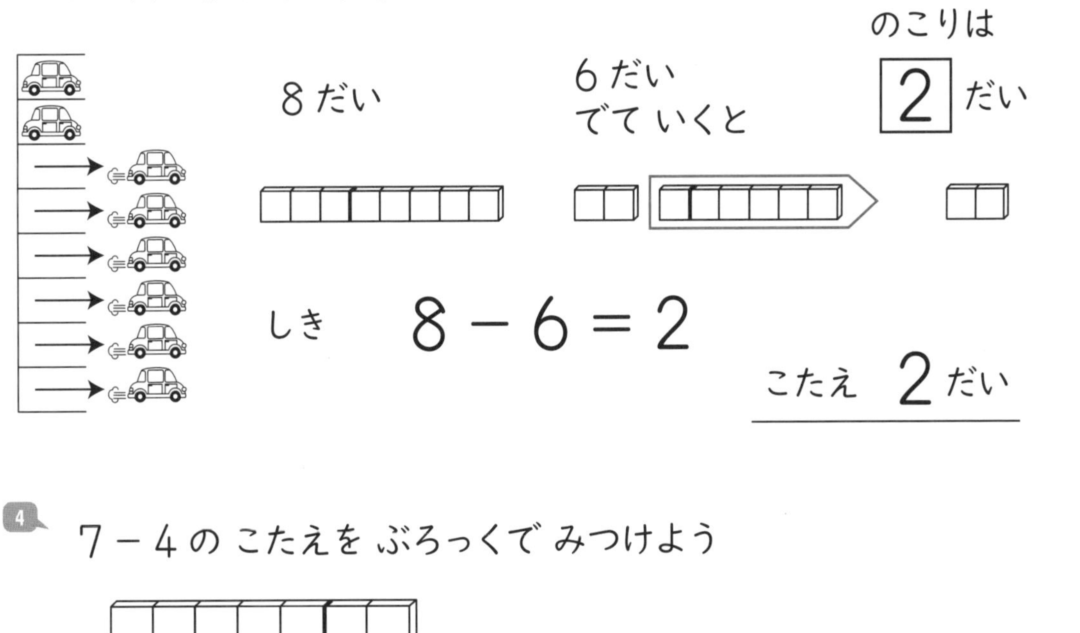

3 残りは何台か考えよう

T　車が８台止まっています。６台出ていきました。残りの車は何台ですか。

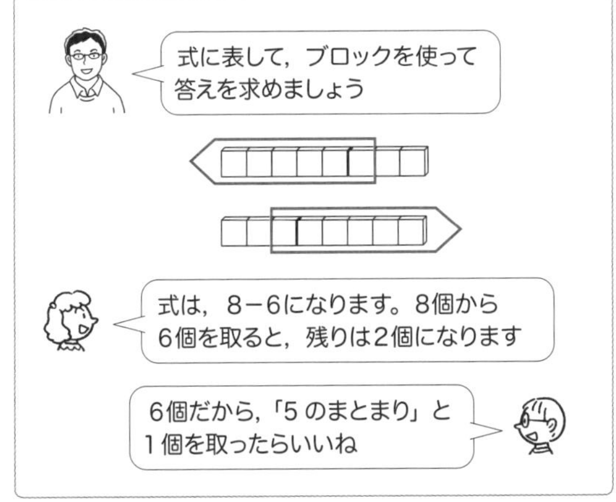

「7 − 6」「8 − 7」「9 − 6」「9 − 7」「9 − 8」を，同じようにブロックを使って確かめる。減数が５より大きい数の計算のため，「5 のまとまり」を使うと，操作も簡単であることに気づかせたい。

4 練習問題をしよう

「7 − 4 型」(「6 − 2」「6 − 3」「6 − 4」「7 − 3」「7 − 4」「8 − 4」）の計算練習をする。子どもにとっていちばん間違えやすい型になる。児童のブロック操作の仕方を確認しておく。

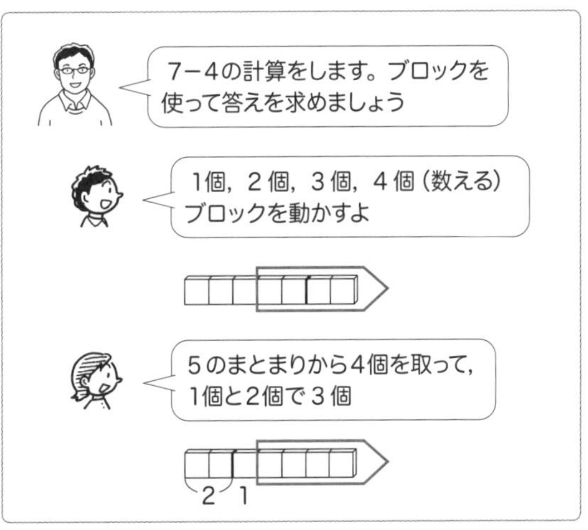

ブロック操作を繰り返し，実際に動かさなくても，ブロックや図を見ただけで答えが出せるようにしていく。

第 2・3 時　B案

ひき算の場面（求残）
～9までの数～

本時の目標
（第２時）６－□，７－□の減法ができる。
（第３時）８－□，９－□の減法ができる。

板書例

（第２時）のこりは　いくつ

1 ６は いくつと いくつ

2 ５こ たべる

１ と ５　6－5＝1

４ と ２　6－2＝4

２ と ４　6－4＝2

５ と １　6－1＝5

３ と ３　6－3＝3

POINT　B案は，「いくつといくつ」の学習を生かした指導案になっています。第２時と同じように，第３時も進めていきます。

1 「6はいくつといくつ」を振り返ろう

T　あめが６個あります。６個を２つに分けます。何個と何個に分けることができましたか。

6はいくつといくつになりますか

1と5
2と4
3と3
4と2
5と1

6はいくつといくつをまとめる。

T　６個のうち，５個食べました。残りは何個になりますか。

C　１個です。

1個，2個，3個，4個食べた残りも確認する。

2 ひき算の式に表そう

T　５個食べた場合から順にひき算の式に表しましょう。（4個から1個食べた場合も表す）

C　はじめに６個あって，５個食べたら残りは１個だから，式は，６－５＝１です。

ブロックで6－5＝1の場面を操作する。

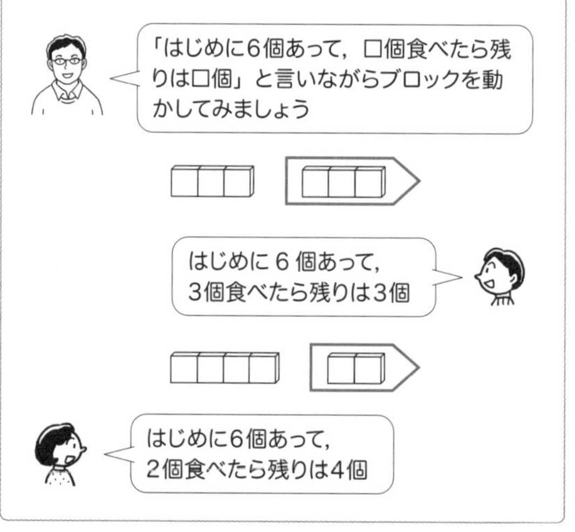

準備物
・算数ブロック（板書用・児童用）
QR ワークシート

ICT
ブロックの操作が難しい児童のために，ブロックを操作している動画を用意しておく。実態に応じて，全体や個人で提示しながら説明をすると効果的である。

3

7は いくつと いくつ

6こ たべる

1 と 6
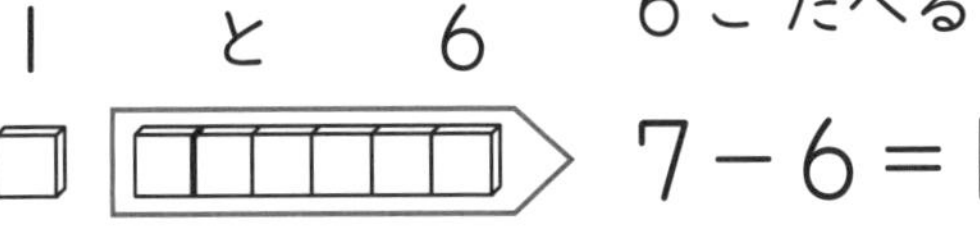
7－6＝1

4 と 3
7－3＝4

2 と 5
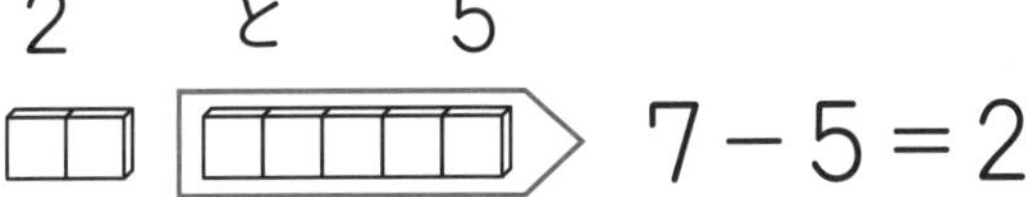
7－5＝2

5 と 2
7－2＝5

3 と 4
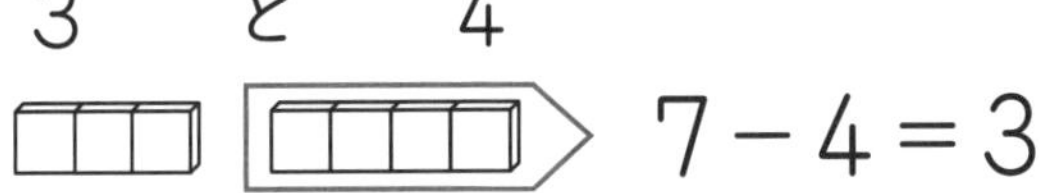
7－4＝3

6 と 1
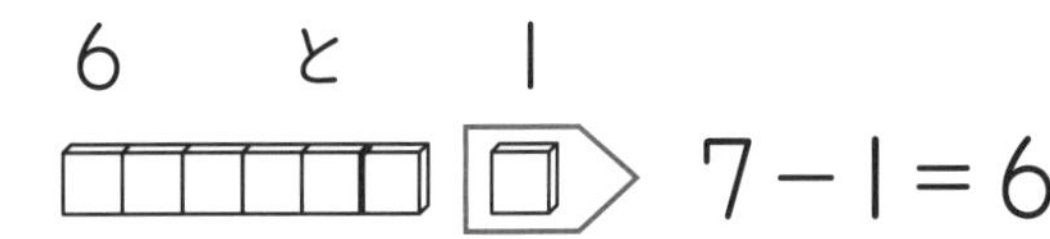
7－1＝6

3 「7はいくつといくつ」を振り返ろう

同じように，7はいくつといくつをまとめる。

T　みかんが7個あります。2個食べたら残りは何個ですか。式はどうなりますか。

C　残りは5個です。7－2＝5になります。

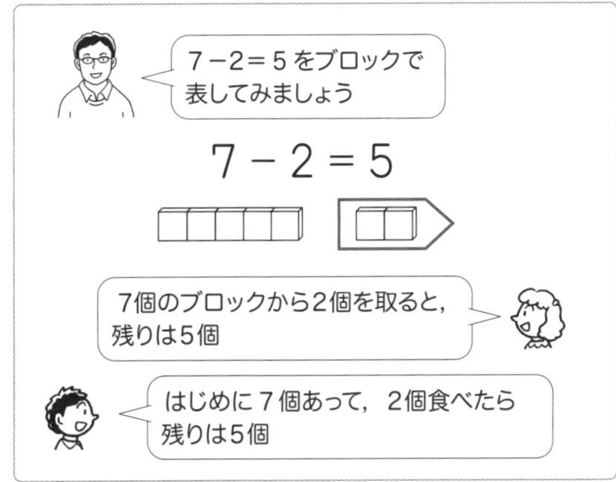

「7－6」から「7－1」も同じように，言葉に出しながらブロック操作する。

4 算数ブロックを頭の中で動かして答えを求めよう

T　今から先生が問題を出します。算数ブロックを6個並べましょう。

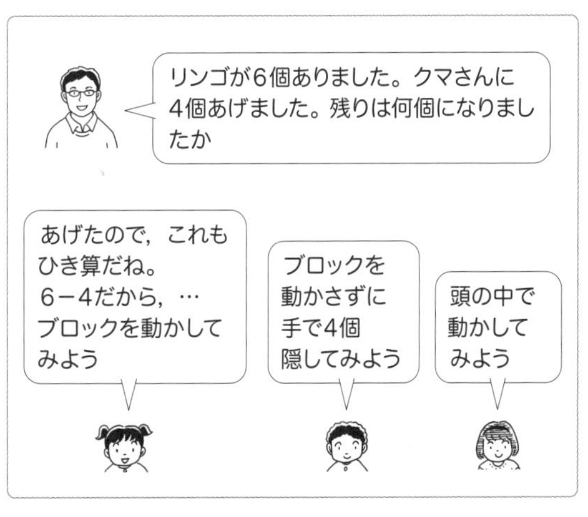

何問か繰り返す。
❶ブロックを操作する→❷並べたブロックを見て頭の中で操作したり図をかいたりする→❸頭の中にブロックを思い浮かべる，と段階を踏んで定着を図る。

第 4 時

ひき算の場面（求補）
～10 からのひき算～

本時の目標　10 からの減法計算ができる。求補（こちらはいくつ）の場面の理解ができる。

板書例

こちらは いくつ

1

りんごが 10 こ
あかい りんごは 3 こ
きいろい りんごは なんこですか。

2

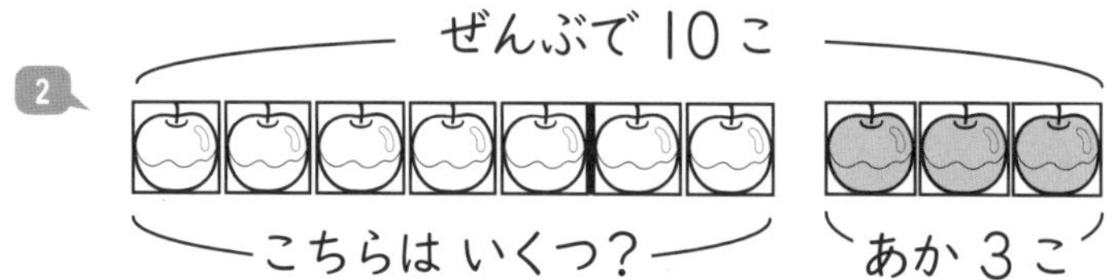

しき　10 − 3 = 7

こたえ　7 こ

POINT 「こちらはいくつ (求補)」という言い方で，これまで（求残）とは異なるひき算であることに気づかせるようにしましょう。

1 黄色いリンゴは何個ですか

黒板にリンゴのカード（赤 3 個，黄色 7 個）をバラバラに貼る。

C　赤と黄色のリンゴがあるね。

T　リンゴが 10 個あります。赤いリンゴは 3 個です。黄色いリンゴは何個ですか。

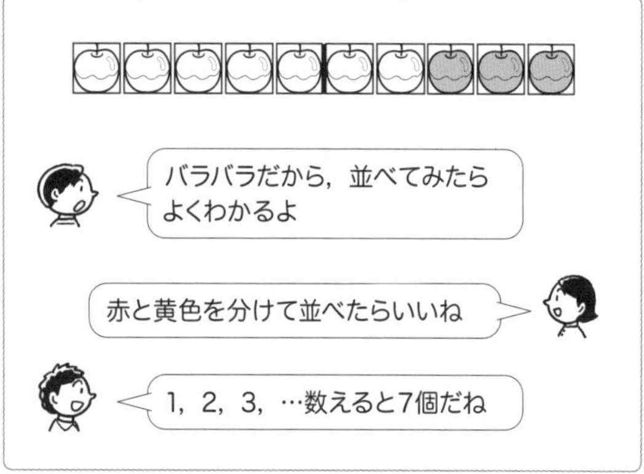

バラバラのカードを，赤と黄色に分けて 1 列に並べる。カードでも 5 のかたまりを意識させる。

2 どんな式になるか考えよう

T　(図を指しながら)全部で 10 個あって，赤は 3 個です。黄色の，こちらのリンゴは何個になるでしょうか。

T　「10 個から 3 個を取った残りが 7 個」で，式は 10 − 3 = 7 のひき算になります。

準備物

・算数ブロック（板書用・児童用）
QR ワークシート

ICT

10 −□の習熟を図るため，□に入る数が小さい順，大きい順，ランダムの3つのスライドを用意するとよい。

3

つかって いる えんぴつは なんぼん？

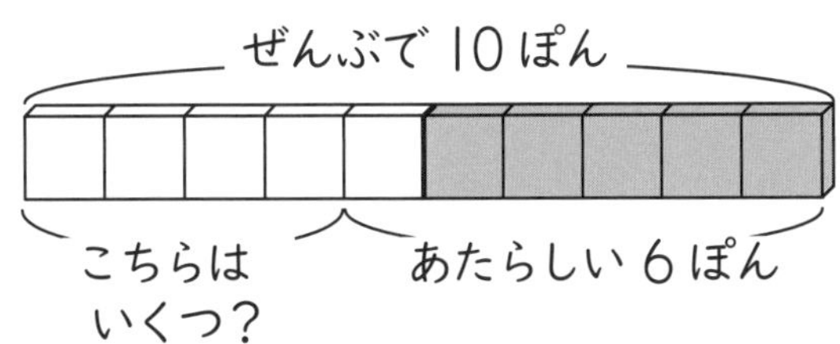

しき　10 − 6 = 4

こたえ　4 ほん

4

10 − □の れんしゅう

・10 − 2 = 8

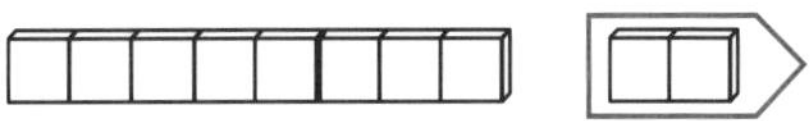

・10 − 5 = 5

3 「こちらはいくつ」の問題をしよう

T　鉛筆が 10 本あります。新しい鉛筆は 6 本です。使っている鉛筆は何本でしょう。

ブロックで場面を表す。5 のかたまりがわかるようにする。

T　ネコが 10 匹います。2 匹寝ています。起きているのは何匹ですか。

同じように，ブロックで場面を表し式を立てる。10 − 2 の答えはブロックで操作する。

4 「10 −□」の練習問題をしよう

「10 はいくつといくつ」を振り返り，ひき算へと結びつけて考える。「10 から 2 をひくと 8」と言葉に出しながら一つひとつ丁寧にブロック操作を行ってもよい。10 −□を確実に習熟しておくと，今後の繰り下がりのひき算などでもスムーズに計算できるようになる。

第 5 時

0のひき算

本時の目標　0を含む減法の場面や意味を理解し，その計算ができる。

板書例

のこりの きんぎょは なんびきかな

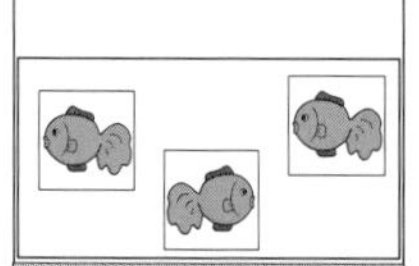

きんぎょが 3びき

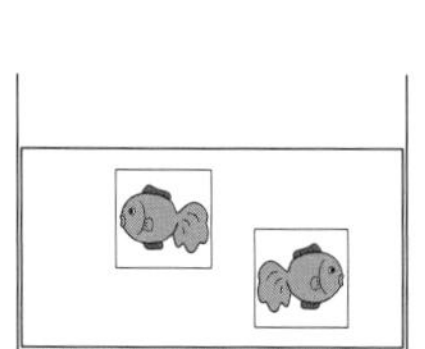

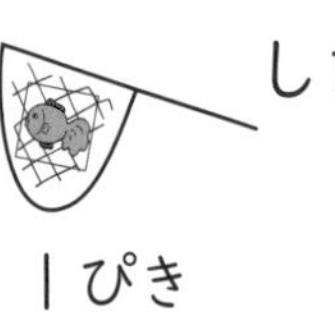

1ぴき
とる

しき

$3-1=2$

こたえ 2ひき

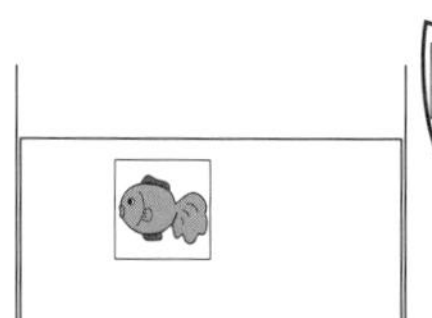

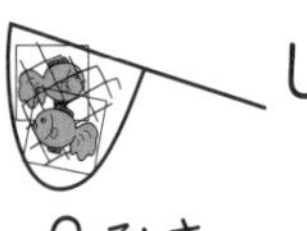

2ひき
とる

しき

$3-2=1$

こたえ 1ぴき

POINT　カードゲーム「0をつくろう」は，ひいて0や，0－0の場面を作り出せるので，0の理解や0を含む計算の習熟に有効です。

1　残りの金魚は何匹ですか

黒板に水槽をかき，金魚のカード３枚を貼る。

T　金魚が３匹います。１匹網ですくいました。残りは何匹ですか。式はどうなりますか。

C　３匹いて１匹減ったから，３－１です。

金魚カードを１枚水槽から移動させ，２匹になったことを確かめる。同じように，３匹から２匹取った場合も考える。

準備ができれば，金魚のおもちゃを使って，実演すると子どもたちも大いに盛り上がる。

2　3匹から3匹取ると残りは何匹かな

T　残りの金魚は何匹になりますか。

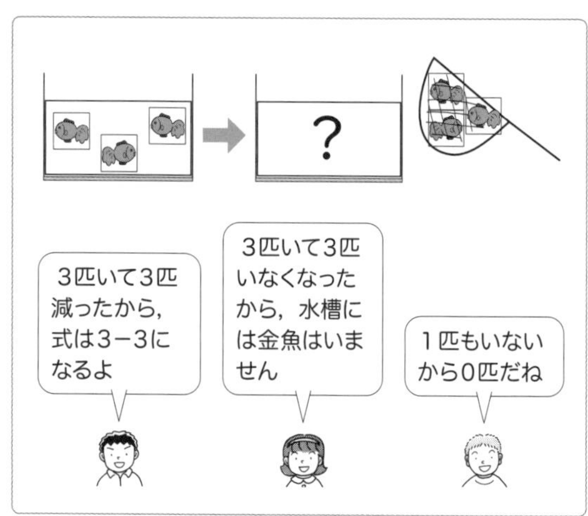

金魚カード３枚を移動させ，０匹になったことを見せる。

T　３－３＝０になります。

準備物
・数字カード　・算数ブロック
QR ワークシート

ICT
実生活に即して考えさせると理解しやすい。「0」とはどのような状態なのか。飴など，金魚以外を使った「0」になる状況を動画や画像で用意をしておくとよい。

2

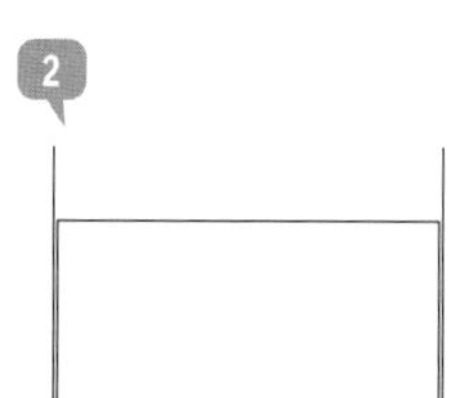

3びき
とる

しき

3 − 3 = 0

こたえ　0ひき

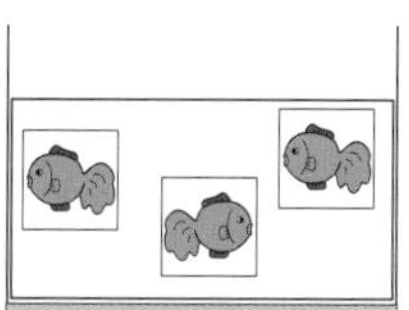

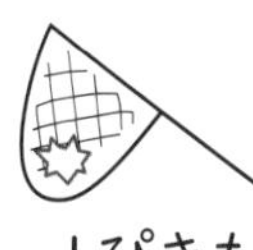

1ぴきも
とれない

しき

3 − 0 = 3

こたえ　3びき

3 金魚が1匹もとれなかったとき，残りは何匹かな

C　1匹も取れなかったら，金魚の数は変わらないね。3匹のままです。

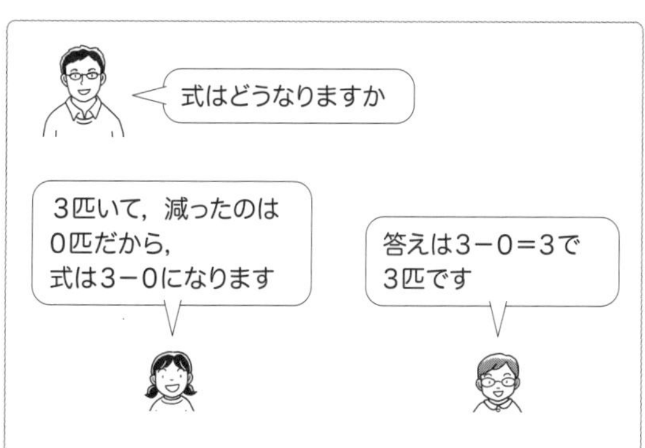

実際に子どもたちが体験している「□−0」になる場面を紹介できるとイメージしやすくなる。「金魚すくい」や「スーパーボールすくい」など，身近な素材で授業を進めたい。
ワークシート（「食べる」）も活用できる。

4 カードで「0」をつくろう

【準備物】
・0から5までの数字カード（2セット）
【やり方】2人1組
❶ カードを裏返しにしてバラバラに置く。
❷ 順番にカードを2枚選ぶ。
❸「大きい数−小さい数」で計算する。
❹ カードの交換は1回できる。
❺ 先に答えが0になった人が勝ちとなる。

答えは1だ

4 − 5

0 − 0

「0」と「0」が出たよ。0−0で答えは0だ！

第6時
ひき算の計算練習

本時の目標　ひき算カードを使って，ひき算の計算に習熟する。

板書例

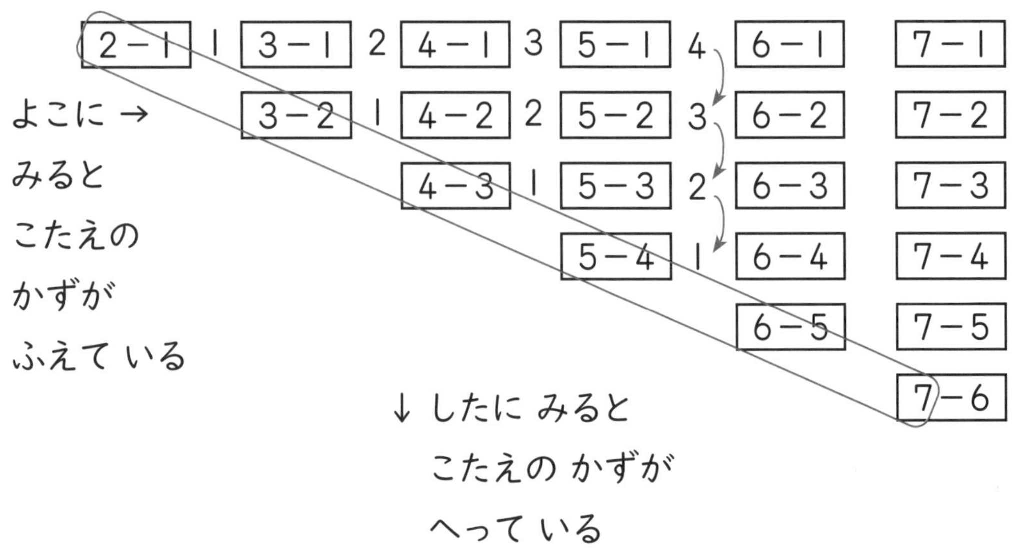

POINT　たし算カードやひき算カードを，単に暗唱するためだけに使うのではなく，友達どうしで計算を楽しめるようなゲーム感覚

1　ひき算カードを並べていこう

カードを「2 − 1」から「5 − 4」まで答えを児童に確かめながら順番に貼っていく。

T　カードが順番に並んでいます。並び方を見て，何か気づいたことはありますか。

続けて，残りのカードも貼る。

2　並べだひき算カードからきまりを見つけよう

T　10 −□のカードまで全部並びました。

T　答えが 1 になるカードはどれでしょう。

C　どれもいちばん下のカードの答えが 1 です。

C　斜めに並んでいるよ。

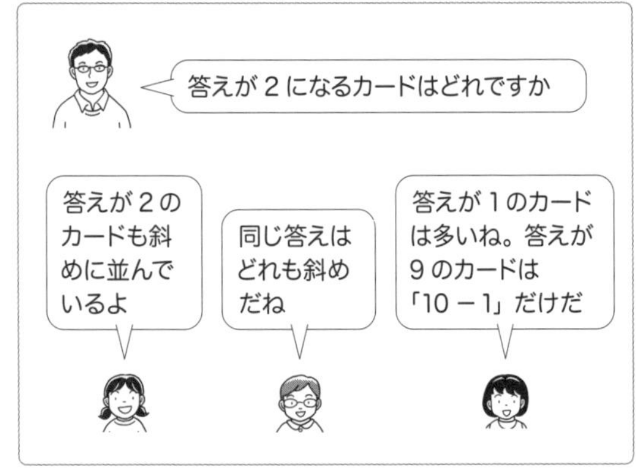

T　いろいろなことが見つかりましたね。

準備物
・ひき算カード（板書用・ゲーム用）
・数字カード（ゲーム用）

ICT
ひき算カードを並べた図を配信しておくと，気づいたことや見つけたきまりを書き込むことができ，理解を深めやすくなる。

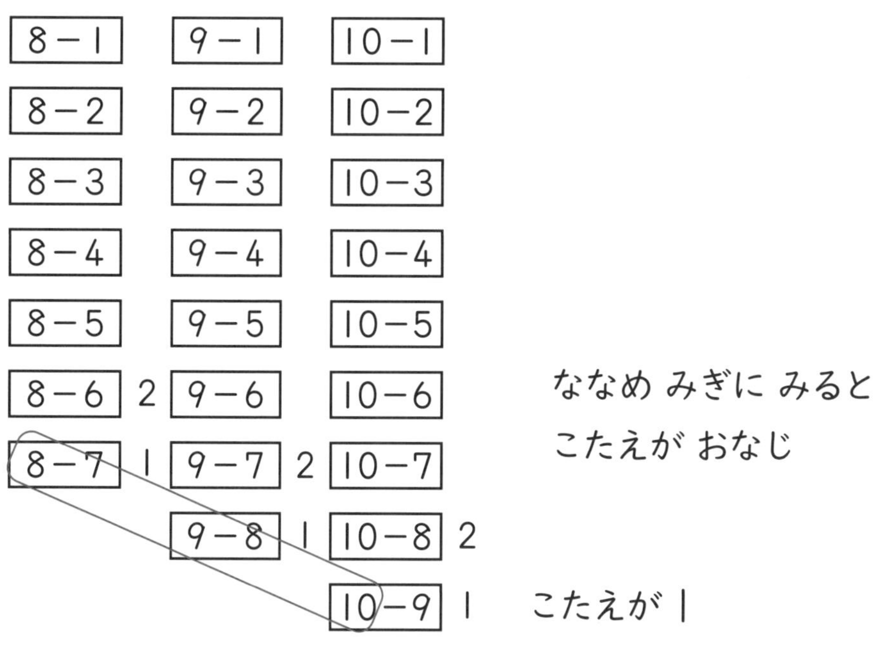

での練習にも使うとよいでしょう。

3 ひき算カードを使って計算練習しよう❶ ～神経衰弱❶～

【準備物】ひき算カード（各班）

【やり方】

❶ ひき算カードの式が書かれた方を表にしてバラバラに机に置く。
❷ カードを２枚めくる。（１人ずつ順番に行う）
❸ 答えが同じであれば，カードをもらえる。
❹ 続けてできるのは２回までとする。
❺ 取ったカードが多い人が勝ちとなる。

※ 答えが１，３，５，７，９のカードは奇数枚になるため，それぞれ１枚ずつ追加しておく。）

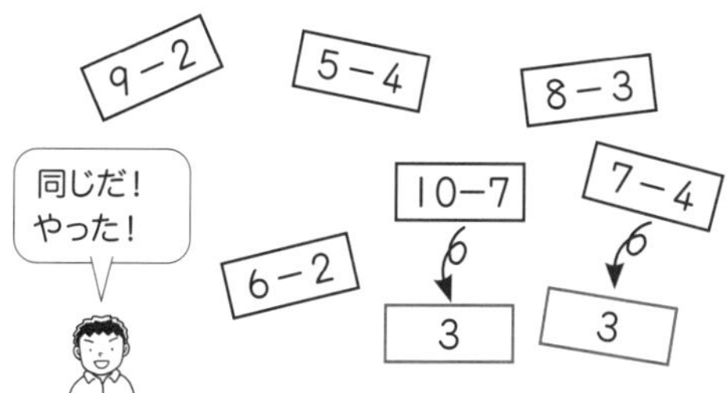

4 ひき算カードを使って計算練習しよう❷ ～神経衰弱❷～

【準備物】ひき算カードと数字カード（各班）

【やり方】

❶ ひき算カードの式が書かれた方と，数字カードの白紙の方を表にしてバラバラに机に置く。
❷ カードをそれぞれ１枚ずつめくる。
❸ 答えが同じであれば，カードをもらえる。
違う場合は，次の人に交代する。
❹ 取ったカードが多い人が勝ちとなる。

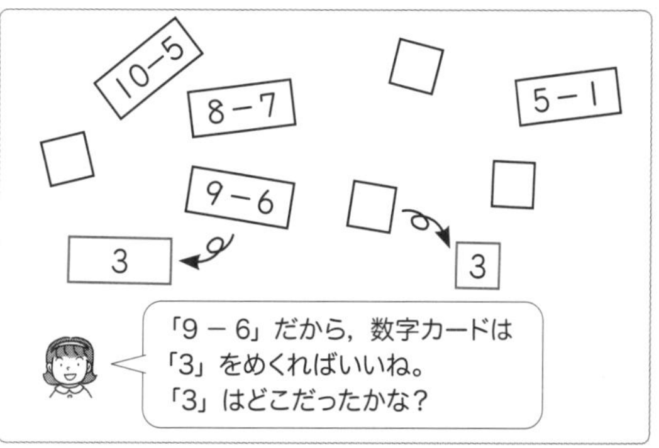

第7時 ひき算の場面（求差）

本時の目標　求差の場面も減法の式を適用できることを理解し，立式することができる。

板書例

とらねこは しろくろねこより なんびき おおいかな

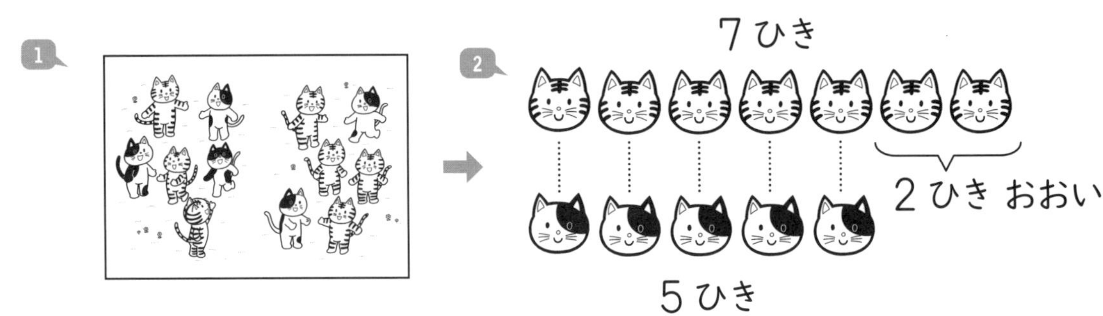

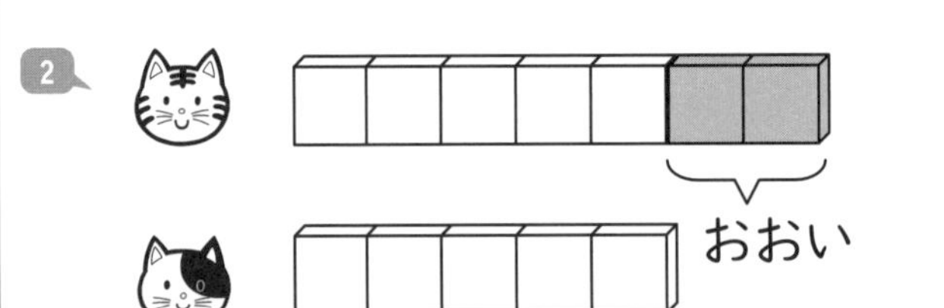

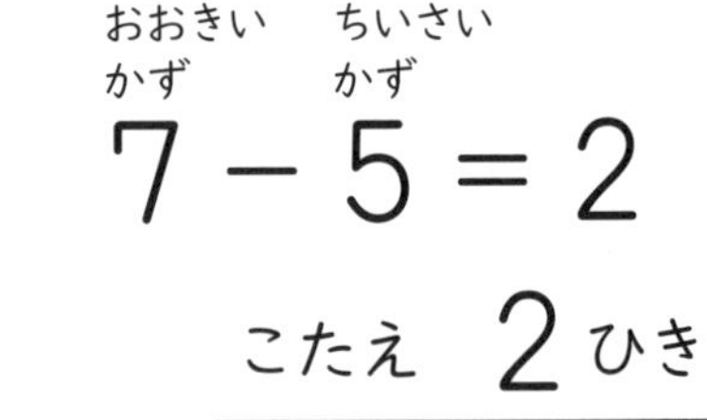

POINT　２つの数量をわかりやすく比べる方法を子どもたちが考えます。１対１対応をして２つの量の違いを出し，「大きい数ー

1 ネコのお話を聞いて考えよう

QR 紙芝居「どちらがおおい」を３枚目まで読む。

T　トラネコは白黒ネコより何匹多いですか。

T　何匹多いかがパッと見てわかるようにするにはどうしたらいいでしょう。

C　バラバラだから１列に並んだらどうかな。

2 並べて数を比べてみよう

黒板にネコの絵カードを並べる。

C　上と下にきれいに並べたらもっとよくわかるね。

C　線でつないだら，トラネコが２匹多いことがすぐにわかるよ。

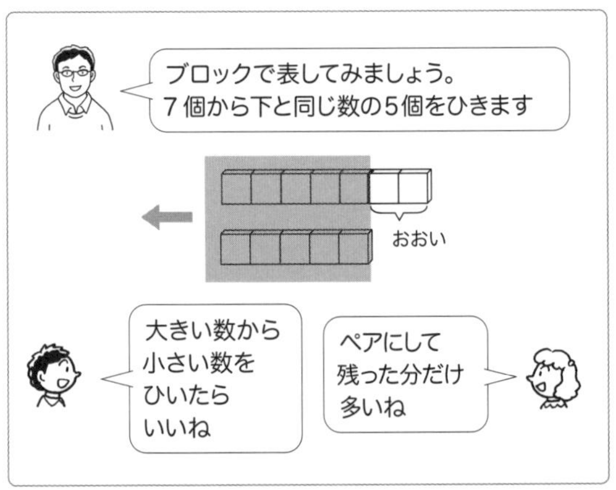

準備物	・算数ブロック（板書用・児童用） QR 紙芝居「どちらがおおい」 QR ワークシート

ICT	求差の状態は，なかなか理解が難しい。具体的な状況を事前に画像や動画で撮影をしておき，全体や個人で配信しながら説明すると理解しやすい。

4

りんごは みかんより なんこ おおいかな

りんご　9こ
みかん　4こ

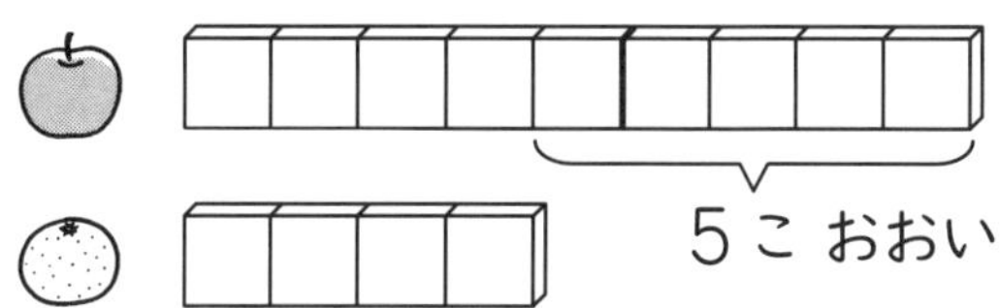

しき　9－4＝5

こたえ　5こ

小さい数」のひき算で求められることをブロックを使って見つけます。

3 違いを求める場面を式に表してみよう

T　ブロックを動かしたことを式に表すとどうなるでしょう。

違いを求める場合もひき算を使うことをまとめる。
お話の続きを読む。

前時までに学習した「求算」「求補」とは異なる問題であることが，ブロック操作でも理解できるようにする。

4 リンゴはみかんより何個多いか調べよう

T　リンゴとみかんはそれぞれ何個ありますか。
C　リンゴは9個で，みかんは4個です。
T　ブロックを使って違いを調べましょう。

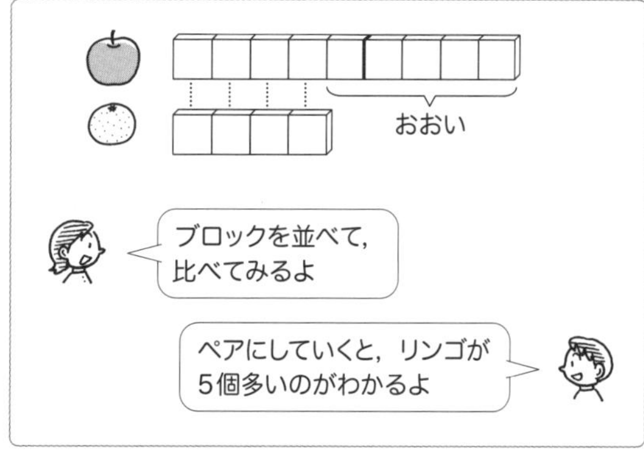

T　式に表しましょう。
C　大きい数から小さい数をひいて，9－4＝5になります。

ワークシートを活用する。

第 8 時

ひき算の場面（求差）の理解と立式

本時の目標　求差の場面も減法の式を適用できることを理解し，２量の大きさを比べ，立式することができる。

板書例

どちらが なんびき おおい

1

2

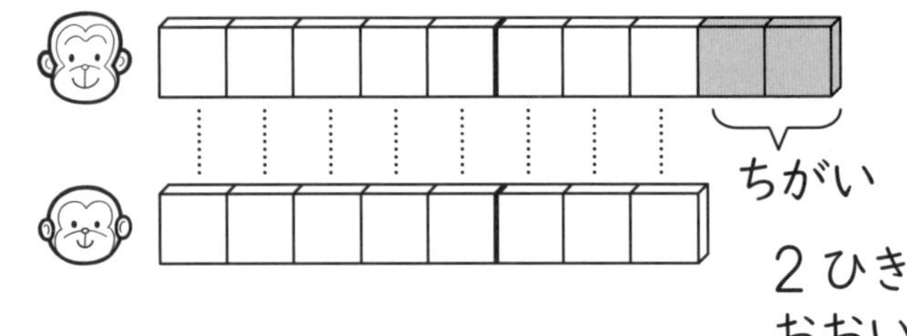

おやざる　10 ぴき
こざる　8 ひき

しき　10 − 8 = 2

こたえ　おやざる　が　2　ひき　おおい。

POINT　前時の学習から，ブロックを使って１対１対応で考えます。そして，違いを求めるには，大きい数から小さい数をひくこと

1 どちらが何匹多いか算数ブロックを使って調べよう

ワークシートを活用する。黒板に絵を貼る。

T　親ザルが 10 匹，子どものサルが 8 匹います。どちらが何匹多いでしょう。

C　サルがたくさんいてよくわからないね。10 匹だから，親ザルの方が多いのはわかるよ。

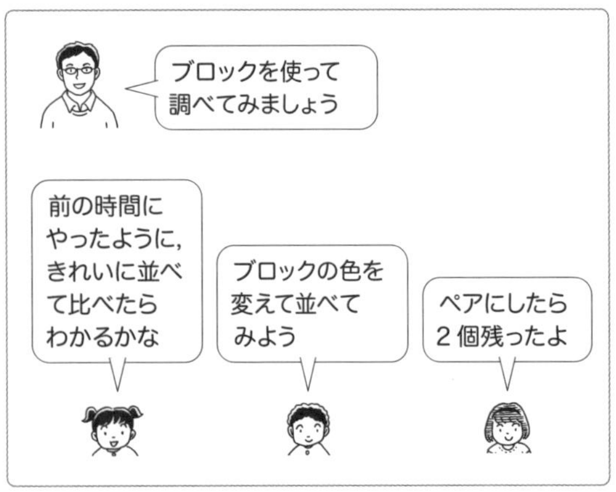

2 算数ブロックを使って確かめよう

黒板に算数ブロックを２列並べて，全体で確認する。
絵カードを操作してもよい。

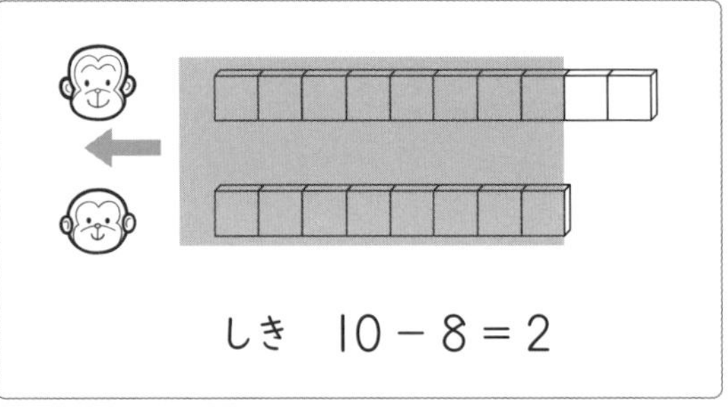

答えを確認した後，立式する。
「どちらが何匹多いか」という問いに対する答え方にも注意する。

C　答えは，親ザル が 2 ひき多いです。

準備物	・算数ブロック（板書用・児童用） QR 板書用イラスト QR ワークシート	ICT	「どちらがおおい」を考える状況は，どのような状況なのか。実際の生活に即して考え，理解させたい。日常のどちらが多い様子をタブレットに集めて活用してもよい。

3 りんごが 8こ あります。

みかんが 9こ あります。

どちらが なんこ おおいですか。

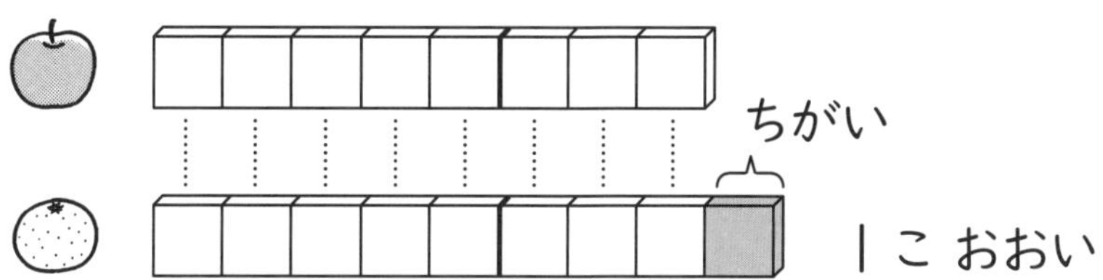

しき 9 − 8 ＝ 1 （おおきい かず − ちいさい かず）

こたえ みかん が 1 こ おおい。

を確かめます。

3 りんごとみかんの数を比べよう

T　りんごが８個，みかんが９個あります。どちらが何個多いでしょう。

問題文に出てくる数の順番で式を立ててしまう子どもも多いので注意する。

T 「どちらが多い」という問題のとき，大きい数から小さい数をひくと答えがわかります。

4 違いのひき算で大切なことをまとめよう

T　赤い花が３本咲いています。白い花が７本咲いています。どちらが何本多いですか。

算数ブロックを使って答えを確かめる。

第 **9** 時

ひき算のお話作り

本時の目標　減法場面をことばで表現し，理解を深める。

板書例

ひきざんの おはなしづくりを しよう

1

2

7－3 の　おはなし

7つ あるもの

・ふうせん　　・とり

・☆の こっぷ　　・でんしゃ

・ぼうとの こども

・すわって いる こども

3つ あるもの

・♪の こっぷ　　・くるま

・おとな

POINT　提示した絵を使ってお話を作り，計算場面のイメージを確かなものにします。

1 絵を見て，ひき算の問題を作ろう

黒板に絵を貼り，絵を見て，何があるか，何をしている場面かをみんなで話す。

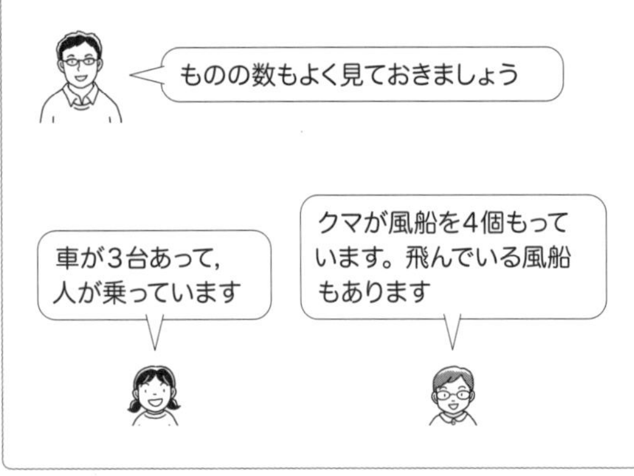

C　椅子に座ってみんなが何か飲んでいます。コップが 10 個あります。

いろいろな発言を認め，楽しく授業を始めて問題作りに繋げていく。

2 7－3の式になる「のこりはいくつ」のお話を作ろう

C　7 － 3 だから，7 個あるものを見つけたらいいね。

絵の中から7つあるものを見つけて，黒板に提示する。「風船」「電車の子ども」「鳥」「ボートの子ども」「☆のコップ」「椅子に座っている子ども」

T　「残りは何□でしょう」という問題にしましょう。

難しい場合は，定型文を提示する。

C　残りだから，7 個から 3 個なくなる問題だね。

鳥が7羽木にいます。3羽飛んでいきました。残りは何羽ですか

アヒルのボートに7人乗っていました。3人降りました。残りは何人ですか

準備物
・算数ブロック（板書用・児童用）
QR 板書用イラスト
QR ワークシート

ICT
ワークシートを配信し，児童が作成した問題を全体共有すると，ひき算の反復練習ができて習熟を図ることができる。

2 <のこりは いくつ>

「のこりは なん(こ)でしょう」

はとが 7 わ います。
3 わ とんで いきました。
のこりは なんわでしょう。

3 <ちがいは いくつ>

「どちらが おおいでしょう」

でんしゃ が 7 だい あります。
くるま は 3 だい あります。
どちらが なんだい おおいでしょう。

※児童が作った問題を板書する。

3 7－3の式になる「ちがいはいくつ」のお話を作ろう

T 違いを尋ねる問題は，2つのものを比べましたね。「どちらが多いですか」という問題にしましょう。

難しい場合は，定型文を提示する。

求差の問題は難しいので，ペア学習にしてもよい。

4 作ったお話（問題）を発表しよう

児童が作ったお話を紹介し合う。

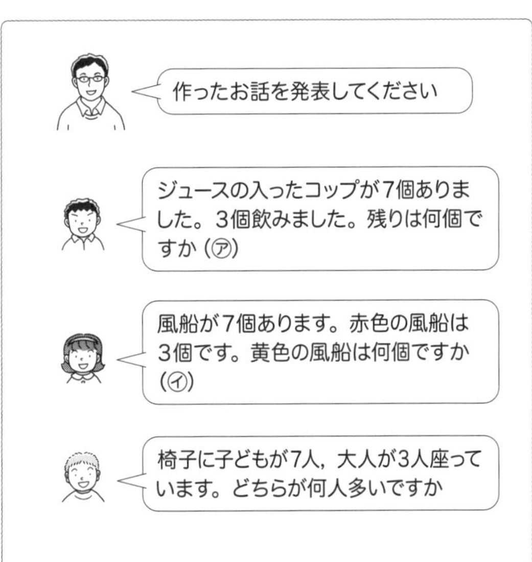

㋐や㋑のように，絵からはわからない場面のお話でもよい。また，㋑の求補の場面でもよしとする。

第10時 ひき算絵本作り

本時の目標　減法の場面を文と絵で表現して理解を深める。

板書例

ひきざん えほんを つくろう

のこりは いくつ

7－5の
えほん

のこりは いくつ

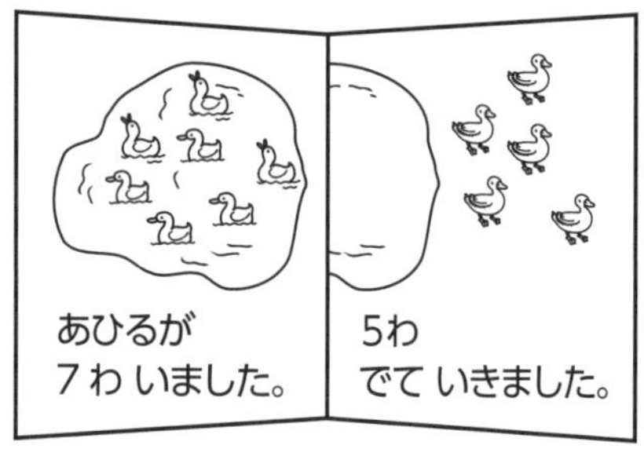

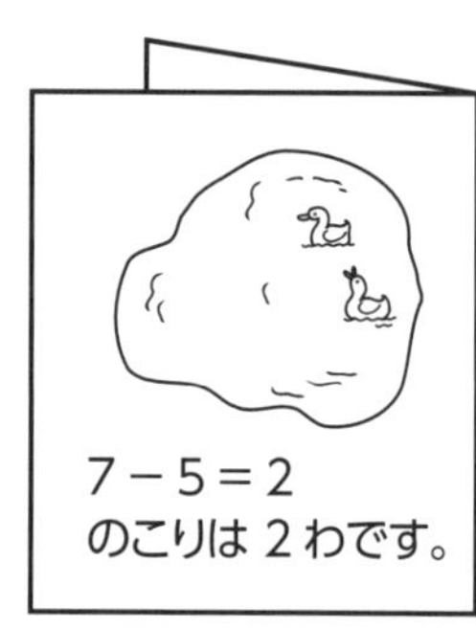

① ひょうし　②　③　④

POINT 絵本作りで，ひき算の意味理解をよりはっきりさせることができます。

1 ひき算の絵本を作ろう

2 種類の絵本作りをする。絵本作りシートを活用する。
「求残」「求差」2 種類の見本を準備しておく。

T　先生が作った絵本を紹介します。

池にアヒルが7羽いました。5羽出ていきました。(②，③を読む)
…残りは何羽になるでしょう

7−5=2で2羽です

そうです，(④をひらく) 7−5＝2
残りは2羽になりました。この問題は，
「のこりはいくつ」の問題ですね
(表紙を見せる)

同じく，「求差」の絵本も紹介する。

T　まずは,「のこりはいくつ」の絵本をみんなも作ってみましょう。

2 「のこりはいくつ」の絵本を作ろう

見本を例に，絵本作りの説明をする。

❶「のこりはいくつ」のお話を書き，3つの場面に分ける。

❷ 3つの場面に分けて，お話の絵を大きくかく。
文章も書いておくとわかりやすい。
色鉛筆などで色を塗る。

❸ 表紙をかく。

製作の時間をたっぷりとる。児童の作品を見てまわり，助言をする。

準備物
・色鉛筆など
QR 絵本作りシート

ICT
児童が作った「ひき算絵本」を全員で共有できるようにタブレットに保存する。文章問題としても利用できる。

ちがいは いくつ

5－2の
えほん
ちがいは いくつ

しろい はなが
5ほん さいて
います。

あかい はなが
2ほん さいて
います。

5－2＝3
しろい はなが
3ぼん おおい。

① ひょうし ② ③ ④

つくった えほんを はっぴょうしよう

3 「ちがいはいくつ」の絵本を作ろう

見本を例に，「ちがいはいくつ」の絵本作りの説明をする。(「のこりはいくつ」と同様)

どんなお話にしたの？

昨日イチゴを食べたから，イチゴを食べたお話にしたよ

「求残」「求差」どちらの問題から始めてもよい。どちらか１つできたら，もう１つの製作に挑戦する。

友達と相談し合ったり，友達の作品を参考にしたりして，進めていく。

4 作った絵本を発表しよう

作った絵本を，まずは班で紹介し合う。次に，投影機などを使い，全体での発表会もする。できるだけたくさんの児童が発表できるようにする。

発表します。イチゴが6個あります。3個食べました。(少し時間を空ける) 残りは3個です

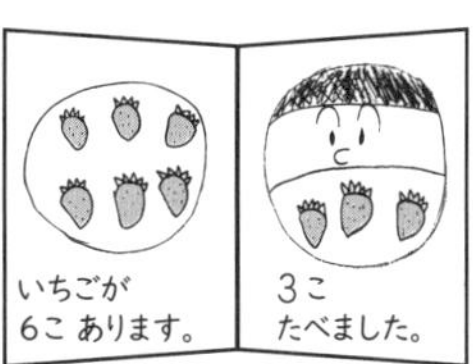

○○さんが作ってくれたお話は，「のこりはいくつ」「ちがいはいくつ」どちらのお話でしたか

児童の作品は，教室に展示するなどして，全員の作品が見れるようにしておく。

第1時　ワークシート

なまえ

1　のこりの　とまとは　なんこですか。

2　のこりの　くるまは　なんだいですか。

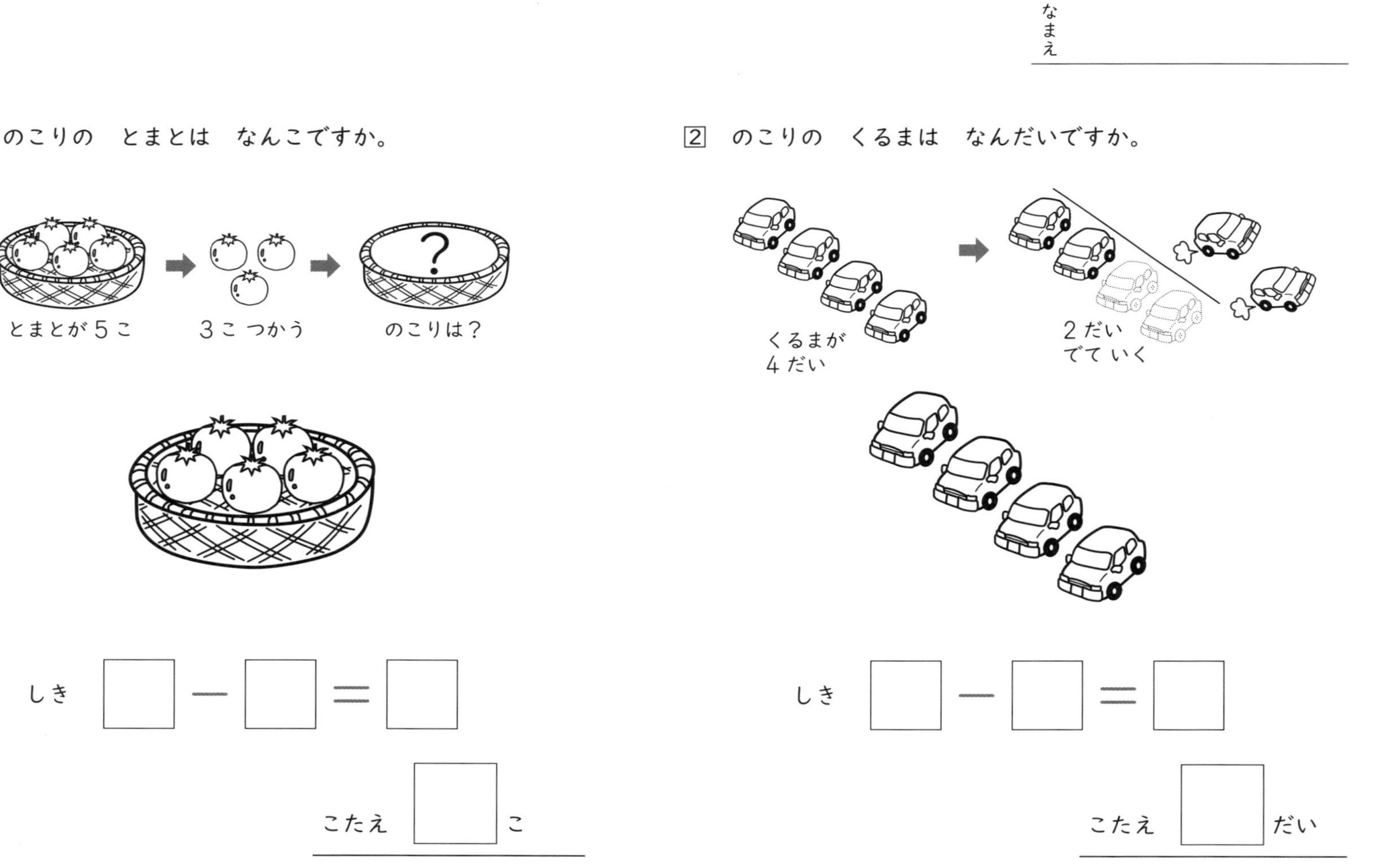

第3時　ワークシート

なまえ

● のこりは　なんこですか。

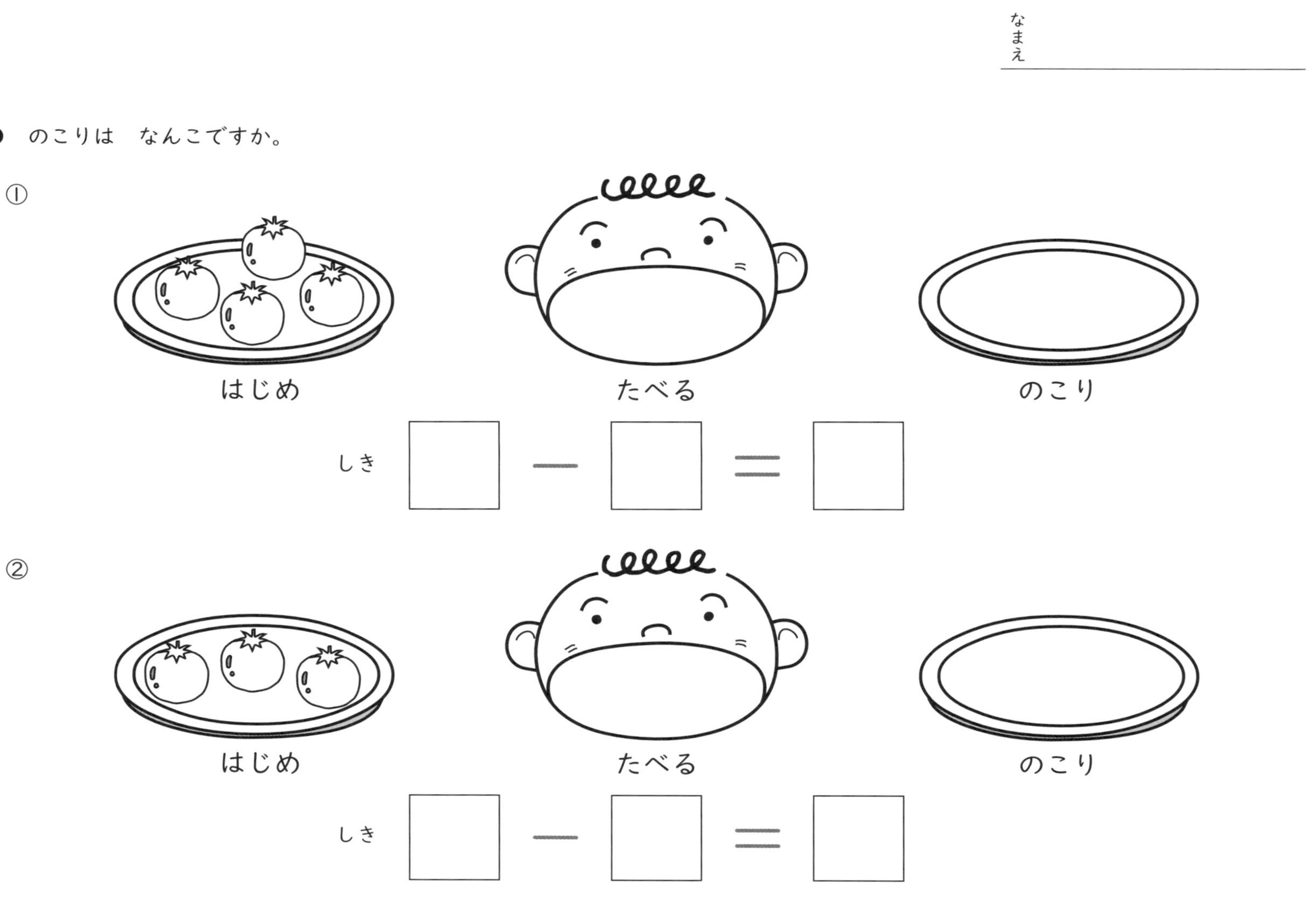

第7時　ワークシート

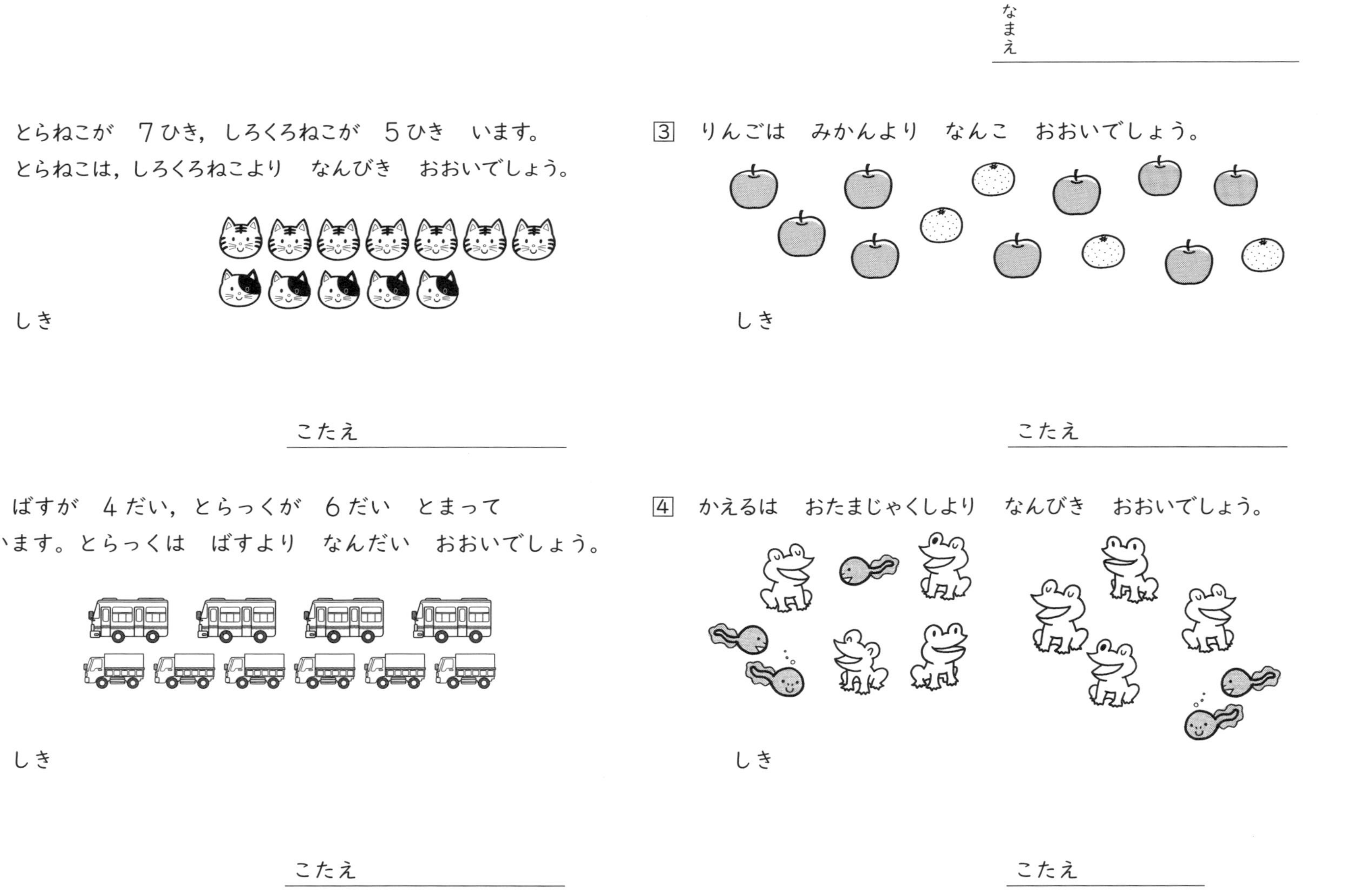

なまえ

1　とらねこが　7ひき，しろくろねこが　5ひき　います。
とらねこは，しろくろねこより　なんびき　おおいでしょう。

しき

こたえ

2　ばすが　4だい，とらっくが　6だい　とまって
います。とらっくは　ばすより　なんだい　おおいでしょう。

しき

こたえ

3　りんごは　みかんより　なんこ　おおいでしょう。

しき

こたえ

4　かえるは　おたまじゃくしより　なんびき　おおいでしょう。

しき

こたえ

第9時　ワークシート

なまえ

① えを　みて，7－3になる「のこりは　いくつ」の
おはなしを　つくりましょう。

② えを　みて，7－3になる「ちがいは　いくつ」の
おはなしを　つくりましょう。

かずしらべ

全授業時数２時間

◎ 学習にあたって ◎

<この単元で大切にしたいこと>

１年生にとって，目的に沿ってデータを集める活動は初めての経験です。集めたデータを分類整理することのよさを実感できるように，学習過程を工夫する必要があります。ただ単に数を分類するだけでなく，色分けしたり，表の縁取りをしたりといった，表を見やすくする工夫にもふれます。

<数学的見方考え方と操作活動>

統計学習の始まりとなる単元です。わずか２時間の学習ですが，データを整理して，分かりやすく並べたり，色を使って強調したりという，ビジュアル面での工夫をすることが，その後の統計学習の基本的な体験となります。また，表を完成した後に，表から読み取れることを発表することも大切な学習内容です。

<個別最適な学び・協働的な学びのために>

データを表に表したり，表から読み取ったりする活動は初めての学習内容です。ペアやグループ学習の形態で学習し，友達どうしで教え合ったり，評価し合ったりする場面を作るようにしてもよいでしょう。

板書用絵カード，
数字カード，お金カード
〔全単元共通〕

◎ 評　価 ◎

知識および技能	ものの個数を集合別に数えて整理したり，個数の多少を比べたりするなどの特徴を読み取ることができる。 ものの個数を集合別に数えて整理して表すと個数の多少が分かりやすくなることを理解する。
思考力，判断力，表現力等	個数の多少が分かりやすくなるように，大きさを揃えたり端を揃えて並べたりするなど，表し方を工夫することができる。
主体的に学習に取り組む態度	ものの個数を絵や図などを用いて表したり読み取ったりすることに親しみをもち，よさに気づいている。

◎ 指導計画　2 時間 ◎

時	題	目標
1	データの整理	ものの個数を種類ごとに整理して，簡単な絵や図に表すことができる。
2	データの読み取り	データを整理したり，それらの特徴を読み取ったりすることができる。

第1時
データの整理

本時の目標　ものの個数を種類ごとに整理して，簡単な絵や図に表すことができる。

板書例

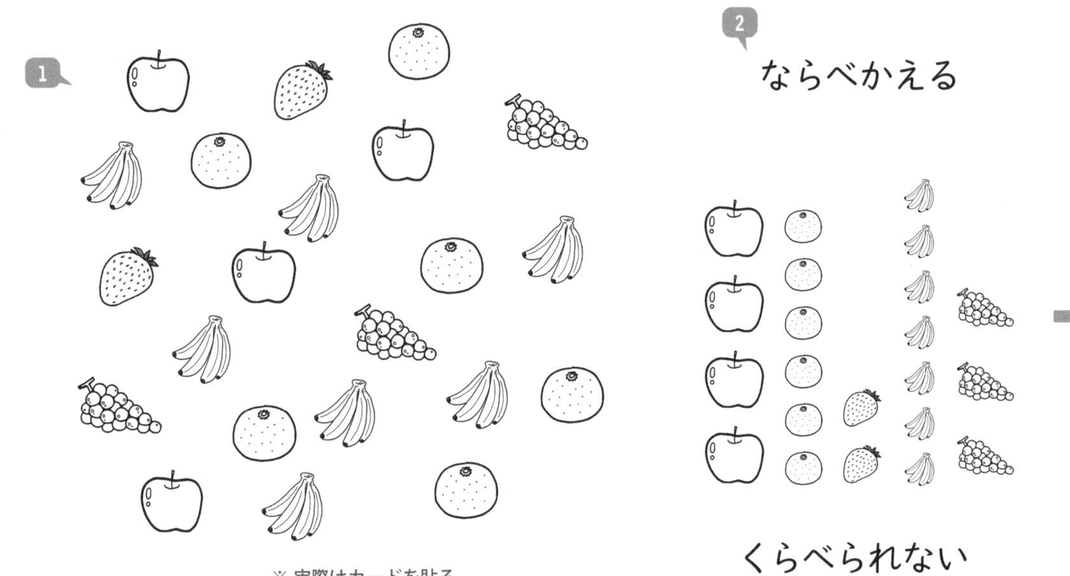

POINT　バラバラになっているものをきれいに揃えて並べることで，数の大きさが一目でわかることに気づけるようにします。

1 数をわかりやすくするにはどうしたらいいかな

黒板に果物の絵カードをバラバラに貼る。（種類によってカードの大きさを変えておく）

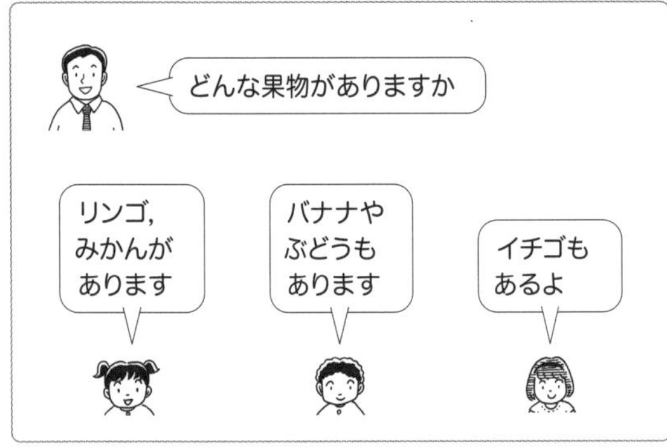

T　この中で，いちばん多い果物はどれですか。
C　バラバラに置いてあるからわかりづらいね。
C　1つずつ数えないとわからないよ。
T　何がいちばん多いか，パッと見てわかるようにするにはどうしたらいいでしょう。

2 カードを並べ替えてみよう

C　カードがバラバラなので，並べたらいいと思います。
C　リンゴはリンゴ，みかんはみかんで分けたらいいね。

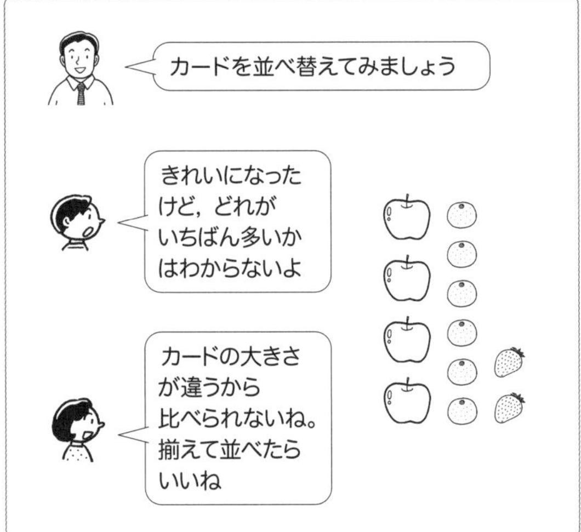

準備物

・色鉛筆など
QR ワークシート

ICT

果物のカードが黒板のみの提示では，作業が難しい児童もいる。ぜひ，タブレットでシートにして，黒板と同じものを児童のタブレットに配信しておきたい。

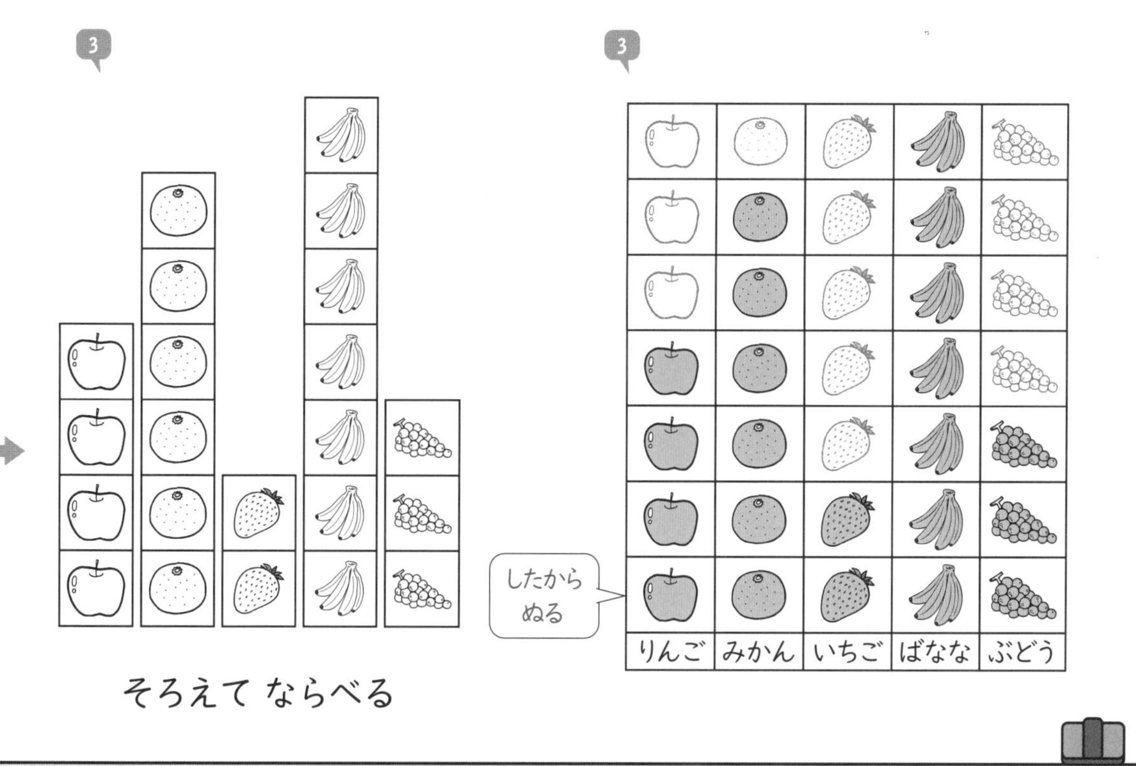

果物の色を変えて塗ることで，表が見やすく結果を整理しやすくなります。

3 果物の数を図に表してみよう

T　同じ大きさのカードを並べました。

C　これなら，何がいちばん多いか，少ないかがすぐにわかるね。

C　揃っているから高さでわかるよ。

T　バラバラのものを，きれいに整理すると数がすぐにわかりますね。

ワークシートを使って，果物の絵に数の分だけ色を塗る。

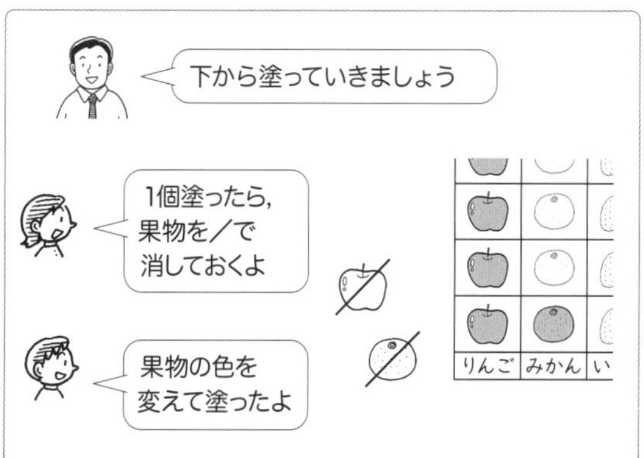

4 色を塗って数を整理しよう

ワークシートの練習問題をする。

T　それぞれのものの数を図に整理しましょう。

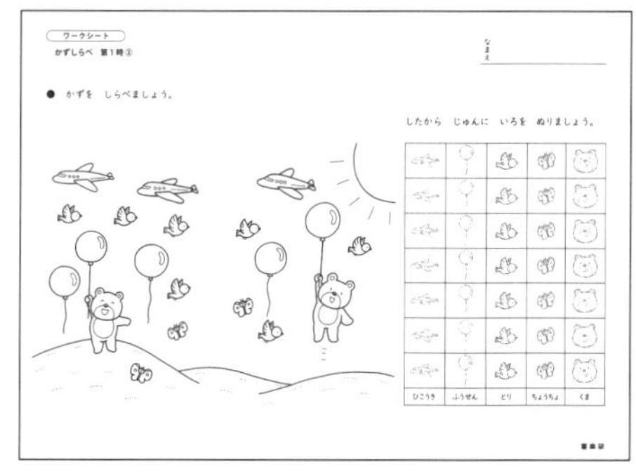

C　色を塗ったら，鳥がいちばん多いのがすぐにわかるね。

本単元は，３年で学習する「ぼうグラフ」の下地になる。ものの個数を種類ごとに整理し，図に表すことで，数の大きさを比べられることのよさに触れさせておきたい。

第2時

データの読み取り

本時の目標　データを整理したり，それらの特徴を読み取ったりすることができる。

板書例

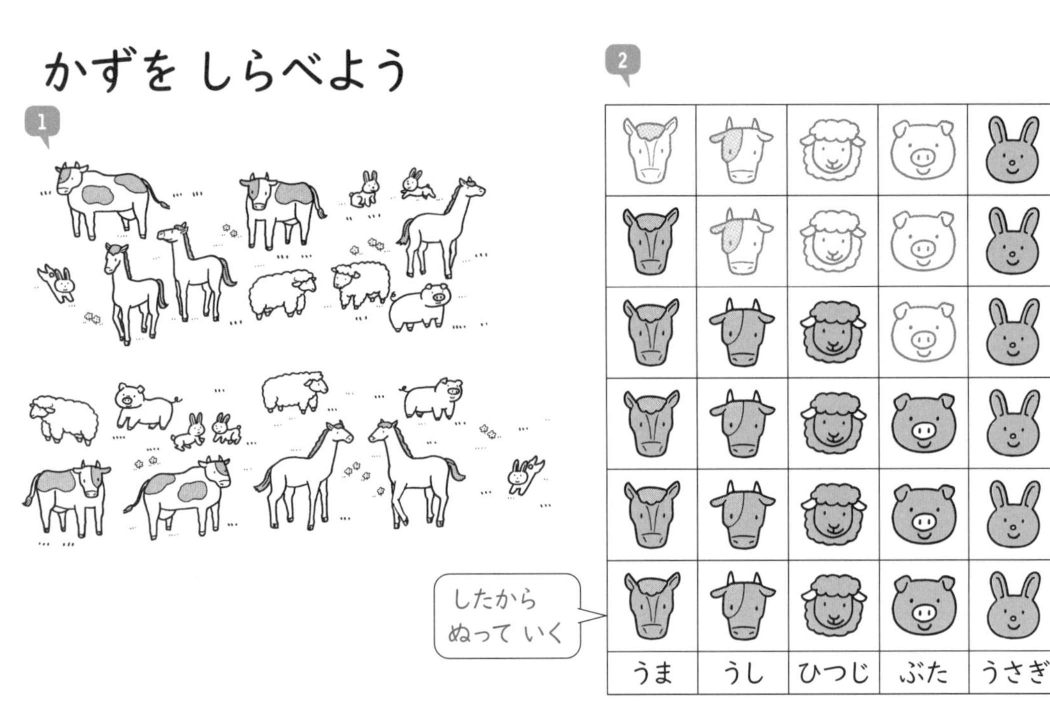

POINT 動物の数だけ色塗りをする際に，漏れがないように，塗った動物を斜線で消すなどしておくようにします。

1 数をわかりやすくするにはどうしたらいいかな

ワークシートを活用する。動物の絵を提示する。

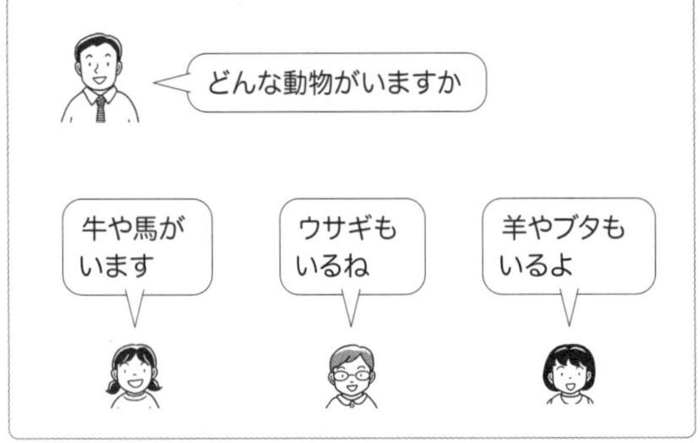

T　この中で，いちばん多い動物はどれですか。

C　このままではわかりづらいから，整理したらいいね。

C　動物ごとに並べて比べたよ。

C　きちんと揃えないと比べられなかったね。

2 動物の数を図に表してみよう

T　動物の数だけ絵に色を塗りましょう。

C　動物で色を変えて塗っておくと，わかりやすいよ。

C　これで，一目でどの動物が多いかわかるね。

準備物	・色鉛筆など QR ワークシート

ICT	表にする時に，簡単にタブレットで色を塗る活動から少しずつ始めたい。完璧でなくて良いので，「塗る」などの簡単な活動からタブレット操作に慣れさせたい。

3

① いちばん かずが おおい どうぶつ　(うさぎ)

② いちばん かずが すくない どうぶつ　(ぶた)

③ おなじ かずの どうぶつ　(うし) と (ひつじ)

④ うまと ぶたの かずの ちがい　(2)

3 図からいろいろなことを読み取ろう

整理した図を提示する。

下のような問題を出して答えられるようにする。一問一答になりがちなため，ゆっくりと進めていく。

① いちばん数が多い動物はどれですか。
② いちばん数が少ない動物はどれですか。
③ 同じ数の動物はどれとどれですか。
④ 馬とブタの数のちがいはいくつですか。

4 数を整理しよう 図からいろいろなことを読み取ろう

ワークシートの練習問題をする。

T　それぞれのものの数を図に整理しましょう。

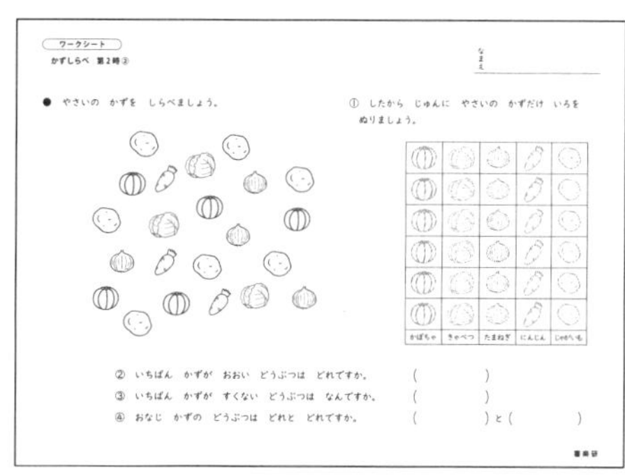

問いを通じて，図に整理することで，数の大小を読み取ることができることを感じ取らせたい。

10よりおおきいかず

全授業時数 8 時間

◎ 学習にあたって ◎

<この単元で大切にしたいこと>

子どもたちの多くは 10 以上の数を読めたり書いたりできます。でもそれは原理が分かってのことではなく，数え方や書き方を覚えているに過ぎないことが多いようです。そういったあやふやな 10 以上の数の概念を算数ブロック操作と位取り原理を通して正確な数概念を身につけさせることが最も大切な学習内容です。

<数学的見方考え方と操作活動>

教科書では 10 より大きく 20 までの数を，10 といくつとして理解して読みこなせることが目標となります。しかし，なぜ「じゅうさん」は 1 と 3 を並べて 13 なのか？どうして 103 と書いてはいけないのかといった疑問は解決されません。10 以上の数を指導するには，どうしても記数法の仕組みに触れる必要があります。ここでは早い段階から算数ブロックを使って数を確認し 10 のかたまりを十の位に，10 に満たない数を一の位に置く事で，記数法の原理を教えるようにしています。また，繰り上がり繰り下がり計算に入る前段として，14 ＋ 3 や 15 － 3 のような計算も指導する必要があります。

<個別最適な学び・協働的な学びのために>

この単元では 10 を超える個数を数え，位に応じて分類して読みこなす一連の作業が中心になります。こういった一連の作業を通して，子どもたちは新しい数の世界を獲得します。そういった内容に習熟するにはゲーム化したり，クイズ化したりして友達と楽しむ要素が必要です。本プランではいくつかのクイズやゲームを用意して楽しく学習が進められるように配慮しています。

板書用絵カード，
数字カード，お金カード
〔全単元共通〕

◎ 評　価 ◎

知識および技能	20までの数を数えたり，読んだり書いたりすることができ，20までの繰り上がり・繰り下がりのない加減計算ができる。20までの数の数え方や読み方，書き方，構成，大小等を理解し，加減計算の仕方を理解している。
思考力，判断力，表現力等	20までの数を10といくつに分けられることを知り，10といくつなのかに分けて数えている。
主体的に学習に取り組む態度	10をひとまとまりにすると数えやすいことに気づき，ものの個数を数えようとしている。

◎ 指導計画　8時間 ◎

時	題	目　標
1	10を超える数	10を超える数を「10のまとまりといくつ」で表し，数字の読み書きができる。
2	20までの数の読み書き ①	20までの数について，「10といくつ」で表し，数字の読み書きができる。
3	20までの数の読み書き ②	20までの数について，工夫した数え方を知る。10ずつまとめることのよさを確かめる。
4	20までの数の構成	20までの数の構成を深める。
5・6	数直線	数直線で数が表せることを知り，20までの数の数系列を理解する。20までの数の大小比較ができる。
7	十＋1位数 十何－1位数＝10	「10といくつ」の数のとらえ方から，計算の仕方を考える。
8	（十何）±（1位数）	「10といくつ」の数のとらえ方から，計算の仕方を考える。
やってみよう	じゃんけんすごろくをしよう	すごろくゲームを通して，20までの数の数系列に親しむ。

第 1 時
10 を超える数

本時の目標　10 を超える数を「10 のまとまりといくつ」で表し，数字の読み書きができる。

板書例

ねこと いぬは なんびき いるかな

1

2

ねこ　10 ぴき　3 びき

いぬ　10 ぴき　8 ひき

※ 絵カードまたはブロックを並べる。

POINT　ネコと犬のカードを，わかりやすく「10 といくつ」に並べ替えます。10 のまとまりを作ることを，「変身」という言葉で

1 ネコと犬はそれぞれ何匹いるかな

ネコと犬の絵カードをバラバラに提示する。

T　どうしたら，間違えずに数を調べられるでしょう。

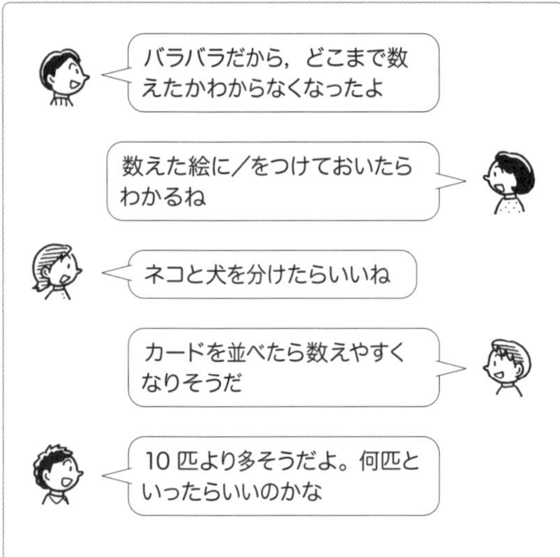

ワークシートも活用する。

2 ネコと犬のカードを並べてみよう

T　ネコと犬をそれぞれ並べてみましょう。どうやって並べたら数えやすくなるでしょう。

児童は，ワークシートの絵の上に算数ブロックを置き，そのブロックを並べる。

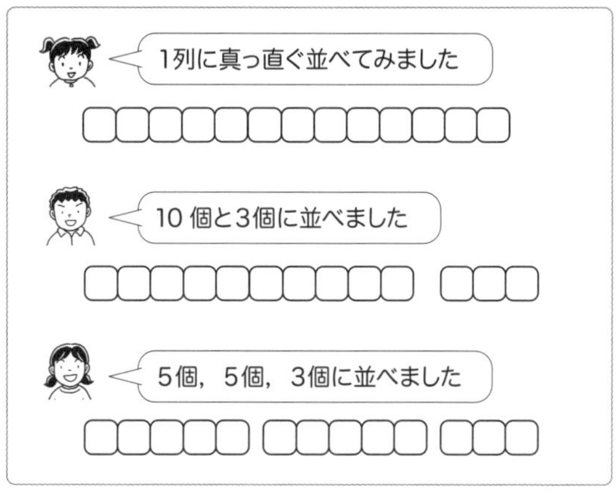

T　ネコは「10 匹と 3 匹」，犬は「10 匹と 8 匹」になりましたね。

準備物	・算数ブロック（板書用・児童用） QR ワークシート QR 動画「紙芝居 10 の不思議」	ICT	10 を超えると理解が難しい児童が増える。ネコや犬のイラストで良いので，10 を超えた数のイラストや写真を用意し，まずは，それを数えさせることから始めたい。

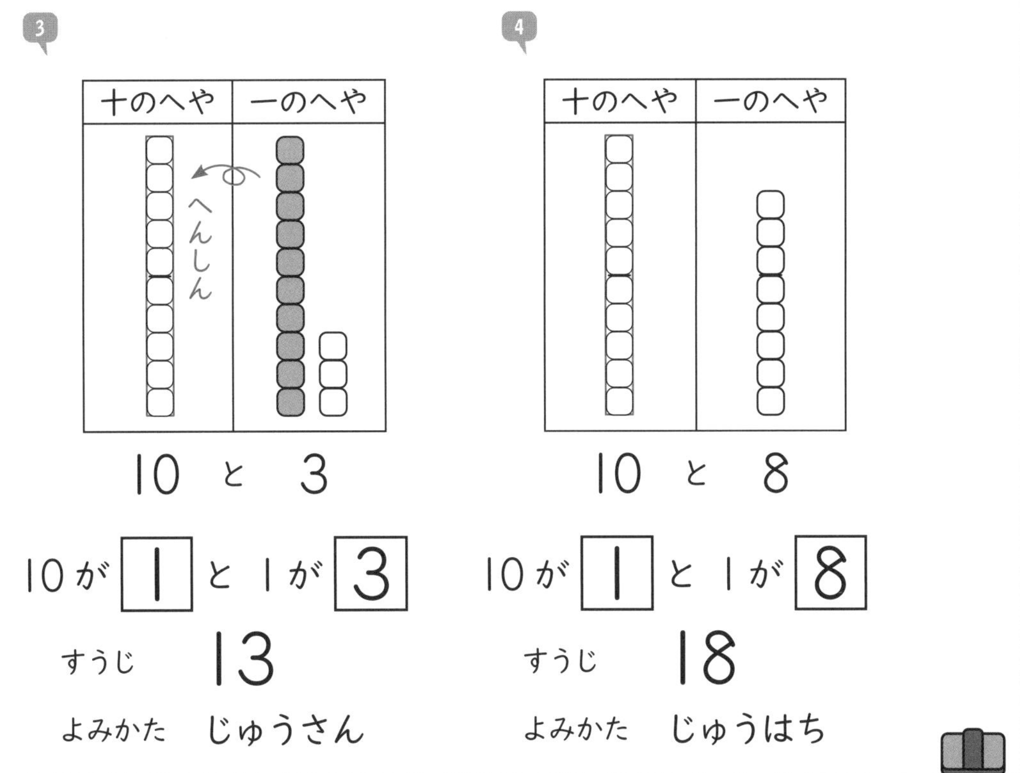

わかりやすく示して「十の部屋」に入れます。

3 ネコの数を数字で表そう

T　10 個のブロックは，1 本に変身して「十の部屋」に入ります。3 個のブロックは，そのまま「一の部屋」に入ります。

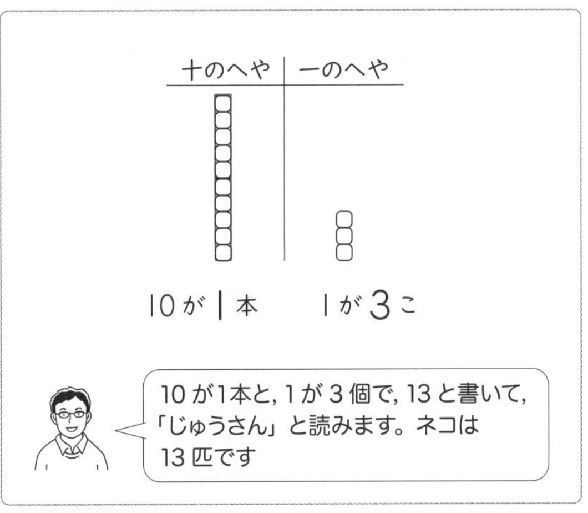

C　10 個になると，1 本に変身するんだね。1 から数えなくていいね。

4 犬の数を数字で表そう

T　犬は「10 個と 8 個」でした。ブロックを部屋に入れてみましょう。

T　10 が 1 本と，1 が 8 個で，18 と書いて「じゅうはち」と読みます。犬は 18 匹です。

第2時

20までの数の読み書き①

本時の目標

20までの数について，「10といくつ」で表し，数字の読み書きができる。

板書例

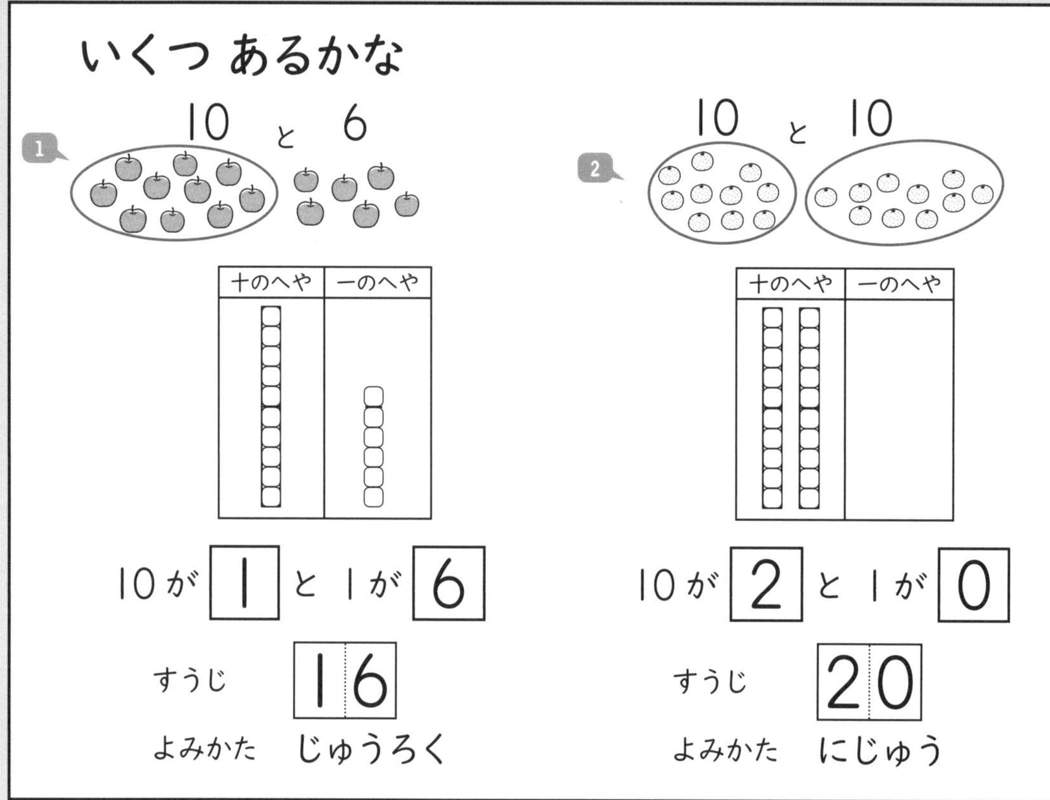

POINT 10個になれば，1本に変身して「十の部屋」に入る仕組み（十進法）になっていることを理解させましょう。

1 算数ブロックを使って，リンゴの数を調べよう

リンゴの絵カードを提示する。（ワークシートも活用できる）「位の部屋シート」を児童に配る。

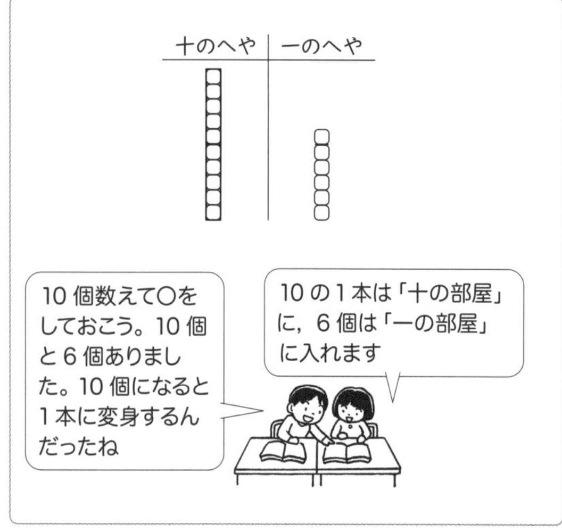

C　10が 1 本，1が 6 個で，リンゴは 16 個になります。

2 みかんの数を数字に表すとどうなるかな

みかんの絵カードを提示する。

C　これも算数ブロックを使って調べよう。

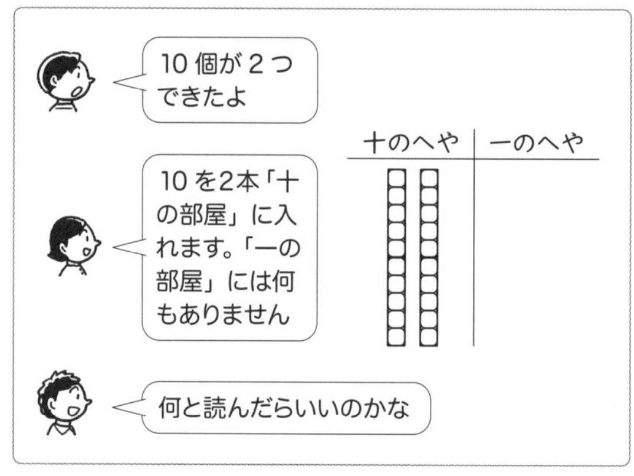

T　10が2本で1が0個を，20と書いて「にじゅう」と読みます。みかんは20個です。

準備物
・算数ブロック（板書用・児童用）
QR 位の部屋シート
QR ワークシート

ICT
位の部屋シートを配信すると，10といくつかを意識して，10～20の数字の読み書きがしやすくなる。

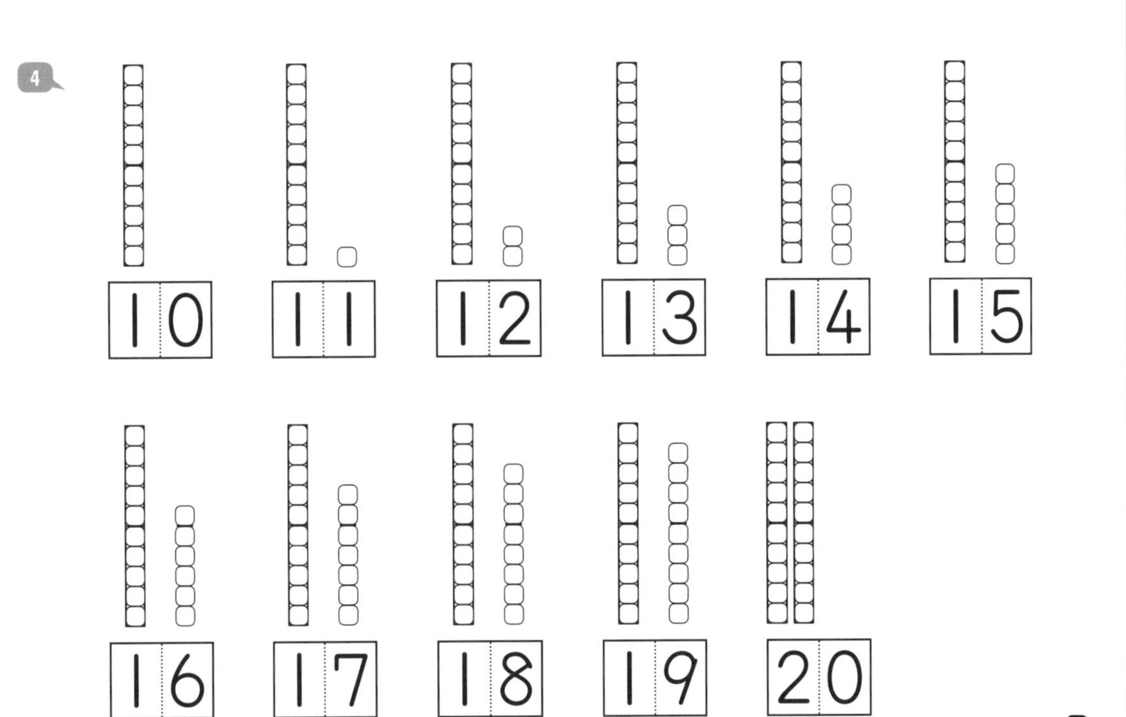

3 絵の数を数字に表そう

ワークシートの他の問題に取り組む。

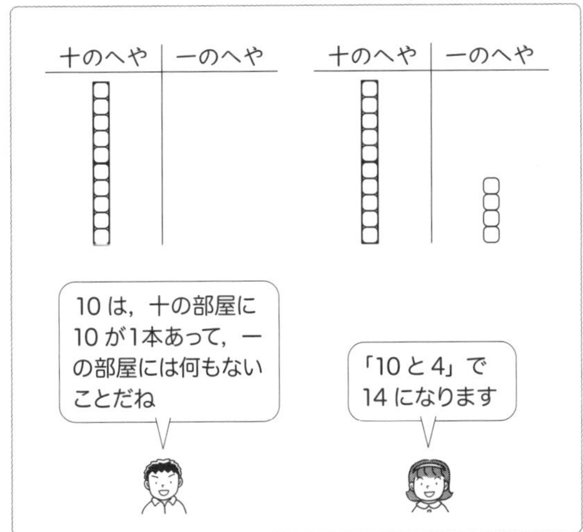

C　ケーキは10個と9個，「10が 1 本と，1が 9 個」で 19 個になります。

4 10から20までの数字を書こう

T　これまで出てきた数を，小さい数から順にブロックを使って並べてみます。

T　10から20までの数をみんなで読みましょう。

ワークシートを使って書き方も練習する。

第3時

20までの数の読み書き②

本時の目標

20までの数について，工夫した数え方を知る。
10ずつまとめることのよさを確かめる。

板書例

たまごぱっくに いれて かずを かぞえよう

1 ひとつかみの　かずを　あてよう

よそうする　16こ

2 たまごぱっくに いれる

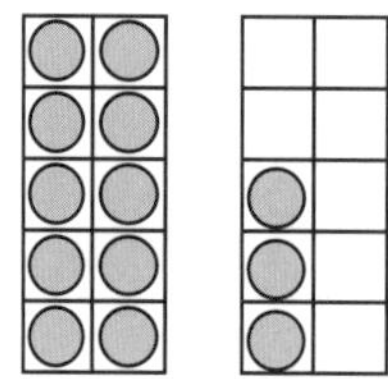

10 と 3 で 13こ

3

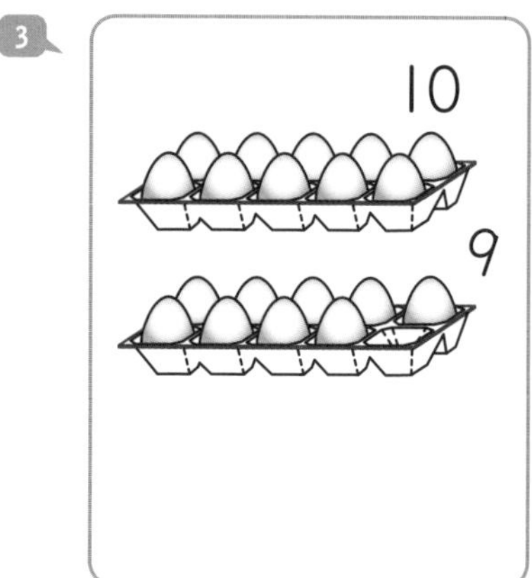

10 と 9 で 19

POINT 10個入りの卵パックを使って，ゲームをしながら「10といくつ」を学習します。

1 「ひとつかみの数は何個かな」ゲームをしよう

2人1組で行う。卵パック2パックと，おはじき20個（ドングリやブロックなどでもよい）をそれぞれ準備する。

T　1人がおはじきを片手で掴めるだけ掴みます。（ものの大きさによって両手にする）掴んだおはじきは相手に見せないようにします。もう1人が，おはじきを何個掴んでいるかを当てます。

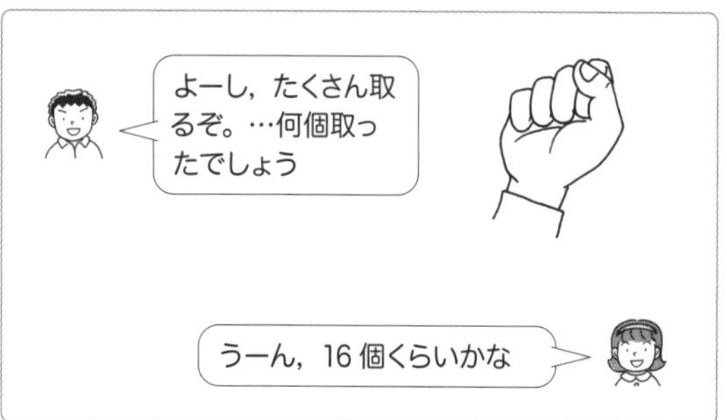

2 卵パックを使って何個か調べよう

T　おはじきの数を調べましょう。卵パックを使うと簡単に数を調べられます。

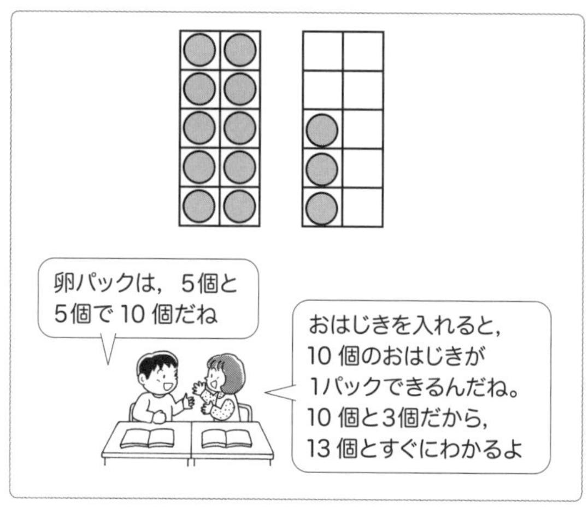

交代して，おはじきの数を調べる。

バラバラのものを，「10でまとめる」と数えやすくなることを確かめる。

準備物	・算数ブロック（板書用・児童用） ・卵パック（またはウズラの卵パック） ・おはじきやドングリなど数えるもの QR ワークシート	ICT	たまごパックと同じ５×２の表シートを児童に配信すれば，たまごパックの数を 10 のまとまりで整理して数えやすくなる。

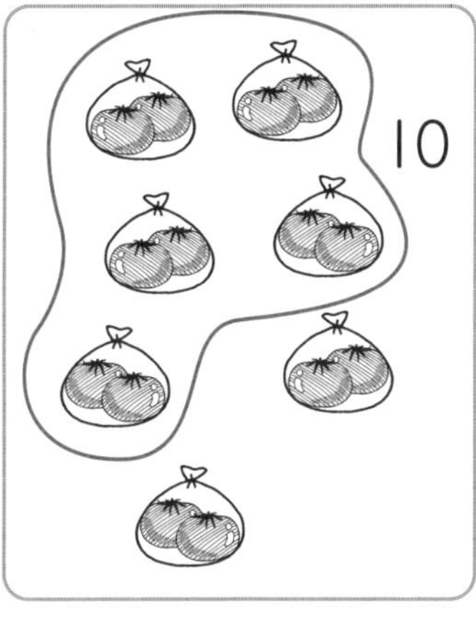

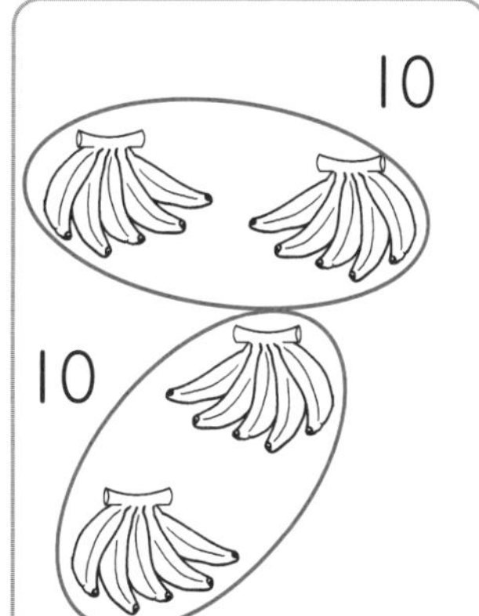

10 と 7 で 17

2 こずつ
2，4，6，8，10
10 と 4 で 14

5 ほんずつ
10 と 10 で
20

3 身近にあるものの数を数えよう

ワークシートを活用する。

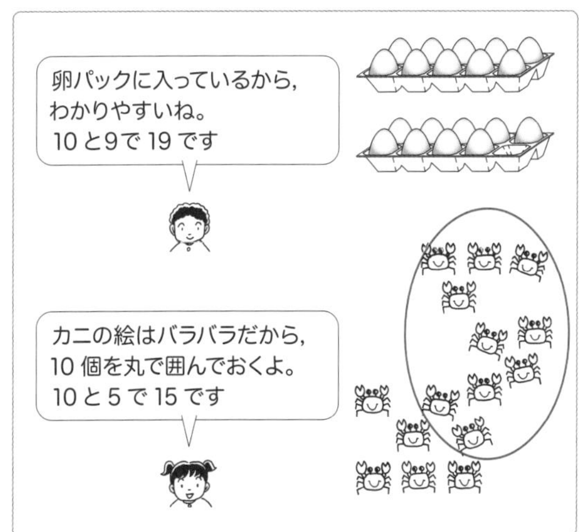

「10 といくつ」に分けて数を捉えることを基本とする。投影機などを使って全体で確認する。

4 工夫してものの数を数えよう

T　トマトやバナナの数を数えましょう。
C　トマトは２個ずつ袋に入っているね。
C　バナナは５本ずつになっているよ。

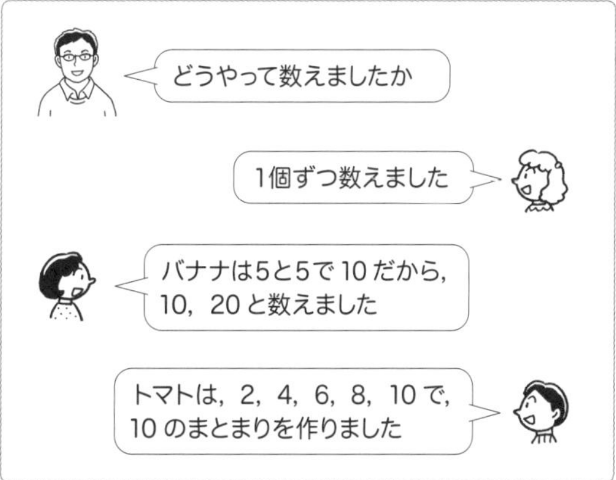

２とび，５とびの数え方は便利なため，練習して身につくように練習しておく。

第4時
20までの数の構成

本時の目標　20までの数の構成を深める。

板書例

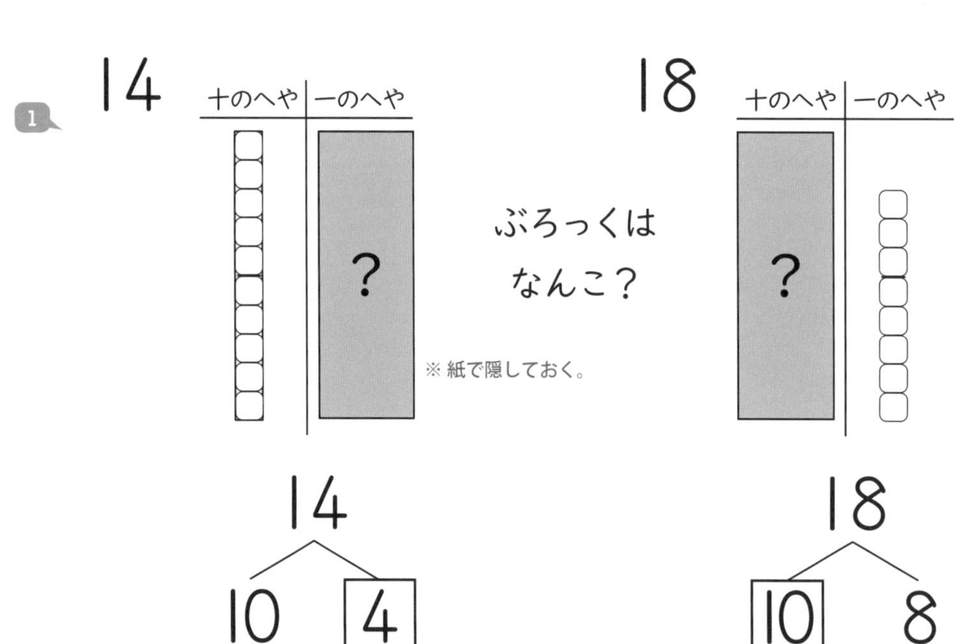

POINT 数字カードを使って，楽しくゲーム感覚で「10といくつ」を学習しましょう。

1 隠れている数はいくつかな

黒板にブロックを提示する。

T　14個のブロックがあります。紙で隠れているブロックは何個ですか。

T　14は10と4になります。（紙を取って確認する）

これまでの「10と4で14」とは異なる「14は10と4」の表し方を説明する。

「18は10と8」についても同じように進める。

位の部屋を使うことで，数の構成が確かになる。

2 「10といくつで□」「□は10といくつ」の練習をしよう

T　□にあてはまる数を考えましょう。

数字だけで難しい場合は，算数ブロックを使って考える。

11から20までの数を，10といくつで表すことで，数の構成の理解を深める。ワークシートを活用する。

準備物	・算数ブロック（板書用・児童用） ・数字カード１～20（児童用・教師用） ・問題用カード QR ワークシート

ICT	プレゼンテーションソフトで「□は10といくつ」の問題をまとめ，繰り返して唱えることで10といくつを習熟しやすくなる。

2

① 10と 5で 15

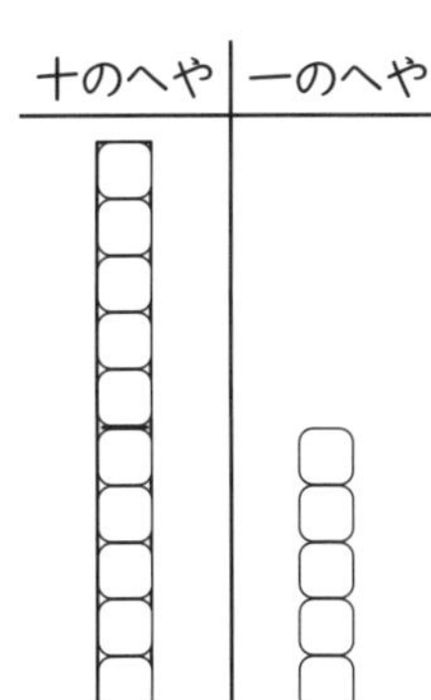

② 10と 10で 20

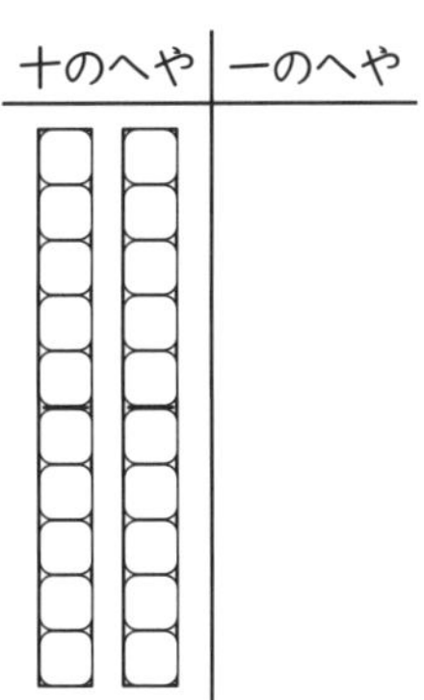

③ 13は 10と 3

④ 19は 10と 9

⑤ 11は 10 と 1

⑥ 20は 10 と 10

3 数字カードを使って練習しよう

【準備物】
- 1～20の数字カード（児童用）
- 数字カード（教師用）

T　1～20の数字カードを机の上に並べましょう。先生が出す２枚のカードの数はいくつになるか考えて，そのカードを取りましょう。

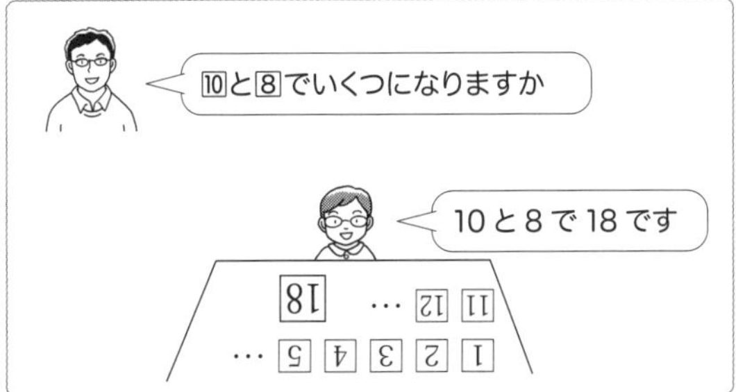

何問か繰り返し，全員で「10といくつで□」を唱える。2人1組で，お互いに問題を出し合ってもよい。

【準備物】
- 1～10の数字カード（児童用）
- 問題用カード（教師）

T　次は，カードの□にあてはまる数のカードを取りましょう。

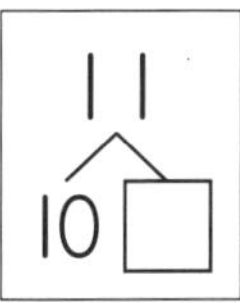

何問か繰り返し，全員で「□は10といくつ」を唱える。

第5·6時

数直線

本時の目標　数直線で数が表せることを知り，20 までの数の数系列を理解する。20 までの数の大小比較ができる。

板書例

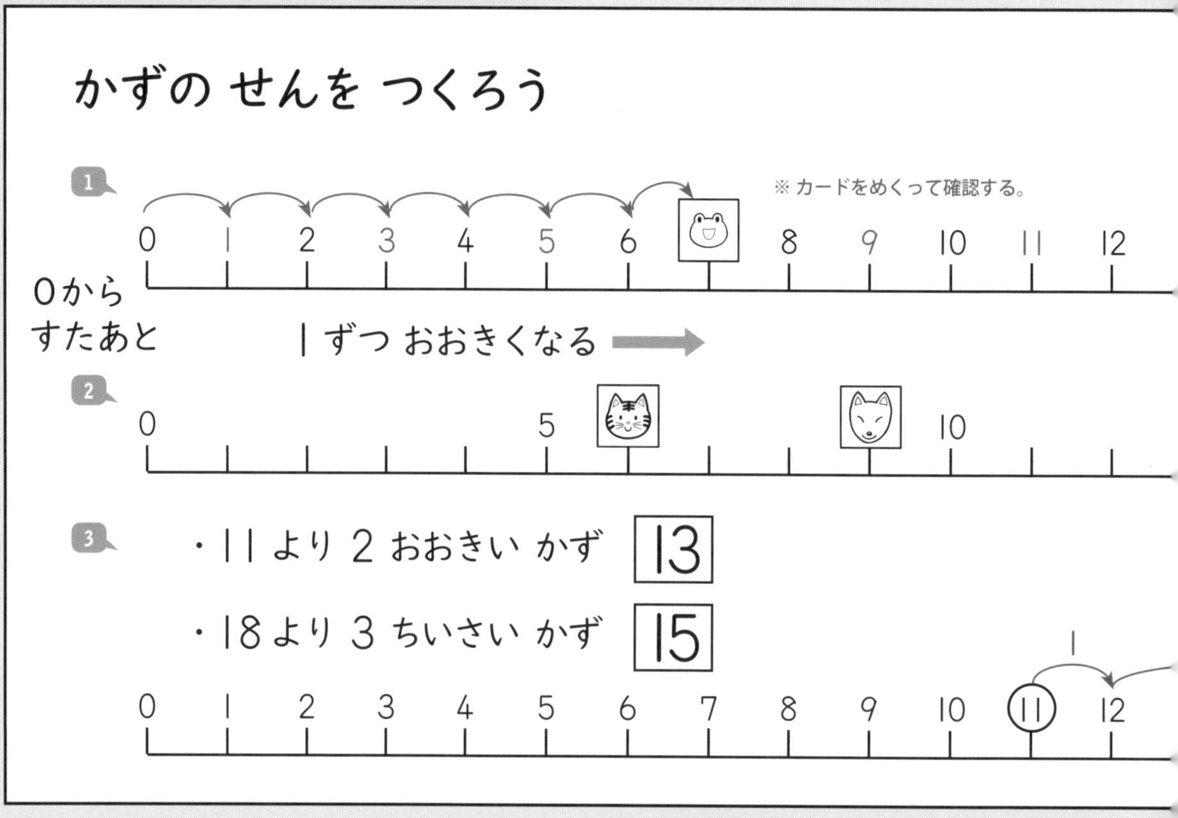

かずの せんを つくろう

1
※ カードをめくって確認する。
0　1　2　3　4　5　6　[カエル]　8　9　10　11　12
0から すたあと
1ずつ おおきくなる →

2
0　5　[ネコ]　[キツネ]　10

3
・11より 2 おおきい かず　13
・18より 3 ちいさい かず　15
0　1　2　3　4　5　6　7　8　9　10　(11)　12

POINT 動物カードを動かしながら，1 ずつ数が大きくなっていることや，右の方が数が大きいことなど数の線の仕組みを理解して

1 カエルはどこまで進んだかな

20 までの数直線を提示する。

T　0から20まで数字が並んでいます。この数の線の上をカエルが1個ずつ飛んでいきます。0からスタートします。

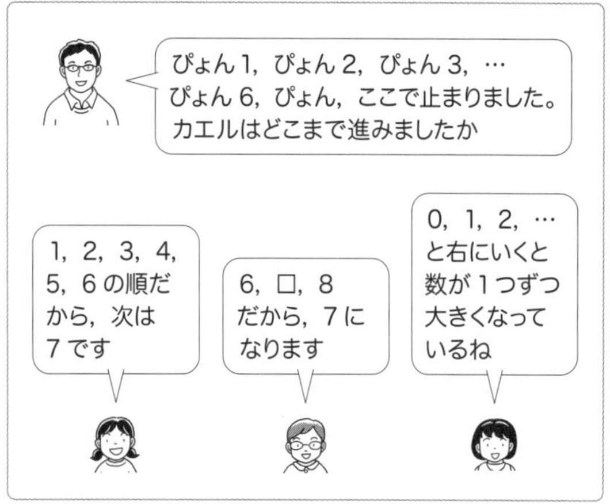

同じように，バッタとチョウもどこまで進んだか確認する。

2 ネコはどこまで進んだかな

20 までの数直線（目盛りが 5，10，15，20）を提示する。

T　今度は，ネコが0からスタートします。

ネコを 1 目盛りずつ 6 の目盛りまで動かす。
キツネやネズミも同様にする。

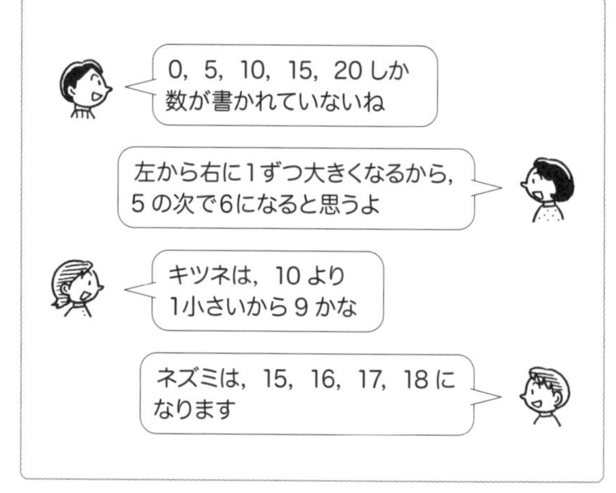

準備物

・数字カード 10 〜 20（児童数）
QR ワークシート

ICT

数直線を大型テレビで拡大して表示すると，1 目盛りの大きさや目盛りの数え方を児童が理解しやすくなる。

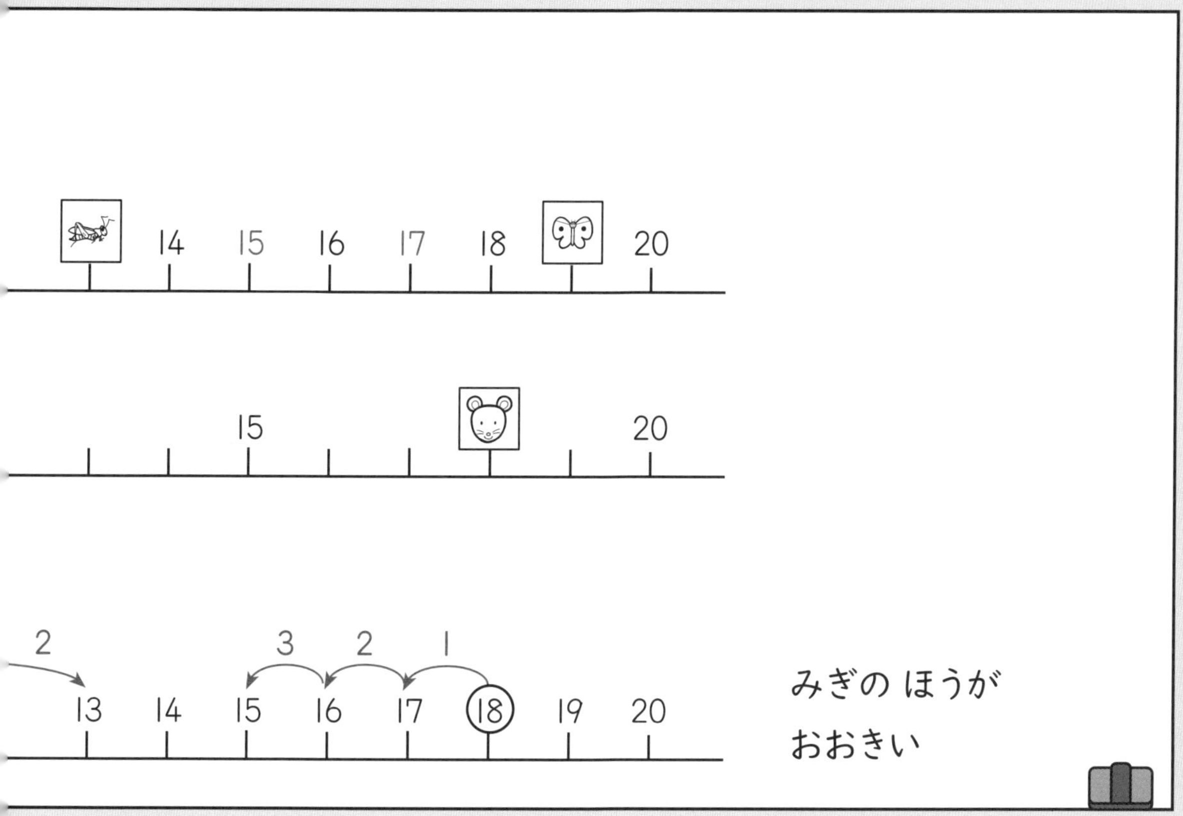

14　15　16　17　18　20

15　20

2　3　2　1

13　14　15　16　17　18　19　20

みぎの ほうが
おおきい

いきましょう。

3 「数の線」を見て答えよう

T　みんなも「数の線」を作ってみましょう。

ワークシートを活用する。
0 〜 20 までの目盛りをすべて書き入れる。

T 「11 より 2 大きい数」「18 より 3 小さい数」はそれぞれいくつですか。

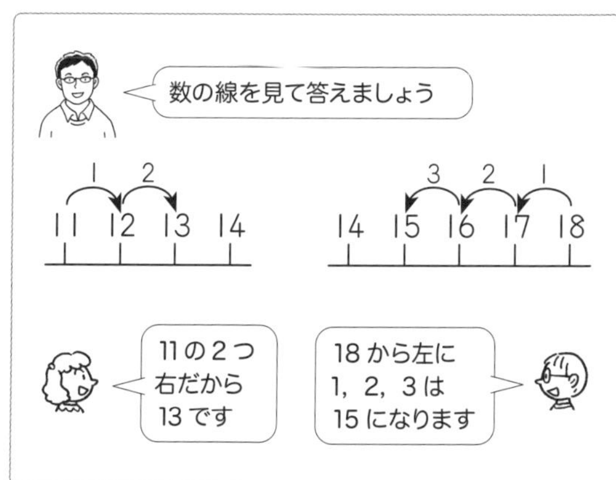

数の線では，右の方が数が大きくなることを確認する。

4 「大きい数はどちら」ゲームをしよう

【準備物】

・1 〜 20 の数字カード（児童数）

【やり方】

❶ 2人1組でする。
❷ それぞれ，カードを裏返しにして重ねる。
❸ 上からカードを 1 枚ずつめくって出す。
❹ 大きい数の方が勝ち。相手のカードをもらう。
❺ カードがなくなったら終わり。カードがたくさんある方が勝ち。

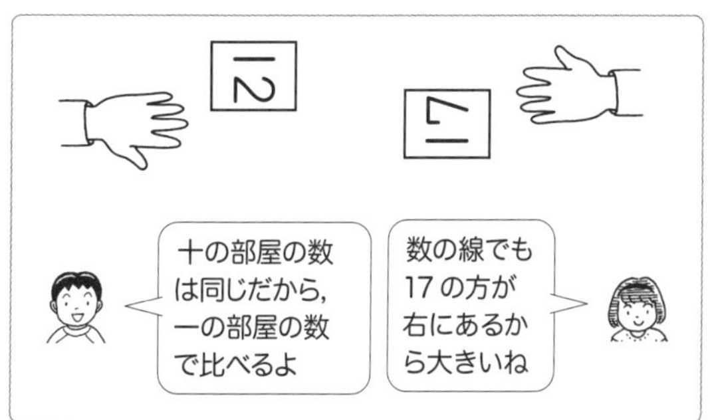

第 7 時

十＋1位数／十何－1位数＝10

本時の目標

「10 といくつ」の数のとらえ方から，計算の仕方を考える。

板書例

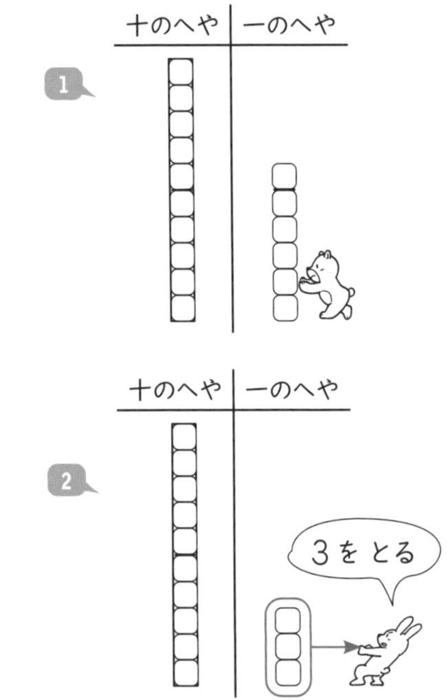

10 と 6 で 16

10 ＋ 6 ＝ 16

十のへや　一のへや

3 をとる

13 は 10 と 3

13 － 3 ＝ 10

POINT 「10 といくつ」のとらえ方から，十の位と一の位に分けて計算します。たし算やひき算をするとき，算数ブロックで

1 算数ブロックで「10 ＋ 6」を考えよう

「位の部屋」を準備する。

T　10 と 6 の算数ブロックを「十の部屋」と「一の部屋」に入れましょう。

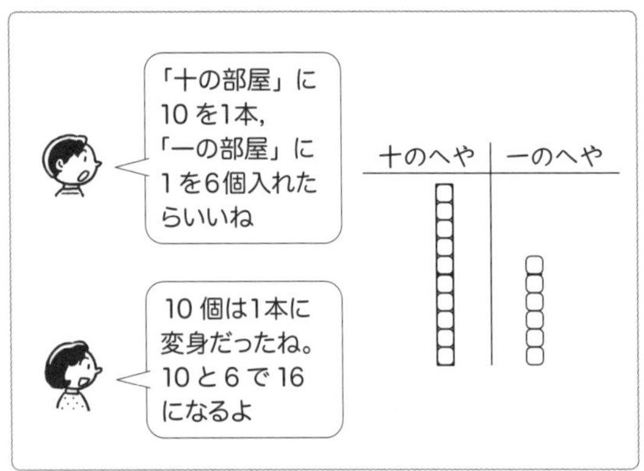

T　10 と 6 をあわせると 16 になります。これを式で表してみましょう。

C　あわせるからたし算で，10 ＋ 6 ＝ 16 です。

2 算数ブロックで「13 － 3」を考えよう

T　「十の部屋」と「一の部屋」にブロックを入れて，13 を作りましょう。

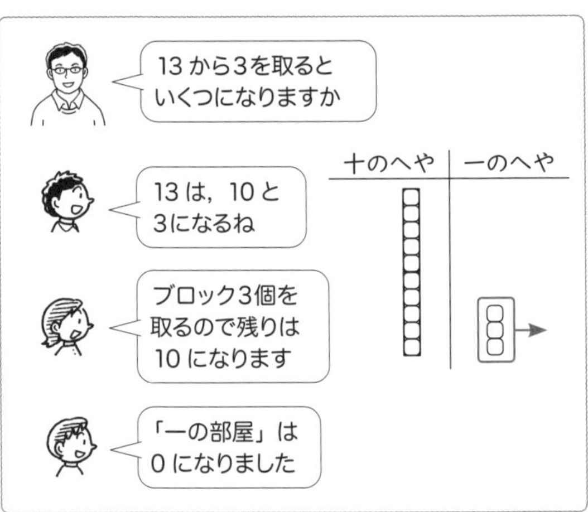

T　13 から 3 を取ると 10 になります。これを式で表しましょう。

C　ひき算になります。13 － 3 ＝ 10 です。

準備物	・算数ブロック（板書用・児童用） QR ワークシート QR 位の部屋シート

ICT	位の部屋シートを配信すると，10 といくつかを意識して，たし算やひき算の計算の仕方を考えることができる。

10 + 7 = 17

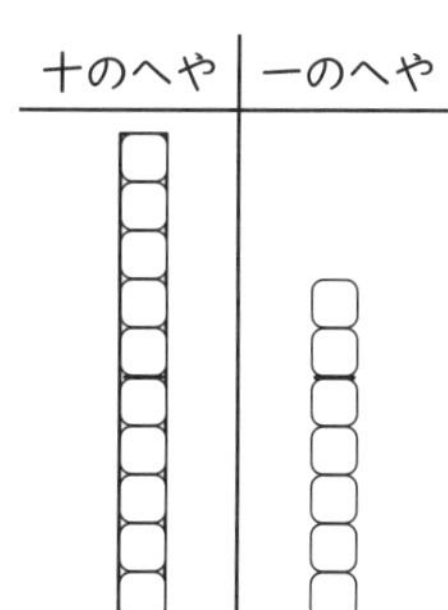

17

10　7

4

14 − 4 = 10

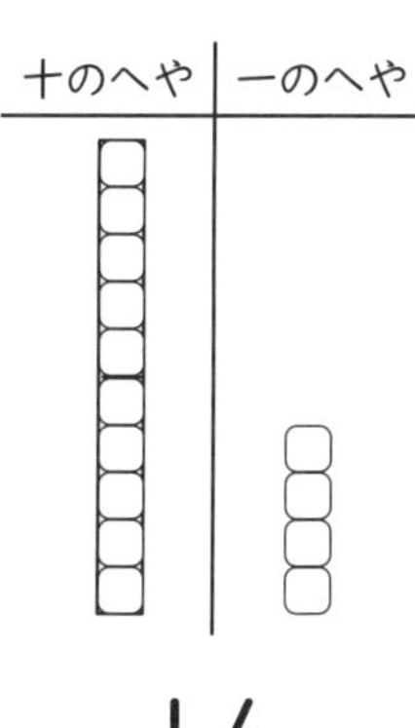

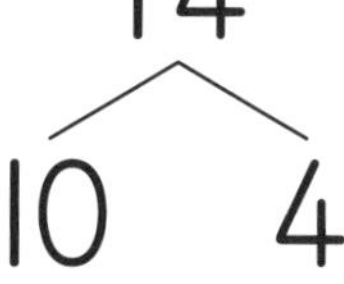

イメージ化をはかります。

3 いろいろな問題にチャレンジしよう

ワークシートを活用する。

T　10 ＋ 7 を計算しましょう。

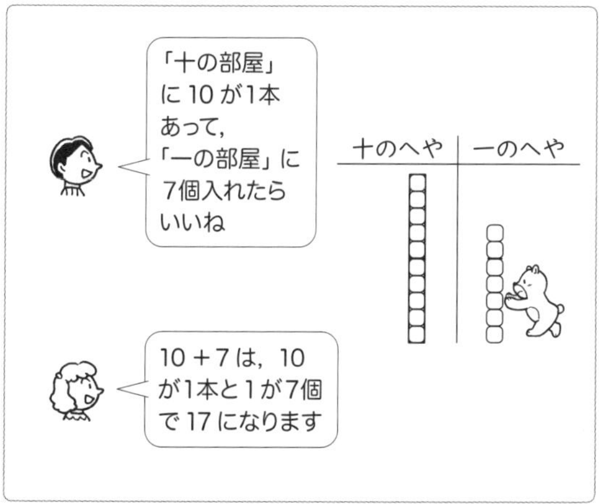

C　10 ＋ 7 ＝ 17 は，「10 と 7 で 17」と同じだね。

4 頭の中でブロックを動かしてみよう

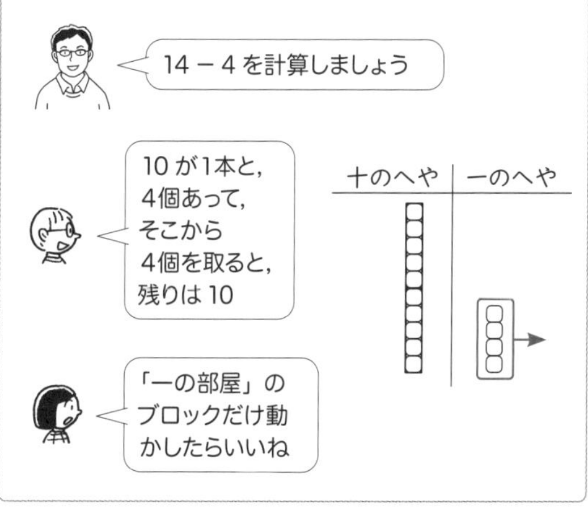

10 +□や，(十何) −□= 10 の計算をすることで，10 から 20 までの数の構成の理解を深める。

早くできた児童は，迷路問題に挑戦する。躓いている児童がいれば，一緒にブロック操作をして支援する。

第8時 （十何）±（1位数）

本時の目標　「10といくつ」の数のとらえ方から，計算の仕方を考える。

板書例

たしざんと ひきざん

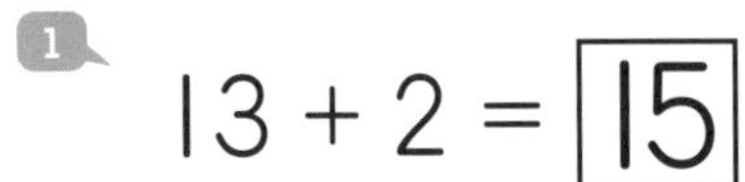

2　18－5＝13

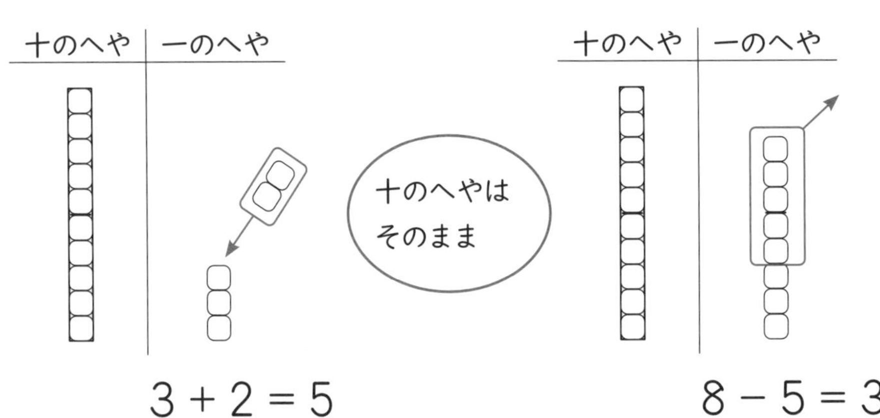

3＋2＝5　　　　8－5＝3

POINT　前時と同じく，算数ブロックを使って，計算のイメージ化をはかります。1位数どうしの計算が十分身についていない児童

1 算数ブロックで「13＋2」を表してみよう

「位の部屋」を準備する。

T　13個の算数ブロックを「十の部屋」と「一の部屋」に入れましょう。

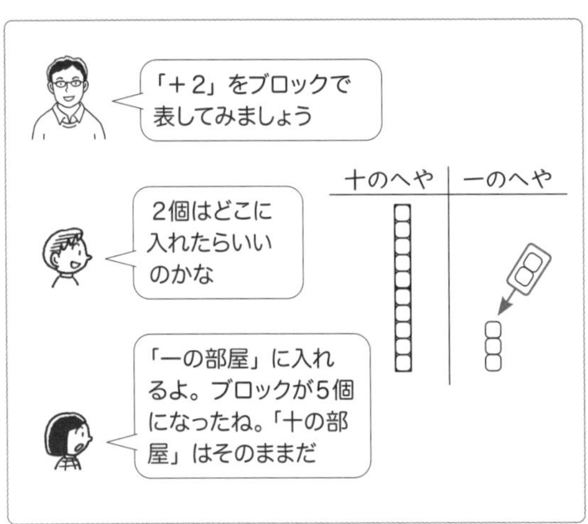

「十の部屋」は動かさず，「一の部屋」だけの操作になることを確認する。

2 算数ブロックで「18－5」を表してみよう

C　10のブロックを1本「十の部屋」に入れて，8個のブロックを「一の部屋」に入れます。

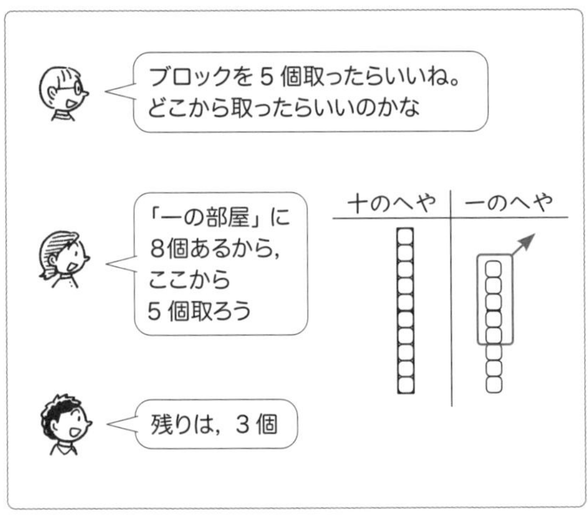

C　「十の部屋」の10はそのままで，答えは13。

同じく，「十の部屋」は動かさず，「一の部屋」だけの操作になることを確認する。

準備物
・算数ブロック（板書用・児童用）
QR ワークシート
QR 位の部屋シート

ICT
位の部屋シートを配信して，ブロックを操作したことを図化すると，10 といくつの数を理解しやすくなる。

れんしゅう

14 + 5 = 19

19 − 3 = 16

17 + 2 = 19

13 − 2 = 11

11 + 6 = 17

17 − 4 = 13

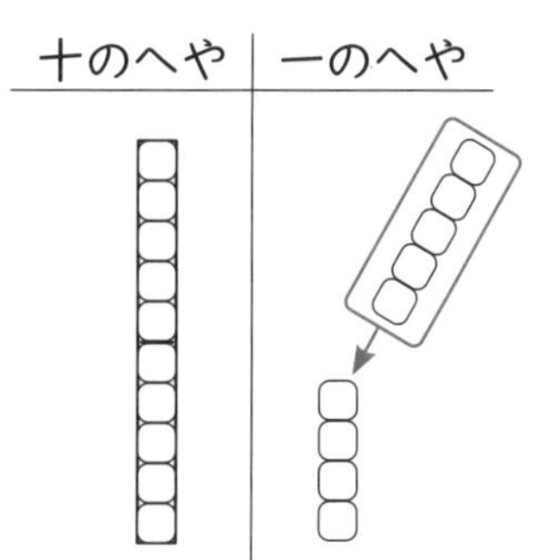

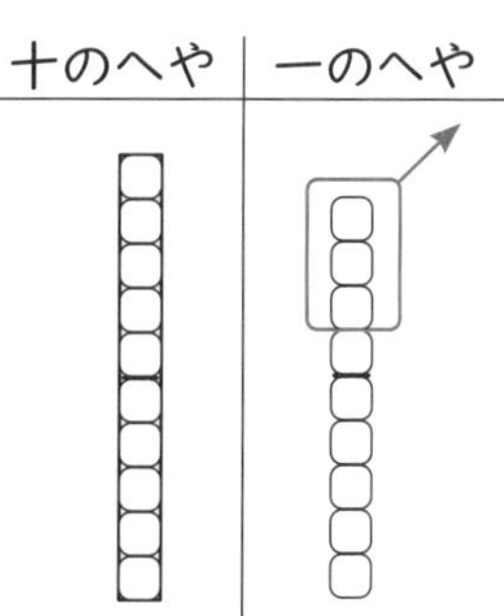

※ ブロック操作で確認する。

へは支援が必要になります。

3 いろいろな問題にチャレンジしよう

ワークシートを活用する。

T　14＋5 を計算しましょう。

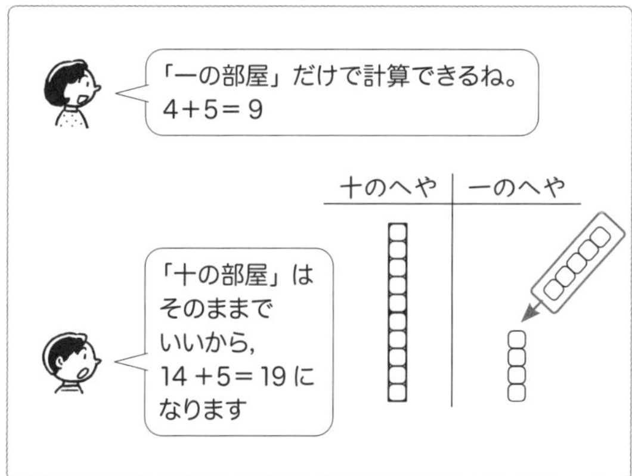

必要に応じて，算数ブロックを操作して，どのように計算したらよいか確かめる。

4 頭の中でブロックを動かしてみよう

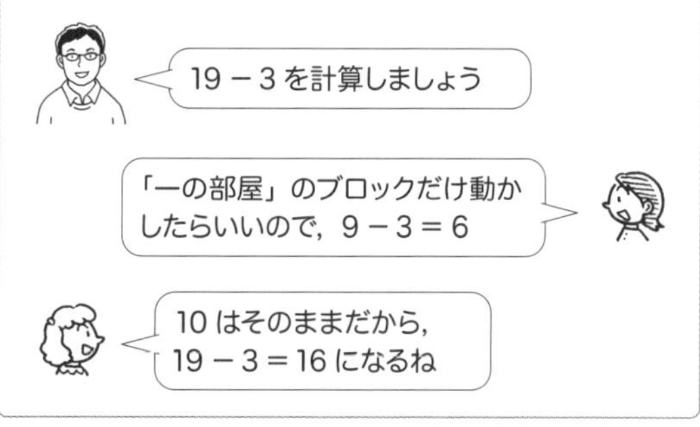

早くできた児童は，迷路問題に挑戦する。躓いている児童がいれば，一緒にブロック操作をして支援する。

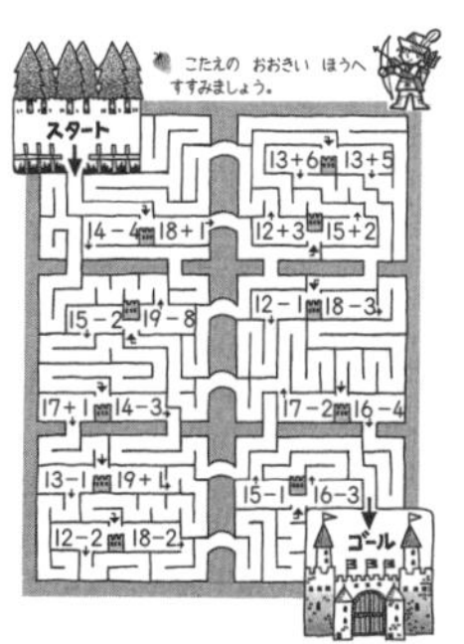

やってみよう
じゃんけんすごろくをしよう

本時の目標　すごろくゲームを通して，20 までの数の数系列に親しむ。

[ルール]

❶ 2 人でペアになります。
「じゃんけんすごろくシート」をペアに 1 枚ずつ用意します。

❷ ふりだし「0」に自分のコマになるものを置きます。

❸ じゃんけんをします。
「グー」で勝つと，1 進めます。
「チョキ」で勝つと，2 進めます。
「パー」で勝つと，3 進めます。

❹ 先にゴールへ行った方が勝ちです。

❺ 20 を超える場合は上がりとします。

①

②
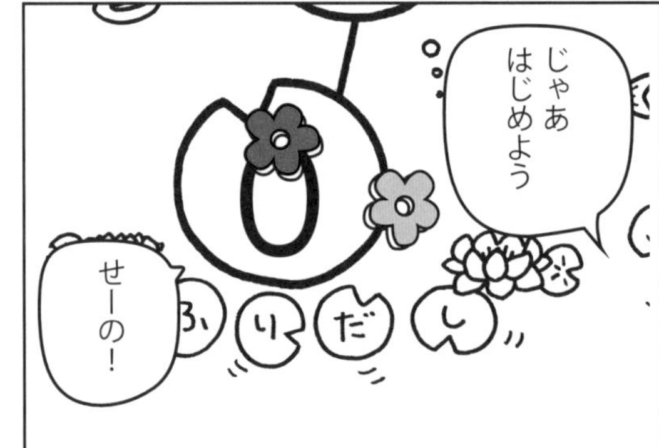

③
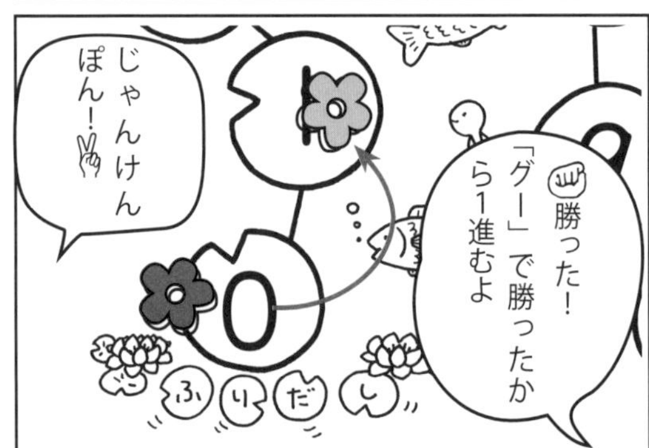

④

準備物
・コマ（おはじきや消しゴムなどの小さなものがよい）
QR じゃんけんすごろくシート

⑤
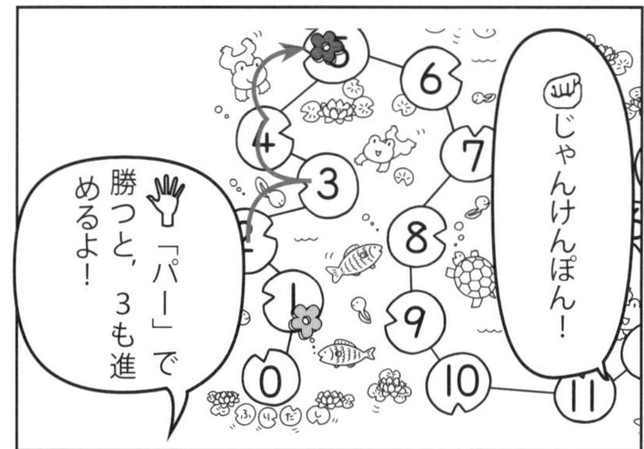

⑥

⑦

⑧

ルールを変更する場合は，児童がスムーズにゲームを楽しめるようにしっかりと決めておきましょう。

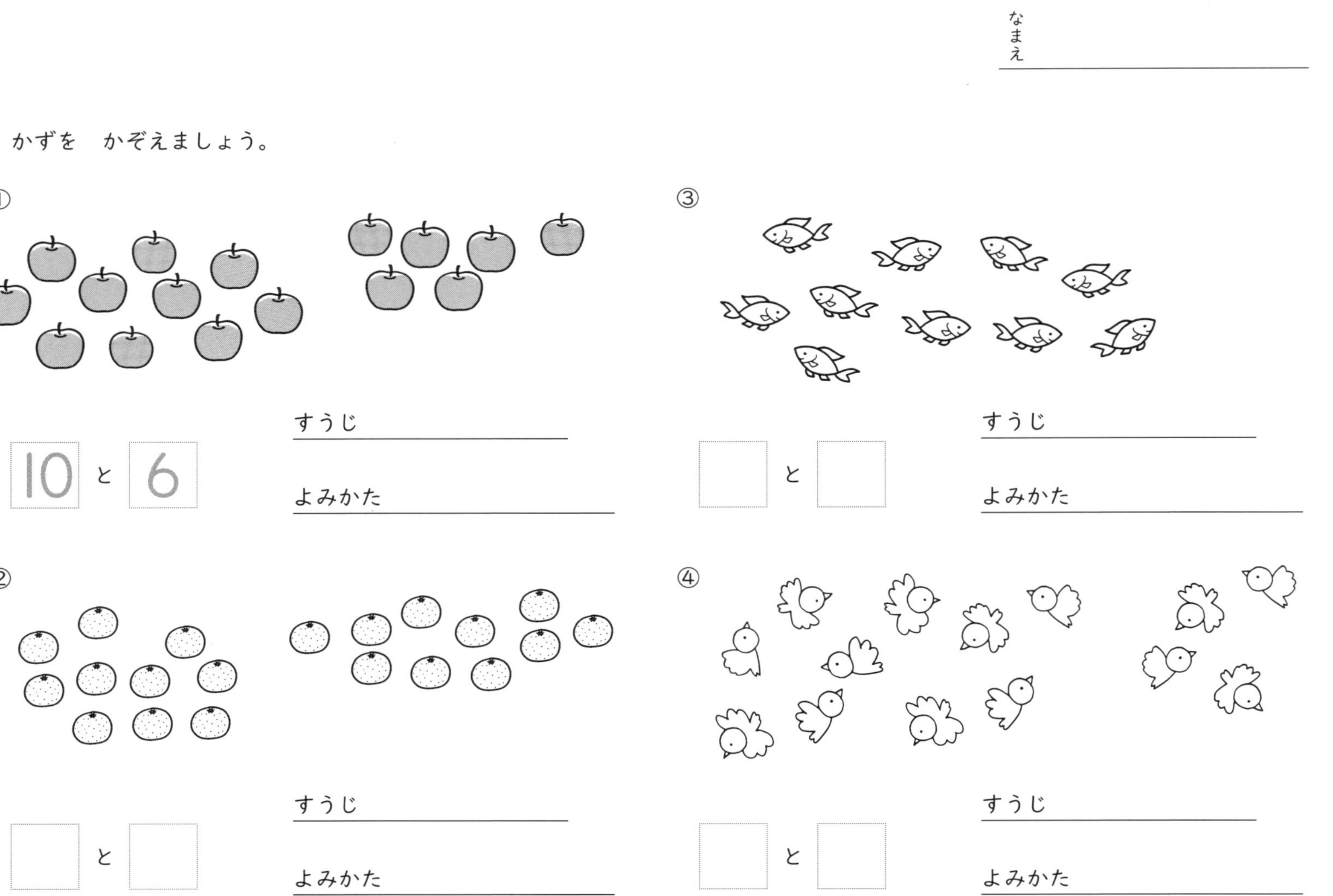
なまえ
● かずを　かぞえましょう。
①
10 と 6
すうじ
よみかた
③
と
すうじ
よみかた
②
と
すうじ
よみかた
④
と
すうじ
よみかた

なまえ

⑤

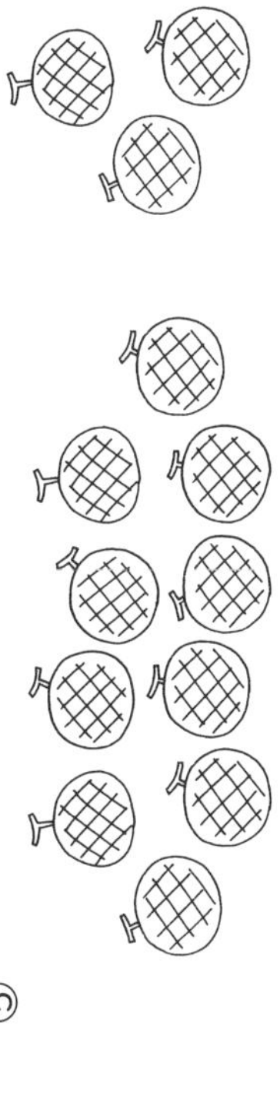

□ と □

すうじ

よみかた

⑦

□ と □

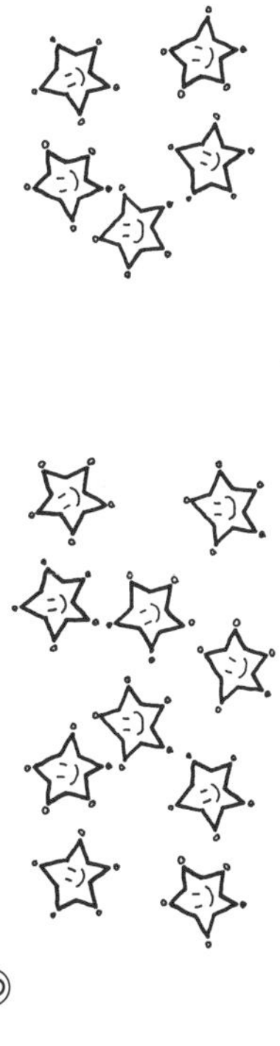

すうじ

よみかた

⑥

□ と □

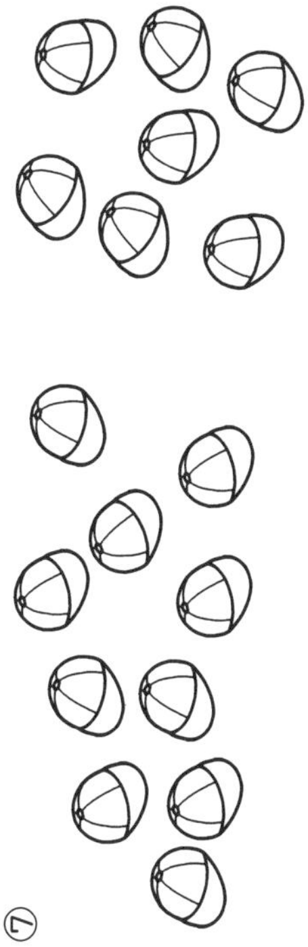

すうじ

よみかた

⑧

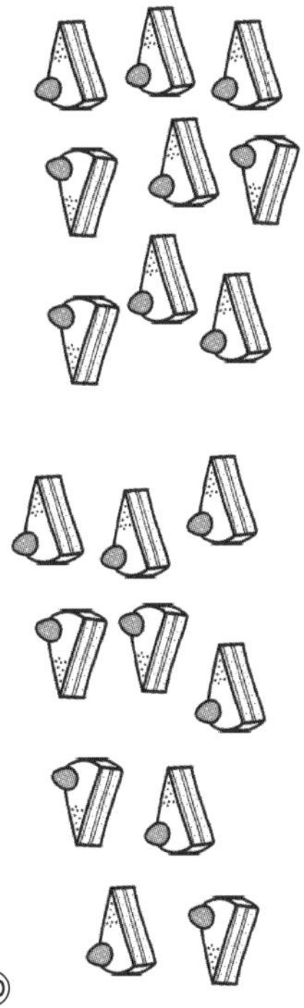

□ と □

すうじ

よみかた

なんじ なんじはん

全授業時数１時間

◎ 学習にあたって ◎

<この単元で大切にしたいこと>

時計のデジタル化が進み，針で時刻を示す時計がない家庭もある時代になっています。しかし，いわゆるアナログの時計は，数字を読まなくても針の位置でおよその時刻を知る事が出来る便利さもあり，公共の施設ではたくさん設置されています。また，学校はほとんどがアナログ時計です。子どもたちの大半は小学校に入る以前から家庭で時間や時刻のことを聞いたりしています。中には時計を読める子もいます。しかし，アナログ時計がない家庭もありアナログ時計の読み方見方を全く知らない子もいるのが現実です。そこで，時計の針の位置を見て時刻を読ませる日常的な指導と，算数の時間を使って時計の仕組みを教えたり，時刻を読んだり，長針が６を指したら 30 分でそれが「半」という言い方をすることなどを指導するようになっています。わずかの指導時間で直ぐに読めるようになるわけではないので，日常的な指導を大切にする必要があります。

<数学的見方考え方と操作活動>

時計に刻まれている数字は 12 進法であり，分は 60 進法です。また，本来は０時から始まるのに時計の文字盤には０時が表記されていません。また，短針が 12 時間で時計盤を１回転するのに対して，長針は 12 回転します。これだけとっても時計を理解するのが１年生には難しいのです。ここではおおよその時刻が時計から読み取れればいいということで，何時と何時半が分かる事が目標となります。しかし，短針が２時と３時の中間になる場面で，２時か３時かの判断が付かなくなる子どもがいます。短針が２時から３時の間にあるうちは，２時であることが理解できるように，時計盤を 12 に分けて色を塗っておくことも１つの方法です。（右下参照）

<個別最適な学び・協働的な学びのために>

時計読みは個人差が大きく，すでに読める子にとっては，単調な授業は退屈してしまいます。また，時計が読めない子は全くわからない授業になることもあります。そのため，子ども自身の操作活動や作業時間を多く取り入れる工夫が必要です。数字のない文字盤に数字を書き込んで時計を作ったり，模型時計を操作したりして，時計や時刻を学習していきます。また，友達同士で，模型時計を使って楽しく確かめ合う活動も取り入れましょう。

◎評　価◎

知識および技能	何時，何時半の時刻の読み方を理解する。 何時，何時半の時刻を読んだり，時計で表したりすることができる。
思考力，判断力，表現力等	短針と長針の関係をとらえて，それぞれの針の位置で時刻が決まることを表現することができる。
主体的に学習に取り組む態度	時刻を読み取り，進んで生活の中に生かそうとする。

◎ 指導計画　1時間 ◎

時	題	目　　標
1	何時 何時半	時計の時刻を「何時」と「何時半」で読むことができる。

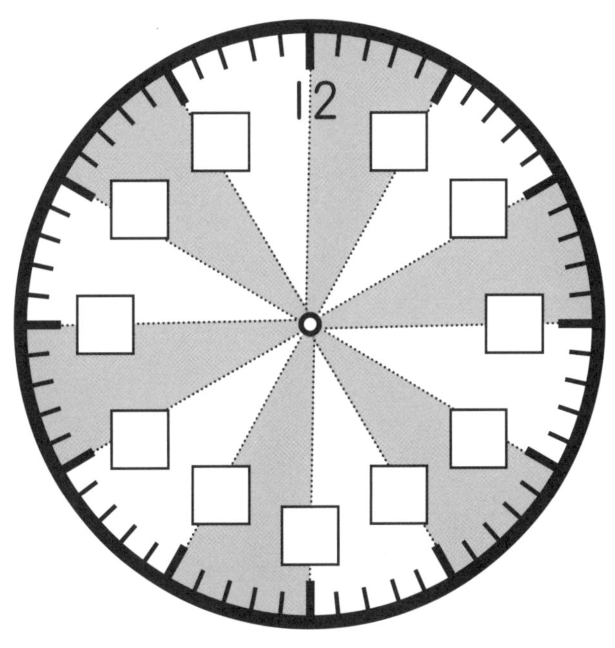

第 1 時

何時 何時半

本時の目標

時計の時刻を「何時」と「何時半」で読むことができる。

板書例

とけいを よもう

1 すうじを かこう

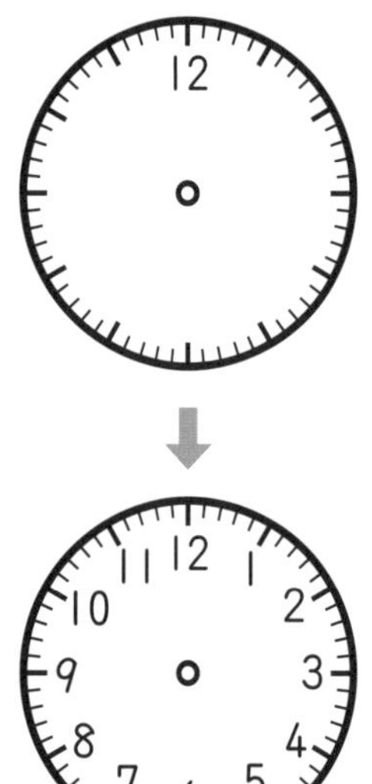

2 <なんじ>

2じ

9じ

みじかい はり → じかんを よむ

ながい はり → 12 を さす

POINT 模型時計の針を実際に動かしながら，まずは時計に慣れることから始めましょう。

1 時計に数字を書こう

ワークシートを活用する。模型時計を準備する。

T　時計に数字を書き入れましょう。

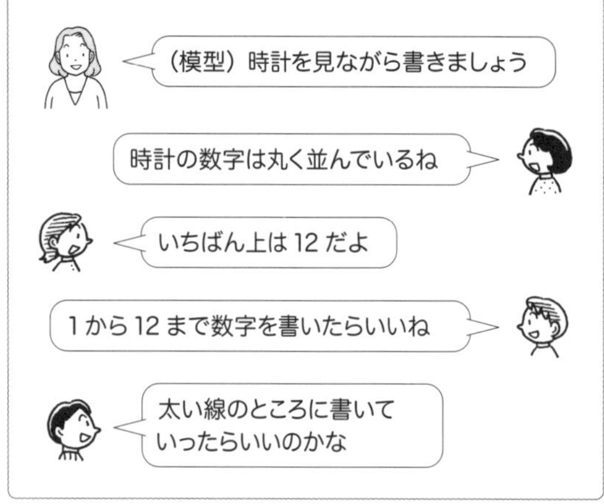

時計の数字をきちんと書くことで，短針や長針の指す数字の位置などが意識づけられていく。

2 短い針が数字を指しているときは何時かな

T　（模型時計を見ながら）時計には短い針と長い針があります。

続けて短針を 3，4，…と順番に動かし，それぞれの時刻を確認する。

C　○時のときは，いつも長い針は 12 だね。

C　短い針で何時かがわかるよ。

準備物	・模型時計（教師用・児童用） QR 板書用時計図 QR ワークシート

ICT	たくさんの「なんじ」「なんじはん」を表している時計の写真をタブレットに撮影して用意しておく。それをフラッシュカードのように提示しながら考えさせ，定着を図る。

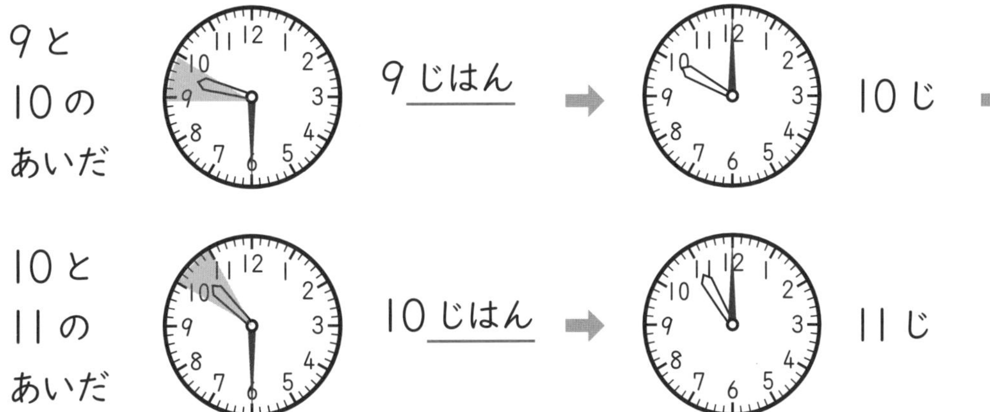

3 長い針が6を指しているときは何時かな

T　時計を９時にあわせましょう。

T　長い針が６にくるまで動かしましょう。

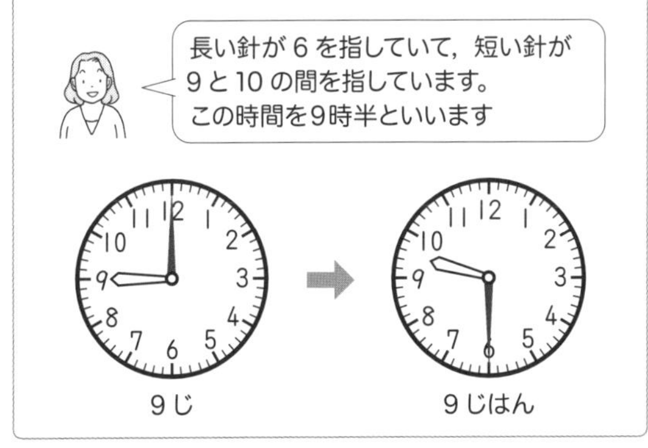

続いて，10時，10時半，11時，11時半と30分毎に時計で示しながら読み方を確認する。

C　○時半のときは，いつも長い針は６を指しているね。

C　短い針は数字と数字の間を指しています。

4 何時，何時半の時計の針を合わせよう

T　日曜日の先生の１日をお話します。お話に合わせて時計の針を動かしてみましょう。「朝，７時に起きました」７時にあわせます。

１回ずつ確かめながら進めていく。

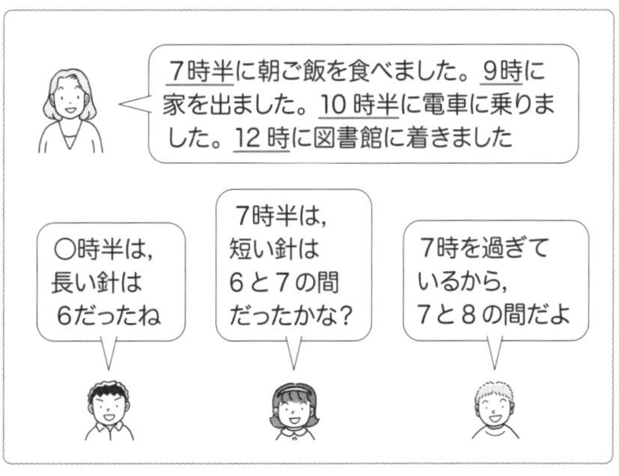

○時半のときの短針の位置を間違えやすいため注意する。ワークシートも活用する。

どちらがながい

全授業時数５時間

◎ 学習にあたって ◎

＜この単元で大切にしたいこと＞

長さという量の理解は比べることから始まります。直接比較，間接比較と進み，長さを表す方法として任意単位を知ることになります。任意単位いくつ分で長さを表すことが単元の重要な目標になります。（本格的な「長さ」の学習は２年生になります）

この単元で大切にしたいことは，「長さを比べるにはどうすればいいのか」「どちらがどれだけ長いのか」を伝えるためにはどういった方法がいいのかを子どもたち自身が考え，話し合って実物を操作しながら考えを進めることです。

＜数学的見方考え方と操作活動＞

１年生は，「集合数」として実在するものの個数を表す「分離量」を学習してきています。ここで初めて，つながって連続している「連続量」の１つである「長さ」の学習になります。連続した量を数値化するには「はかる」という作業が必要になります。一定の基準の長さを基にして，対象とする長さが基準のいくつ分になっているのかをはかり取る事で数値化が可能になります。

長さという量の概念を身につけるために，次の「４段階指導」を行います。

① 直接比較（実際に２つの長さを端をそろえて比べる）

② 間接比較（比較する２つの長さ以外の長さを仲立ちにして比較する）

③ 個別単位（任意の長さを基準として用いて２つの長さを測り，比較する）

④ 普遍単位（cm・m等の単位を用いて長さを理解する）

教科書もこの量の４段階指導法に基づいて指導展開をしています。各段階における指導では，具体的な長さを，子どもたちがどのように比べるのか，直接比べられないときにはどうすれば比べられるのかという課題を，操作を通して発見する事が最も大切です。

＜個別最適な学び・協働的な学びのために＞

子どもたちは日常の生活の中で，長い短いという感覚を身につけていますが，はっきりとした長さの概念を獲得していません。授業では４段階指導に基づき，まずは，子どもたちに「こうやったら比べられる」とか「こんなふうに並べた方がいい」とか「これだったらいくつ分が分かる」という発見をさせます。そして，そういった発見や工夫を友達と相談したり，実際に試行したりすることで学びを深めていきます。

◎ 評　価 ◎

知識および技能	直接比較や間接比較，任意単位による測定などの方法で，長さを比べることができる。 長さの比較などを通して，長さの意味や感覚，その測定の方法を理解する。
思考力，判断力，表現力等	直接比較や間接比較，任意単位による測定などの方法について考えることができる。
主体的に学習に取り組む態度	身のまわりにあるものの長さに関心をもち，工夫して長さを比べようとしている。

◎ 指導計画　5時間 ◎

時	題	目　標
1	長さの直接比較	身のまわりにあるものの長さに関心を持ち，直接比較することができる。
2	長さの間接比較 ①	身のまわりにあるものの長さを，テープなどを使って間接比較することができる。
3	長さの間接比較 ②	身のまわりのいろいろな長さに関心を持ち，長さを間接比較できる。
4	長さの任意単位 ①	身のまわりにあるものの長さを，鉛筆などの任意単位のいくつ分で表したり，比較したりできる。
5	長さの任意単位 ②	ものの長さを，棒の本数や，方眼のますの数など，任意単位のいくつ分で表したり，比較したりできる。

第1時 長さの直接比較

本時の目標 身のまわりにあるものの長さに関心を持ち，直接比較することができる。

板書例

ながさくらべを しようう

どちらが ながいかな

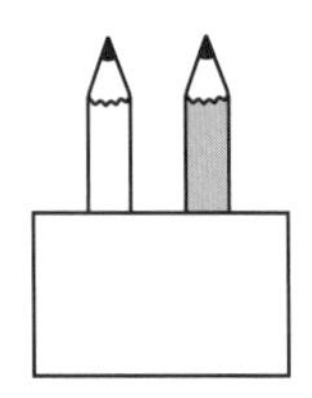

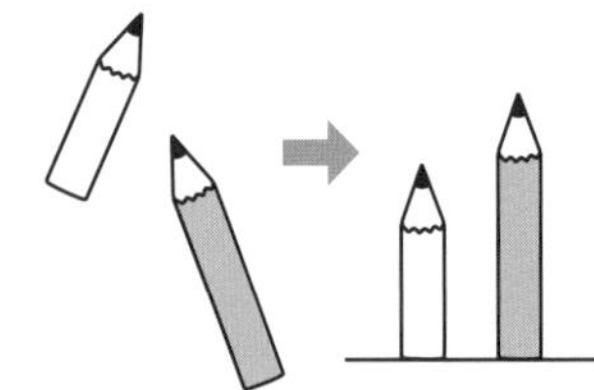

はしを そろえる

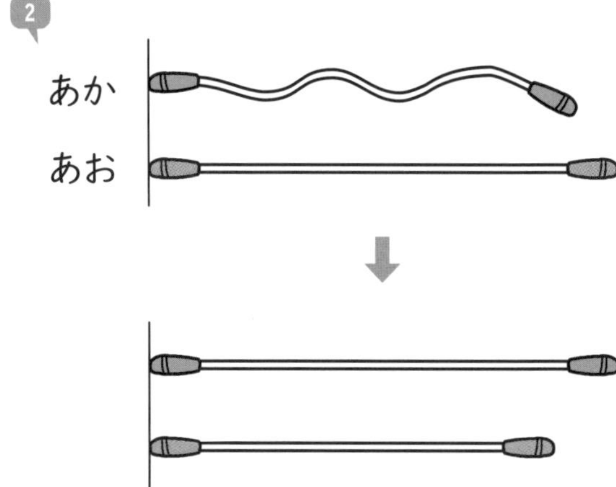

はしを そろえて まっすぐ のばす

POINT 長さ比べの方法を友達と話し合ったり，実際に操作したりしながら見つけ出します。子どもの発想や考え方を大切に

1 青鉛筆と赤鉛筆はどちらが長いかな

厚紙等で作った長さの異なる２本の鉛筆を準備しておく。実際の長さがわからないように，鉛筆の下の部分を隠して提示する。

C　全部の長さが見えないからわからないよ。

T　これでどうでしょう。

隠していた部分を取り，鉛筆をバラバラに置く。

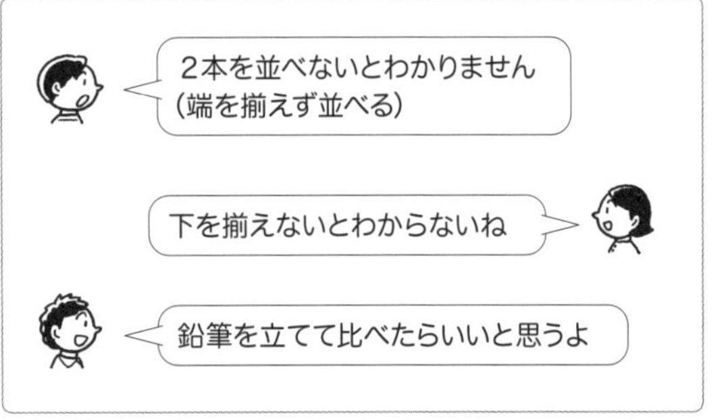

T　長さを比べるときは，必ず端を揃えて比べましょう。

2 どちらのなわとびが長いかな

長さが違う結んだ状態のなわとびを２本準備する。

T　どうやって長さを比べたらいいでしょう。

C　結んであるのを解いて，端を揃えて比べたらいいです。

１本は，縄を伸ばしていない状態で端を揃えて置く。

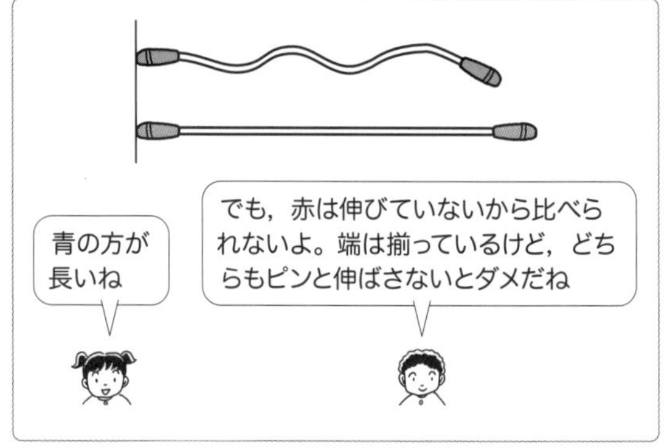

T　曲がったり，丸まっているものは，端を揃えて真っ直ぐに伸ばしてから比べます。

準備物	・厚紙で作った鉛筆２本　・なわとび２本 ・モール３色　・モールを貼る台紙 ・セロハンテープ

ICT	実物を使って問題を作成し，画像やイラストとしてタブレットに保存しておく。全体提示や個別提示で，児童の興味を惹きつける。

3

どれが いちばん ながいかな

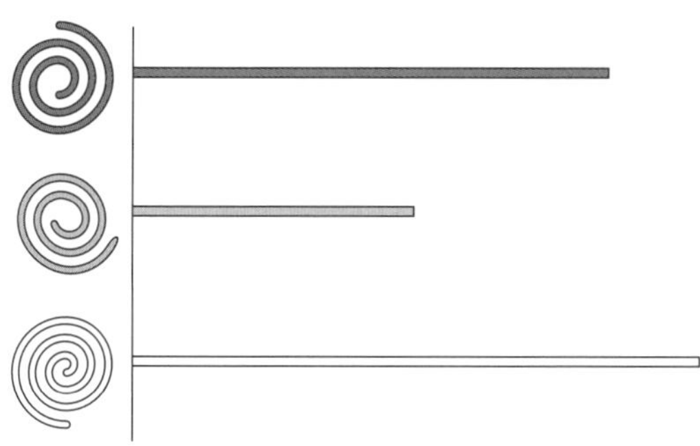

ながさを くらべるときは

・まっすぐ ぴんと のばす
・はしを そろえる

しましょう。

3 ぐるぐる巻きの３本のモールの長さを比べよう

長さが違う３色のぐるぐる巻きにしたモールを各班に準備する。どのモールがいちばん長いかを予想させる。

T　どうやって長さを比べたらいいですか。

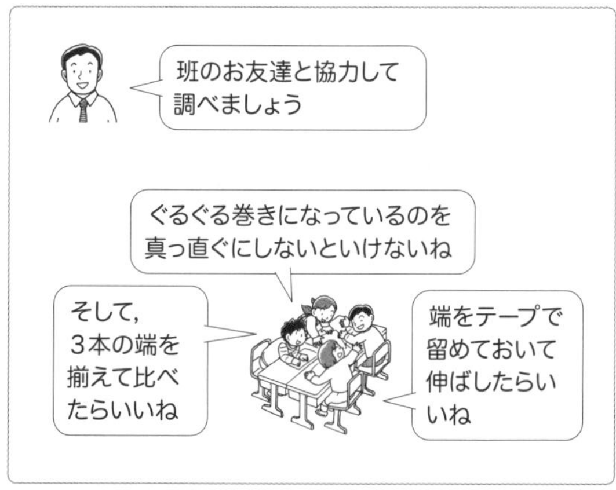

T　長さを比べるときは，「端を揃える」「真っ直ぐに伸ばす」でしたね。予想は当たっていましたか。

4 誰のモールがいちばん長いかな

児童にぐるぐる巻きのモールを１個ずつ配る。

T　モールの長さはバラバラです。誰のモールがいちばん長いか，班で比べてみましょう。

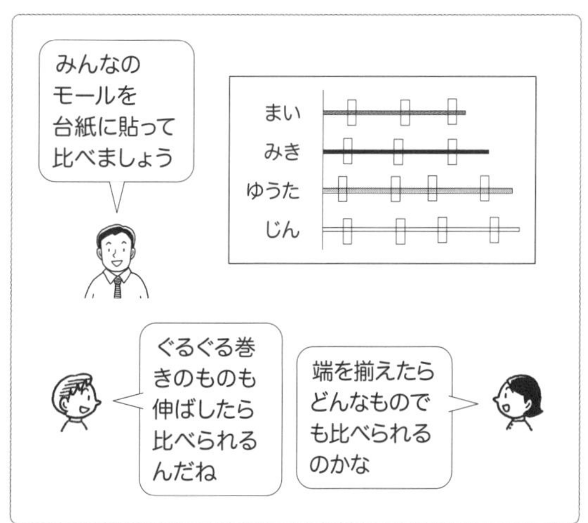

「直接比較」のポイントをおさえておく。

第2時 長さの間接比較①

本時の目標

身のまわりにあるものの長さを，テープなどを使って間接比較することができる。

板書例

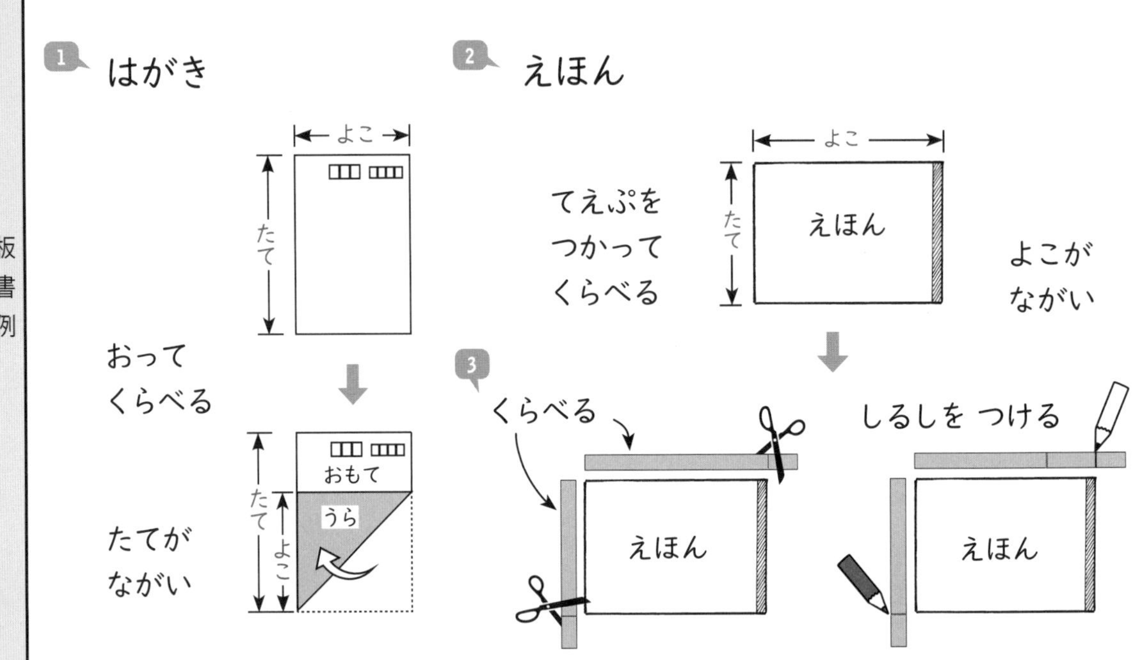

POINT 直接比べることができないものをどうやったら比べられるかを，実際に手を動かしながら見つけていきます。

1 ハガキの縦と横の長さを比べよう

児童全員に古いハガキを持ってくるよう伝えておく。
教師用のハガキは拡大したものを準備しておく。

T 縦には赤色を，横には青色を塗っておきます。（比べる辺に色を塗っておくと折った時によくわかる）

T ハガキが１枚しかないときはどうしますか。

C あ！ハガキを折ったら縦と横が重なるよ。

T ハガキの縦と横の長さは，折り曲げると，２つを比べることができますね。

2 絵本の縦と横の長さを比べよう

T これも折り曲げて…絵本は硬くて折り曲げることができません。どうやって比べたらいいでしょう。

T この紙テープを使って調べてみましょう。どうやって調べたらいいか班で考えましょう。

各班に，絵本のコピーと紙テープを渡す。

準備物	・古いハガキ（児童持参）　・色鉛筆など ・教師用ハガキ（ハガキを拡大したもの） ・絵本（縦と横の長さが同じくらいのもの） ・絵本のコピー　・はさみ　・紙テープ	ICT	長さを調べるものの写真を撮影し，テープで測り取ったものの写真を残しておくと，全体で共有しやすくなる。

4

いりぐちの はばと まどの たての ながさ

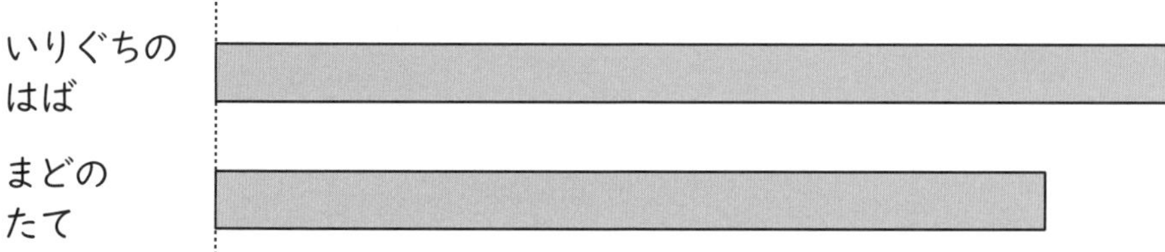

かみてえぷを つかって くらべる

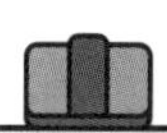

3 いろいろな比べ方を話し合おう

班で紙テープを使った比べ方を話し合う。

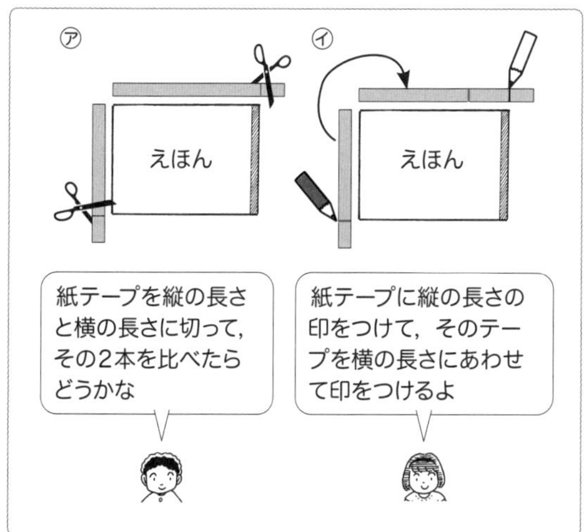

児童から出た比べ方を黒板で確かめる。

C　筆箱でも調べられたよ。縦は筆箱と同じくらいで，横は筆箱より長かったよ。

4 入口の幅と窓の縦の長さを比べてみよう

教室で動かせないものを選んで比べる。縦の方が長く見えるため，縦と横のものにすると面白い。まずは，児童にどちらが長いかを予想させてから実演する。

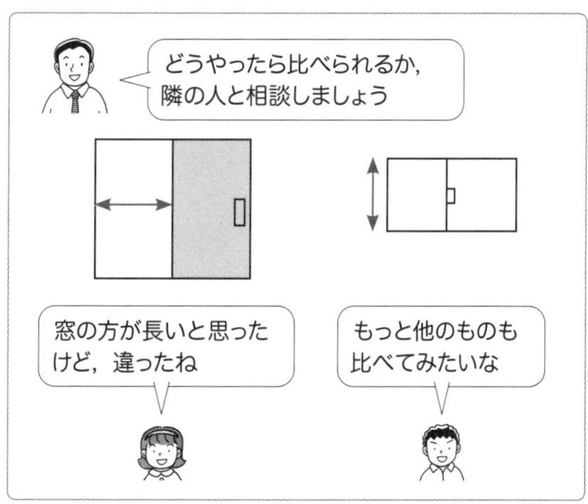

T　並べたり，重ねたりして比べられないものは，紙テープなど他のものを使って比べることができます。

第 3 時

長さの間接比較 ②

本時の目標　身のまわりのいろいろな長さに関心を持ち，長さを間接比較できる。

板書例

いろいろな ものの ながさを くらべよう

1 ふかさ

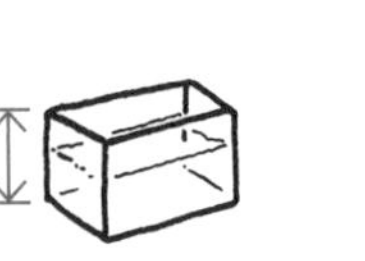

たかさ

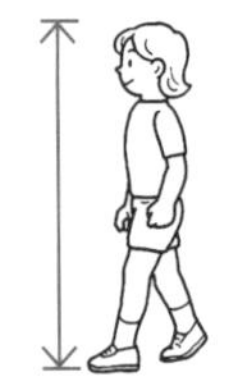

はば

あつさ

2 かみてえぷに ながさを うつしとろう

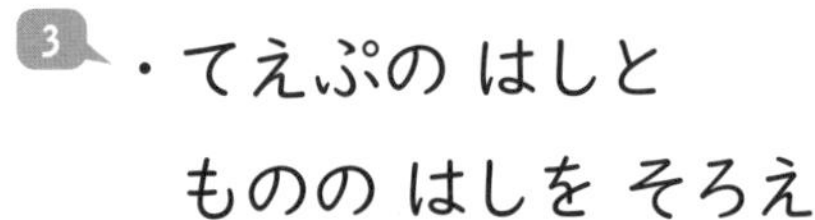

3 ・てえぷの はしと ものの はしを そろえる

・てえぷを ぴんと まっすぐ のばす

POINT 身近なものの高さ，幅，深さ，厚さなどの長さを比べることで，それらを「長さ」という統一した概念で捉えることができ

1 「深さ」「厚さ」「高さ」「幅」はどんなときに使うか考えよう

水槽，戸，人，辞書等の絵を提示する。

T　矢印がかいてあるところは，それぞれの長さになります。ただ，ものによって言い方が変わってきます。

「高さ」木，タワー，山，身長など

「幅」　ドア，道路など

「厚さ」本，板，布団など

2 紙テープを使って教室にある長さを比べてみよう

T　班で協力して，次の 5 つのものの長さを紙テープで写し取りましょう。

調べる5つのものと，どこからどこまでの長さを写し取ればよいかを全体で確認する。

準備物	・紙テープ ・はさみ ・辞書，水槽など長さを調べるもの

ICT	班で役割分担をした調べるものの写真を大型テレビに提示すると，長さの実感を持ちやすくなる。

4

いろいろな ものの ながさ

1ぱん　こくばんの たての ながさ

2はん　すいそうの ふかさ

3ぱん　つくえの たかさ

4はん　どあの はば

5はん　じしょの あつさ

※長い順に並べ替える。

るようになります。

3 役割を決めて長さをテープに写し取ろう

まずは，長さの予想を立てる。

T　班で「テープの端を合わせる人」「テープに印をつける人」「テープを切る人」「写し取り方が間違っていないか見る人」の役割を決めましょう。

各班の担当箇所を決める。（1つの班で1箇所とするが，時間によって増やしてもよい）

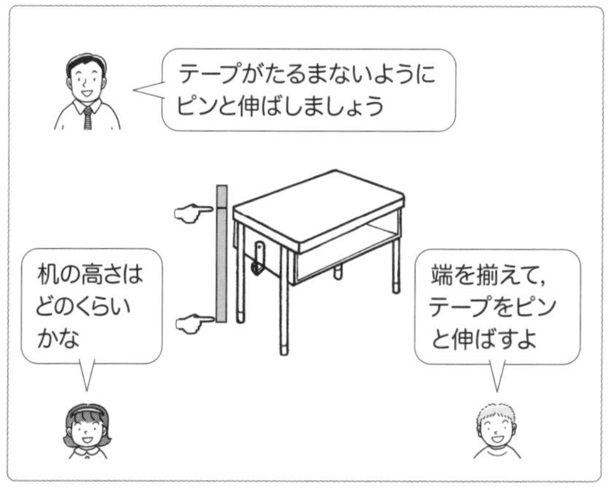

4 テープを黒板に貼って比べよう

写し取ったテープを黒板に貼っていく。

C　やっぱり，いちばん長いのは黒板の縦だ。

C　いちばん短いのは辞書だね。

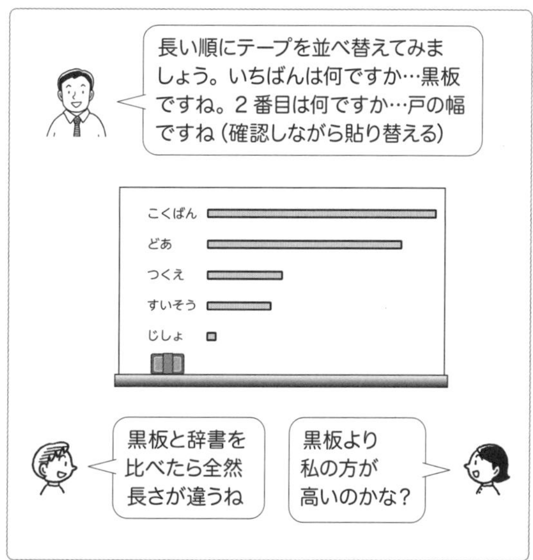

第 4 時

長さの任意単位①

本時の目標　身のまわりにあるものの長さを，鉛筆などの任意単位のいくつ分で表したり，比較したりできる。

板書例

どちらが どれだけ ながいかな

1 つくえの たてと よこ

よこ
たて

えんぴつで なんぼん？

2

	たて	よこ
○○さん	3ぼん	4ほんと すこし
△△さん	3ぼんと すこし	5ほん
□□さん	4ほん	5ほんと はんぶん

かずが ばらばら

↓

つかった えんぴつの ながさが ちがう

POINT 鉛筆の長さが異なると，表し方が異なることに気づかせ，どうしたら同じように測れるかを考えられるようにします。

1 机の縦と横は，どちらがどれだけ長いか調べよう

C　どちらが長いかは，テープを使ったらわかるけど，どれだけ長いかはわからないな。

T　みんなの鉛筆を使って調べましょう。

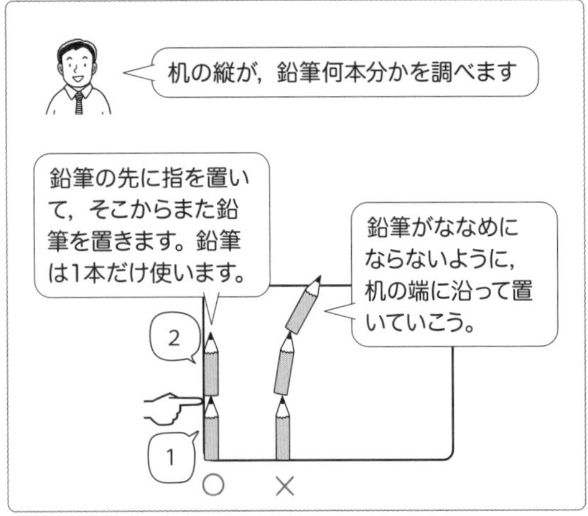

何本分かをノートに記録する。「3本ちょうど」や「3本と半分」など大体の数でよい。机の横も同じように調べる。

2 鉛筆何本分になったか発表しよう

何人かに発表してもらい，結果を黒板に書いていく。

T　縦と横はどちらが長いかわかりましたか。

C　横の方が鉛筆の数が多いから長いです。

C　みんな横の方が長いです。

T　みんなが使った鉛筆は長さが違います。だから，何本分かの数も違ってきます。

準備物	・算数ブロック（板書用，児童用）	ICT	どのように作業をしたらよいのか，理解に苦しむ児童が出てくることが予想される。具体的な測定の仕方を画像や動画で児童に視聴させるとよい。

4 ぶろっくで ながさを しらべよう

（ぶろっく）― みんな おなじ

きょうかしょの たてと よこ

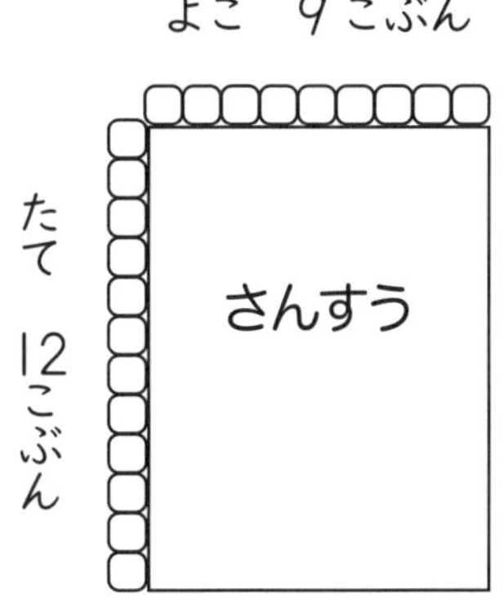

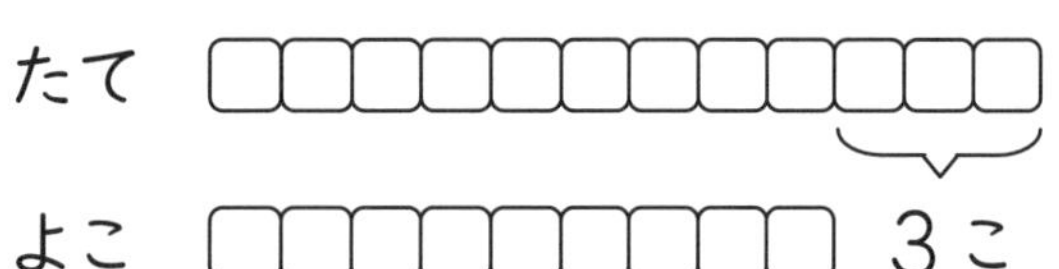

たてが 3こぶん ながい

3 自分の身体を使って長さを比べよう

T　昔の人は，自分の手（あた）を使って長さを調べていました。

C　手だといつでもすぐに調べられるね。

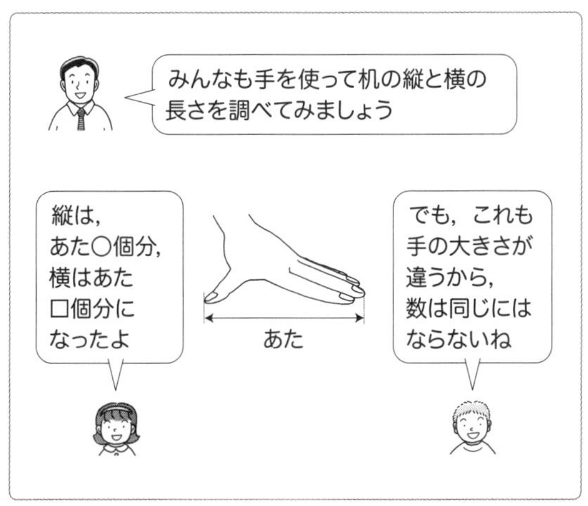

C　みんなが同じもので比べたら，数も同じになるから，どれだけ長いかわかるね。

4 算数ブロックで教科書の縦と横の長さを比べよう

T　今度は，同じ大きさのもので調べます。ブロックで何個分になるか調べましょう。

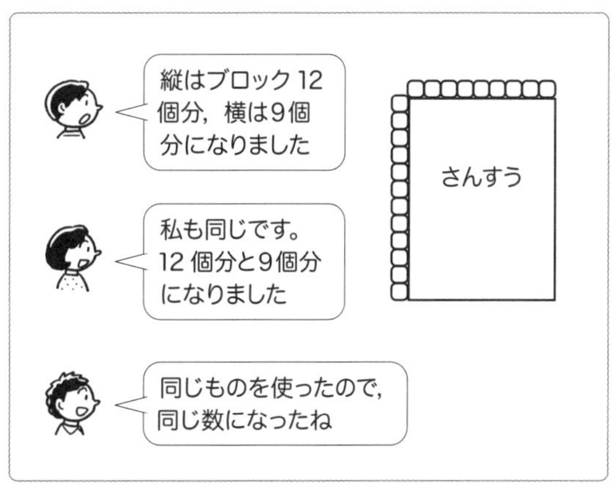

T　どちらがどれだけ長いでしょう。

C　縦がブロック３個分長いです。

T　みんなが同じものを使って調べたら，結果はみんな同じになりましたね。

第5時
長さの任意単位②

本時の目標
ものの長さを，棒の本数や，方眼のますの数など，任意単位のいくつ分で表したり，比較したりできる。

板書例

ながさを かずで あらわして くらべよう

1 でんしゃ

あ

い

あは □ 11こ
いは □ 10こ
あが □ 1こぶん ながい

2 どの みちが いちばん ちかいかな

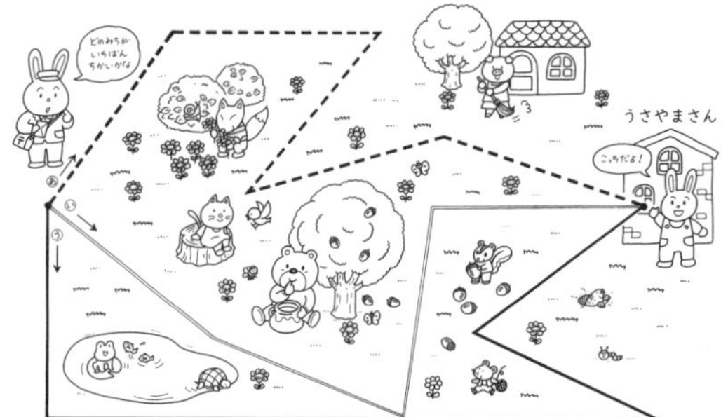

あ 5ほん
い 4ほん いちばん みじかい
う 6ぽん

POINT かわいいイラストを使って楽しく長さ比べをした後に，普遍単位への布石となる方眼による長さ比べをします。数値で長さ

1 どちらの電車がどれだけ長いかな

電車の絵を提示する。

T どうやって比べたらいいでしょう。

C 動かすことができないから，真っ直ぐにはできないね。

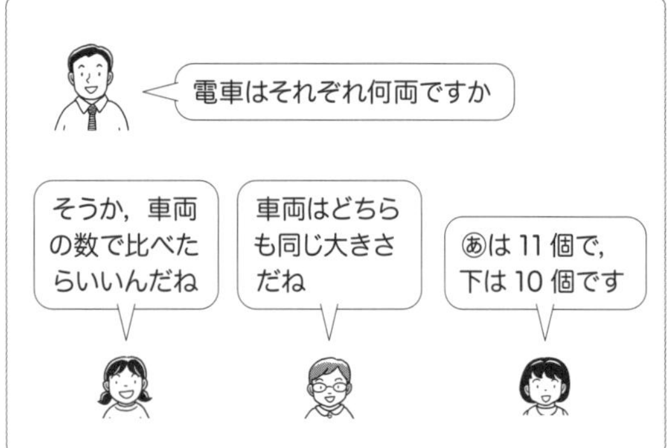

C あの電車の方が長いです。

C 車両1個分長いです。

1両の長さが同じであることを確認しておく。

2 どの道がいちばん近いか調べよう

ワークシートを活用する。「数え棒」を使用するが，なければ方眼用紙で作った紙の棒（5㎜× 10㎝）を使用する。

T 郵便屋さんが，うさ山さんの家に手紙を届けに行きます。あ，い，うの3つの道があります。どの道を通ったらいちばん近いでしょう。

数え棒で何本分になるかを調べる。

準備物	・算数ブロック（板書用，児童用） ・数え棒（なければ 1cm 方眼 5 mm × 10cm） QR ワークシート QR 板書用イラスト

ICT	「ますのいくつぶんのながさかな」の問題をたくさん用意しておく。ますの上に，測定するものを置いた写真で良いので，保存しておき，必要に応じて提示する。

3 ますの いくつぶんの ながさかな

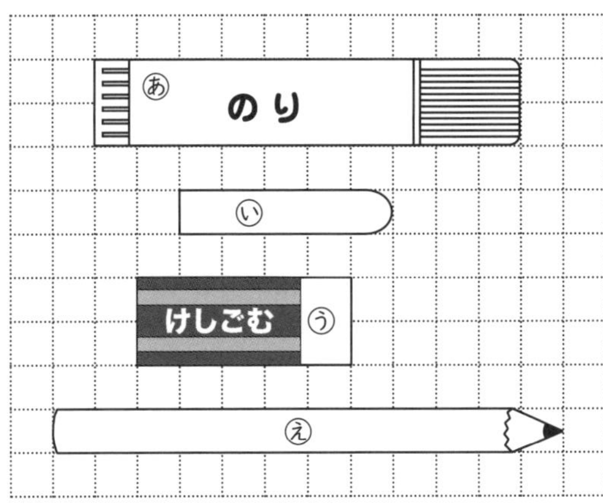

あ 10 こぶん

い 5 こぶん

う 5 こぶん

え 12 こぶん

4 えんぴつ と のり　えんぴつが ます 2 こぶん ながい

を表すことができることを確かめ合います。

3 あ～えの長さは，それぞれます何個分になりますか

ワークシートを活用する。

T　のり，キャップ，消しゴム，鉛筆の中でいちばん長いものはどれでしょう。

C　鉛筆がいちばん長そうだね。

C　キャップと消しゴムはどちらが長いのかな。

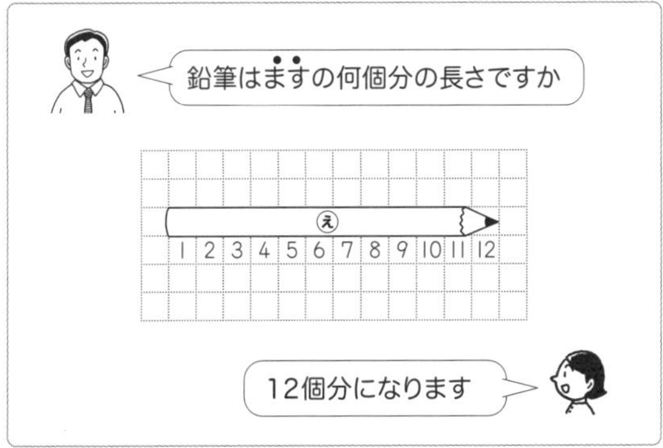

ますの数え方を確認しておく。
あ～えの長さがます何個分になるか記録しておく。

4 ますの数で長さを比べよう

それぞれ何個分かを確認する。

T　のりと鉛筆では，どちらがます何個分長いですか。

「長さ」の学習は2年生で「普遍単位」に繋がる。なぜ「普遍単位」が必要になるのか，「直接比較」→「間接比較」→「任意単位」→「普遍単位」の流れから理解させたい。

かたちあそび

全授業時数５時間

◎ 学習にあたって ◎

＜この単元で大切にしたいこと＞

子どもたちは，幼稚園や保育所で積み木やブロックを使って，形に関わる遊びをしてきています。また，最近では知育玩具もたくさん市販されていて「まる・さんかく・しかく」を知っている子も沢山います。その半面，こういった遊び体験が少ない子もいます。そこで，積み木やブロックや空き箱を使って立体を作る体験，身のまわりの雑器（食器や容器など）を使って，形に分類したり，遊んだりする体験をしながら立体や立体を構成している形への関心を高め，立体図形や平面図形の形を理解させる事が大切です。

＜数学的見方考え方と操作活動＞

子どもたちはものの形を，手に持ったり触ったり使ったりする中で立体的に捉えています。しかし，それらの立体の特徴を踏まえて分別したり類型化したり，あるいは平面の形状で分けたりする体験はしていません。そのような三次元的な形のとらえ方から，二次元の形を抽出して「まる・さんかく・しかく」を理解させることがこの単元の目標になります。

その方法として箱や円柱形の筒や球，あるいは三角柱（錘）といった立体の平面を写し取ったり，写し取った形を使って絵やデザインを描いたりする活動が大事です。また，そのような形を合成して，様々な模様を作って楽しむ事がこれからの図形の学習の基礎体験となります。

＜個別最適な学び・協働的な学びのために＞

身近にあるいろいろな箱を使い，数人で協力して動物や車などの形を作ります。出来るだけ子どもたちの意思を尊重して，動物を作るグループ・車を作るグループ・家を作るグループなどにグループ分けをします。図形教育では自分のイメージを形に表すこと，またイメージを子ども同士で共有する事が主体的で対話的な学習につながります。作品を紹介し合い，その作品のよさを認め合う機会を作るようにしましょう。

◎ 評　価 ◎

知識および技能	身のまわりのものの形の特徴をとらえ，分類することができる。 身のまわりのものの形の名前がわかり，形以外の特徴を含まずに形をとらえられることを理解する。
思考力，判断力，表現力等	身のまわりのものの形を構成・分解して，別の形をつくり出すことを考えている。
主体的に学習に取り組む態度	身のまわりのものの形に関心をよせている。

◎ 指導計画　5 時間 ◎

時	題	目　標
1	立体の作品作り	箱や缶の立体の特徴や機能をいかして作品を作る。
2	同じ形のなかまづくり	立体の特徴に着目して，同じ形の仲間づくりができる。
3	形あてゲーム	形あてクイズを通して，形の特徴を確認する。
4	立体の面	立体図形を構成する平面図形を取り出すことができる。
5	写し取った形で作品づくり	写し取った形の特徴をいかして，絵や模様をかく。

第1時 立体の作品作り

本時の目標　箱や缶の立体の特徴や機能をいかして作品を作る。

板書例

はこや かんを つかって かたちを つくろう

1

2

つくる ものを きめる

↓

きめた かたちを つくる

・かたちに あわせて はこを えらぶ

・はこの おきかたや おく じゅんばんを かんがえる

POINT　形の特徴をいかしているところをどんどんほめて，その特徴や機能に目を向けさせましょう。

1 班で作りたいものを決めよう

前もって，たくさんの空き箱や空き缶を準備しておく。

T　みんなが持って来てくれた箱や缶を使って，何か大きなものを作りましょう。

C　いろいろな形の箱があるね。

T　何を作るか班で相談しましょう。

参考になるイラストを提示する。

2 班で決めた形を作ろう

T　作りたいものが決まりましたか。どんな箱を使ったらいいか，どのように組み合わせたらいいか考えましょう。

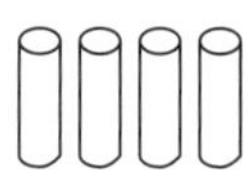

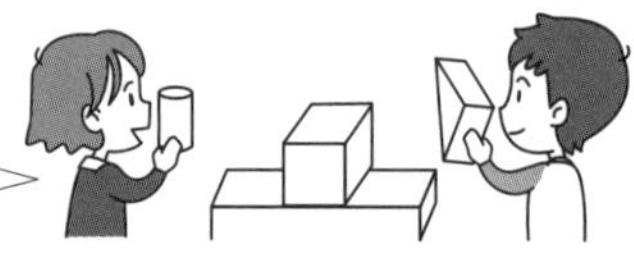

必要に応じて支援をするが，基本，児童の発想に任せて，活動を見守る。

準備物	・空き箱や空き缶（児童も準備） ・ガムテープ ・セロハンテープ QR 板書用イラスト

ICT	班で作成した作品を端末で撮影し，全体で共有すると他の班の作品のよさを感じることができる。

3

はっぴょうしよう

① なにを つくったか

② どんな ところを くふうしたか

T　箱や缶を置いていくだけではすぐに崩れてしまいます。ガムテープやセロハンテープを使って，形を仕上げていきましょう。

テープの貼り方等を説明し，必要があれば支援する。

3 作品の発表会をしよう

各班毎に，作品を提示して，作品名と工夫したところを発表する。

発表を聞いて，作品のよいところを感想で出し合う。

第2時
同じ形のなかまづくり

本時の目標　立体の特徴に着目して，同じ形の仲間づくりができる。

板書例

おなじ かたちの なかまを あつめよう

2 はこの かたち　さいころの かたち　さんかくの かたち

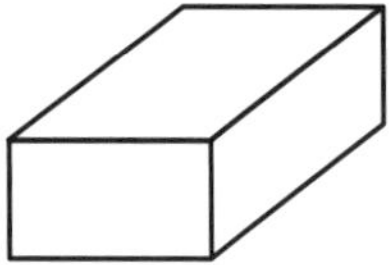
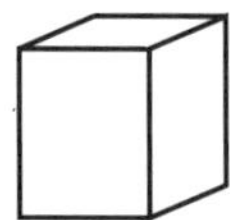
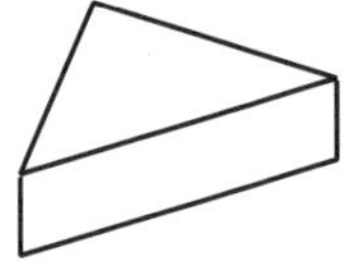

1
- かどが いっぱい ある
- たいらな ところ ばかり

- おなじ しかくが ある
- はこの かたちと にている

- かくばって いる
- けえきみたい

4 たかく つみあげる ことが できる

POINT 同じ形を集めるという課題は意外に難しいものです。教師の方から，形が四角ばかりの箱は？丸い形のあるものは？など，

1 同じ形の仲間を集めよう

空き箱や空き缶，ボールなどを準備しておく。

T　これらを，同じ形や，似ている形で仲間分けします。どんな仲間分けができるでしょう。
T　この箱（直方体の箱）はどんな形でしょう。
C　角があって，かくかくしてます。
T　この箱（立方体の箱）はどんな形ですか。
C　これも角があって，サイコロみたいです。

大きさや色等でなく，形に着目できるようにする。

2 仲間ごとに名前をつけよう

仲間分けしたものを，立体模型（直方体，立方体，円柱，三角柱，球）に分類していく。

T　それぞれの形に名前をつけましょう。

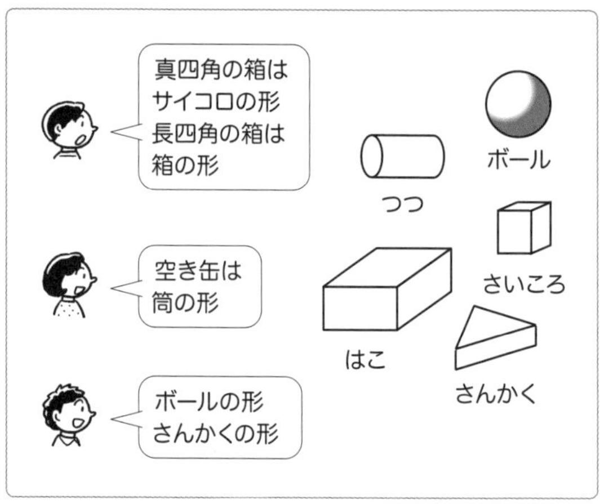

それぞれの形の特徴に合った名前をつける。具体物は，角が少し丸かったり，箱のつなぎ目があったりするが，モデルとなる立体模型の形に同類化する。

準備物
・空き箱や空き缶
・積み木（立体模型）
QR 板書用図
・ボール
・板など

ICT
時間があれば，身のまわりにある「はこ」「サイコロ」「さんかく」「つつ」「ボール」の形に近いものをタブレットで撮影し，ペアや班，学級で交流すると理解が深まる。

つつの かたち

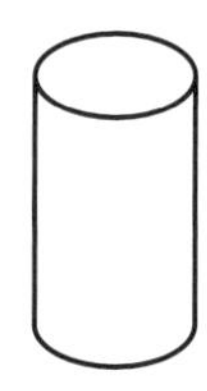

・うえと したは まるい
・うえと したは たいら
・たてに すると つめる

ぼうるの かたち

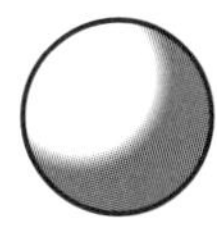

・まるい

3 よく ころがる

いくつか観点を示しながら分類していくとよいでしょう。

3 よく転がるかどうかで仲間分けしてみよう

T　この５つの仲間分けした形を，よく転がる形と転がりにくい形に分けてみます。

まずは，予想を立てる。

C　ボールの形は転がるね。筒の形も転がりそうだよ。他はどうだろう。

小さな坂を作り，実演する。結果をまとめる。

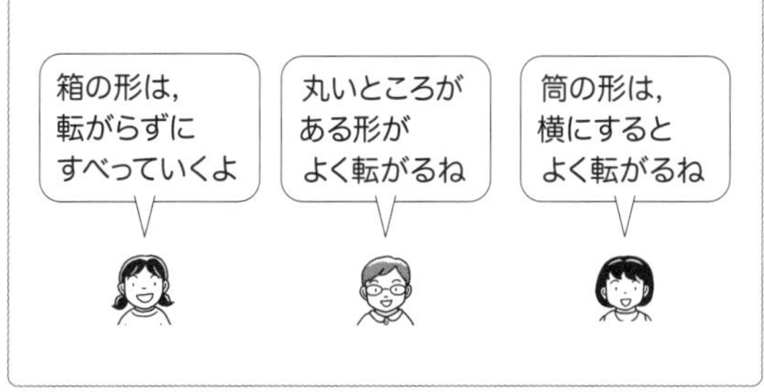

4 高く積み上げられるかどうかで仲間分けしてみよう

T　５つの仲間分けした形を，高く積み上げられる形と，そうでない形に分けてみます。

同じように，まずは予想を立てる。

C　前にタワーを作ったとき，箱をたくさん積み上げたから，箱の形はできると思うよ。

実際に具体物を積み上げていき，結果をまとめる。

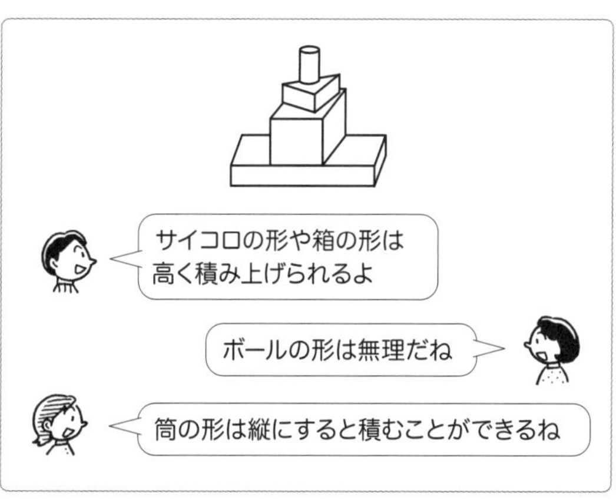

第3時 形あてゲーム

本時の目標　形あてクイズを通して，形の特徴を確認する。

板書例

かたちあてげえむを しよう

どの かたちと おなじかな

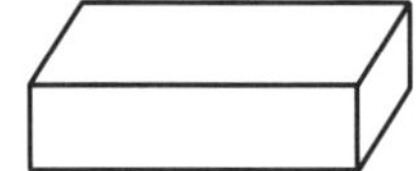

はこの かたち

ⓘ

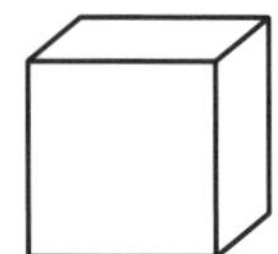

さいころの かたち

ⓤ

つつの かたち

ⓔ

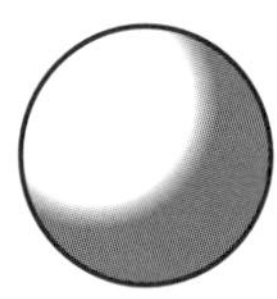

ぼうるの かたち

POINT　手で触ってみて，なぜその形だと思ったのか理由を尋ねることが大切です。その形の特徴を伝えられるようにします。

「形あてゲーム」の準備をしよう

【準備物】
- 空き箱，空き缶，ボールなどの具体物（立体模型でもよい）
- ゲーム用箱（コピー用紙などの箱）

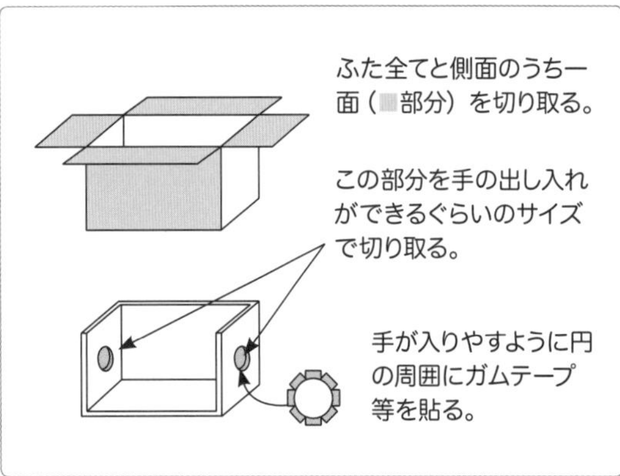

1 どんな形があるか確かめておこう

T　2つの穴から箱に手を入れて，中に入っているものの形を当ててもらいます。

T　箱の中には，次の種類の形のものが入っています。

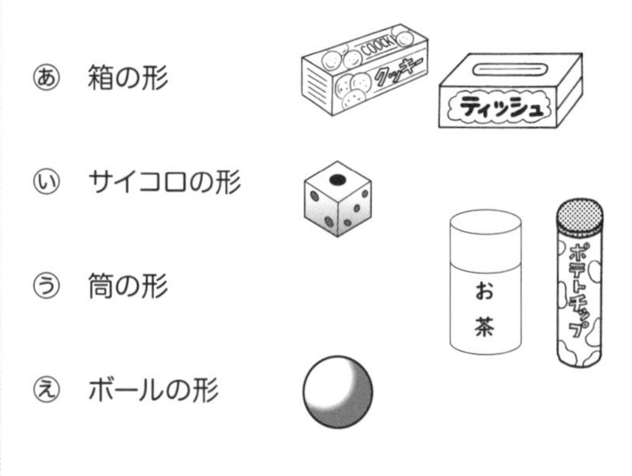

準備物	・空き箱や空き缶，ボールなどの具体物 ・積み木（立体模型）・段ボール箱（クイズ用） ・ガムテープ QR 板書用図	ICT	形あてゲームの前に，タブレットでサイコロやお菓子の箱を提示し，「サイコロの形」や「筒の形」など，前時に学習した形を復習しておくとゲームに入りやすい。

<げえむの るうる>

・はこの なかに てを いれて，
　あ，い，う，えの どの かたちかを あてる。

・みて いる ひとは ひんとを いわない。

・あたったら はくしゅを する。

2 形あてゲームをしてみよう

希望者が挑戦する。できるだけ多くの児童が体験できるようにする。

3 答えの確かめをしよう

T　手で形を触るだけで，よくわかりましたね。どうしてその形と思ったのか教えてください。

それぞれの形の特徴を再度まとめる。
ゲームを見ていた児童にも感想を聞く。

第4時

立体の面

本時の目標　立体図形を構成する平面図形を取り出すことができる。

板書例

たいらな めんの かたちを うつそう

1 はこや つつの めん

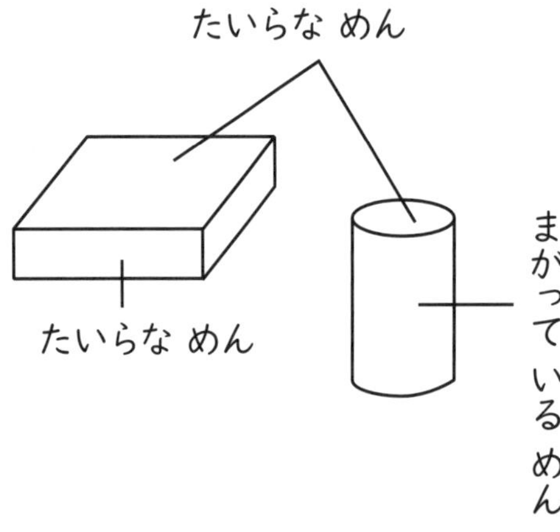

2
① いろがみに
たいらな めんを うつす。
② めんを はさみで
きれいに きりとる。

POINT 立体の面を写して切り取ることで，立体図形の中に平面図形があることに気づき，その面がどんな形をしているかを確かめ

1 箱や缶の面を触ってみよう

空き箱や空き缶などの具体物や積み木を，各班に何個かずつ配る。

T　箱や筒の形のまわりのところを「面」といいます。面を触ってみましょう。

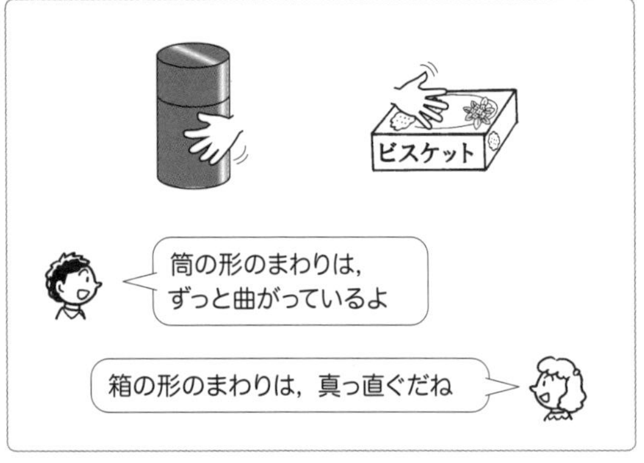

箱の形（平面）と筒の形（曲面）の両方を触り，違いを感じ取らせる。

2 平らな面の形を色紙に写して切り取ろう

各班に，「箱の形」「サイコロの形」「三角の形」「筒の形」「その他の形（五角柱，六角柱など）」の全てが行き渡るように準備する。色画用紙（色紙）を1人4～5枚ずつ配る。

T　色画用紙に，いろいろな形の平らな面を写し取りましょう。（1人3～4個の面を写し取る）

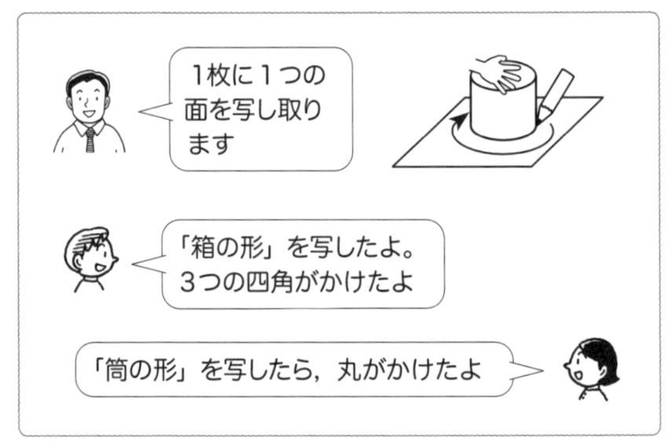

T　写し取ったものを，はさみできれいに切り取りましょう。

準備物	・空き箱や空き缶 ・積み木（立体模型） ・色画用紙（または色紙） ・はさみ

ICT	プレゼンテーションソフトを使用して，図形やペイント機能で作品を作ることもできる。

3 どんな かたちが できたかな

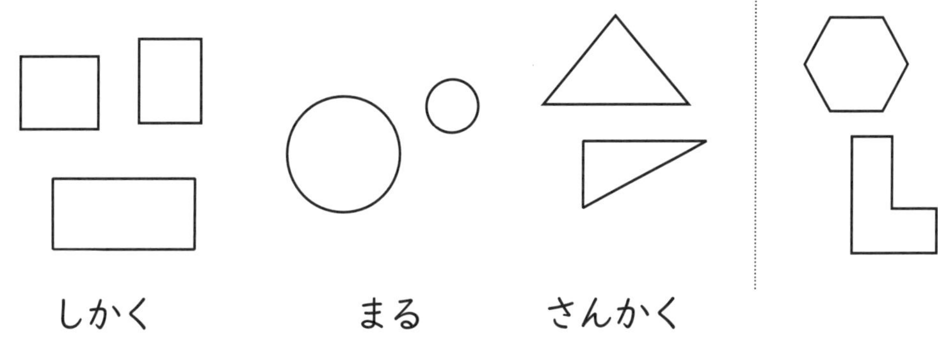

ることができます。

3 切り取った形を仲間分けしてみよう

児童が切り取った形を取り上げて，分類していく。

C　いろいろな大きさの四角ができたね。

C　丸や三角もあるよ。

C　変わった形のものもあるね。

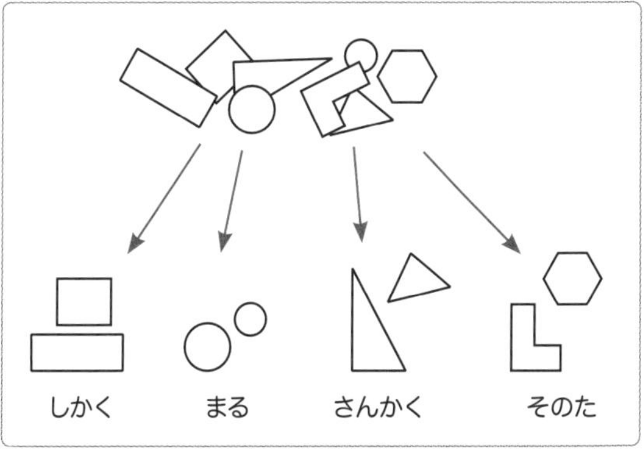

ここでは,「四角・三角・丸」に仲間分けをし, それ以外は「その他」とする。

4 切り取った形からどんなものができるかな

T　いろいろな形ができましたね。これらの形を使って，次の時間に絵をかきます。どんな絵がかけるか考えておきましょう。

次の時間の「作品づくり」につなげる。

第5時

写し取った形で作品づくり

本時の目標　写し取った形の特徴をいかして，絵や模様をかく。

板書例

うつした かたちを つかって えを かこう

1
2 ・かたちに えを かきたす。

・いろを ぬる。

・たりない かたちは うつしとる。

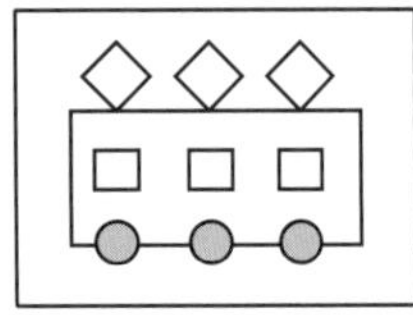

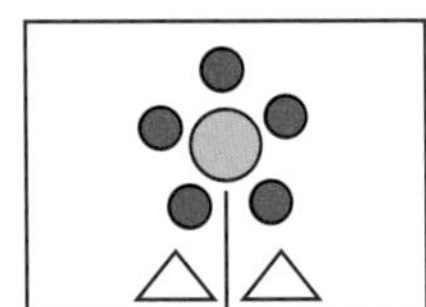

3 <はっぴょう しよう>

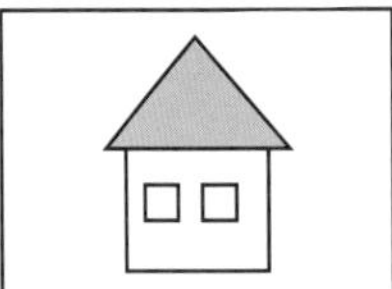

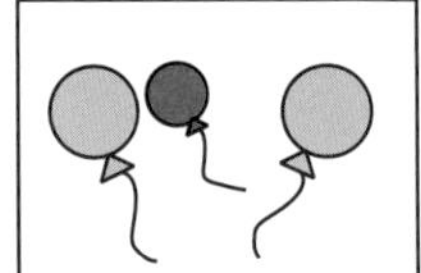

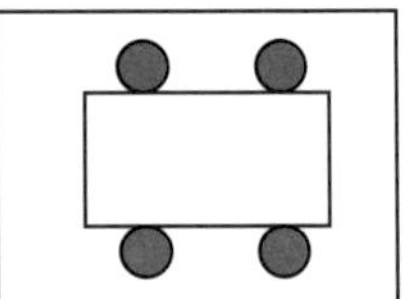

POINT 図形から具体的なものを思い描いたり，生活の中のものと結びつけたりすることで，子どもの発想は豊かになります。作品

1 切り取った形を使ってどんな絵に仕上げるか考えよう

児童に画用紙を配る。

T　前の時間に写して切り取った形で何ができるでしょうか。その形に絵をかき足したり，色を塗ったりしてみましょう。

作品例を提示するなどして意欲を高める。

2 作品を仕上げよう

T　足りない形は，箱や缶の面を写し取って作ってもいいですよ。

必要に応じて，友達と形を交換したり，形をかき加えたりできるようにしておく。

作業が進まない児童は支援をする。

準備物

・前時に切り取った形　・画用紙
・色鉛筆など　・のり
・空き箱や空き缶などの具体物　・積み木
QR 板書用図

ICT

プレゼンテーションソフトを使用して，図形やペイント機能で作品を作ることもできる。

4 ＜もようづくりを しよう＞

・はこや つみきで かたちを うつす。

・いろいろな かたちを ずらして かく。

・かさなった ところを いろぬりする。

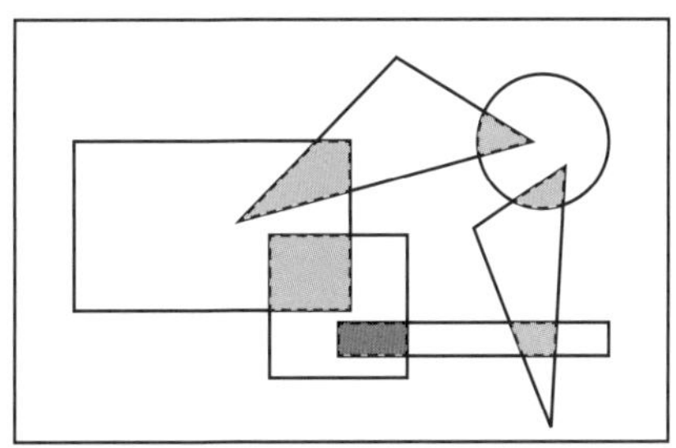

のよさをみんなで言い合えるようにしましょう。

3 班で作品の発表会をしよう

作品名と使った形を結び付けて発表していく。

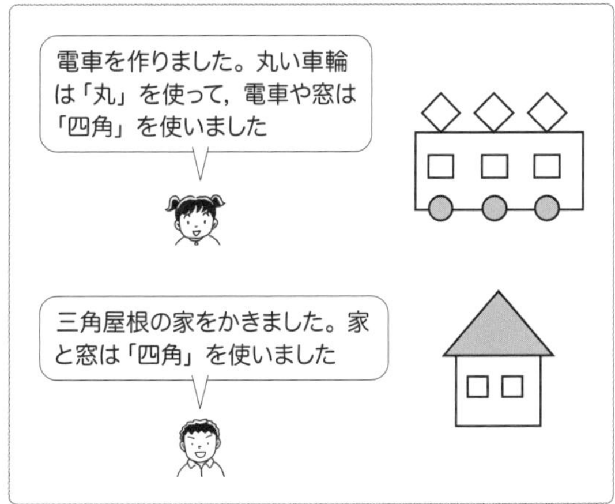

まずは，班で紹介し合い，感想を言い合う。形の特徴をうまく捉えているものを取り上げて全体に紹介する。全員の作品は掲示などして，皆が見れるようにしておく。

4 模様作り（デザイン画）をしよう

時間があれば，模様作りに挑戦する。

T　箱などから形を写し取って，模様作りをします。形をずらして重ねてかき，重なったところに好きな色を塗りましょう。

作品例を提示する。

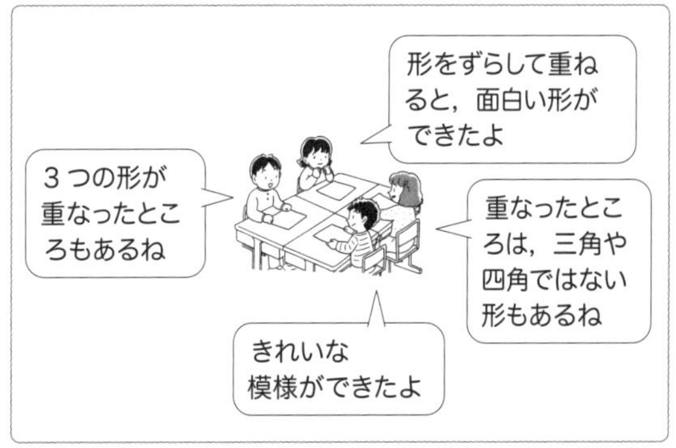

絵カード見本

【企画・編集】
原田 善造　わかる喜び学ぶ楽しさを創造する教育研究所　著作研究責任者
新川 雄也　元愛媛県公立小学校教諭

【ICT 欄執筆】
南山 拓也　西宮市立南甲子園小学校教諭
松森 靖行　高槻市立清水小学校教諭　※ 2024 年 3 月現在

旧版『喜楽研の DVD つき授業シリーズ 新版 全授業の板書例と展開がわかる
DVD からすぐ使える　映像で見せられる　まるごと授業算数 1 年』（2020 年刊）

【監修者・著者】
石原 清貴　板垣 賢二　市川 良　新川 雄也　原田 善造　福田 純一　和気 政司

【授業動画】
石原 清貴　板垣 賢二

【撮影協力】
井本 彰

【発行にあたりご指導・ご助言を頂いた先生】
大谷 陽子

喜楽研の QR コードつき授業シリーズ
改訂新版　板書と授業展開がよくわかる
まるごと授業　算数　1 年（上）

2024 年 3 月 15 日　第 1 刷発行

イ ラ ス ト：山口 亜耶
企画・編集：原田 善造　新川 雄也（他 5 名）
編　　　集：わかる喜び学ぶ楽しさを創造する教育研究所　桂 真紀

発　行　者：岸本 なおこ
発　行　所：喜楽研（わかる喜び学ぶ楽しさを創造する教育研究所：略称）
〒 604-0854　京都府京都市中京区二条通東洞院西入仁王門町 26 - 1
TEL 075-213-7701　FAX 075-213-7706
HP https://www.kirakuken.co.jp
印　　　刷：株式会社イチダ写真製版

ISBN：978-4-86277-453-8　Printed in Japan